高职高专公共基础课系列教材

现代高职体育与健康教程

主　编　石先彬　汪正法　周震宇

副主编　孙　林　吕梅军　陈　辰

陆邦慧　赵小平　钱韦文繁

程　桢

西安电子科技大学出版社

内 容 简 介

本书依据《国家学生体质健康标准》和《学校体育工作条例》，以终身体育、健康教育为宗旨，根据高等学校学生的特点编写而成。本书分为体育与健康理论、体育与健康实践两篇。体育与健康理论篇内容包括体育与健康概述、高职学校体育概述、高职体育课程概述和运动保健知识；体育与健康实践篇内容包括田径运动、技能主导类同场对抗性项群、技能主导类隔网对抗性项群、技能主导类表现难美性项群和民族传统体育运动。本书可以满足高等学校学生体育、健康教育教学的需要，同时可以培养学生科学锻炼的习惯和终身锻炼的意识。

本书可作为高职高专院校体育课程的教材，也可作为体育爱好者与体育工作者的参考用书。

图书在版编目(CIP)数据

现代高职体育与健康教程 / 石先彬，汪正法，周震宇主编. —西安：
西安电子科技大学出版社，2021.9
ISBN 978-7-5606-6194-0

Ⅰ.①现… Ⅱ.①石… ②汪… ③周… Ⅲ.①体育—高等职业教育—教材
②健康教育—高等职业教育—教材 Ⅳ.①G807.4 ②G717.9

中国版本图书馆 CIP 数据核字(2021)第 178201 号

策划编辑　李鹏飞　陆　滨
责任编辑　李　军　李鹏飞
出版发行　西安电子科技大学出版社(西安市太白南路 2 号)
电　　话　(029)88202421　88201467　　　　邮　　编　710071
网　　址　www.xduph.com　　　　电子邮箱　xdupfxb001@163.com
经　　销　新华书店
印刷单位　陕西日报社
版　　次　2021 年 9 月第 1 版　　2021 年 9 月第 1 次印刷
开　　本　787 毫米×1092 毫米　1/16　印　张　15.5
字　　数　364 千字
印　　数　1～4500 册
定　　价　44.00 元
ISBN 978-7-5606-6194-0 / G

XDUP 6496001-1
如有印装问题可调换

《现代高职体育与健康教程》
编 委 名 单

主　编　石先彬　　汪正法　　周震宇

副主编　孙　林　　吕梅军　　陈　辰　　陆邦慧

　　　　赵小平　　钱韦文繁　程　桢

编　委(编委名单按姓氏笔画排序)

　　　　王飞鹏　　关进国　　刘宗盛

　　　　李亚华　　张文英　　杨庆家

　　　　陈祥子　　秦定学　　黄家宏

　　　　潘尚莲　　魏建和

前　言

　　大学教育阶段是学生掌握基本知识、树立健康体育观、形成终身体育意识的重要阶段。高职学校体育教育在践行身心健康教育使命的同时还具有培养学生良好职业素养、实现人才培养目标的重要功能。

　　本书编者结合当前高职高专体育课程改革实践经验，对标《全国普通高等学校体育课程教学指导纲要》，比较分析了《全国普通高等职业(专科)院校公共体育课程教学指导纲要(试行)》和《全国普通高等学校体育课程教学指导纲要》，以"健康第一"为指导思想编写了本书。在编写过程中，认真贯彻《关于全面加强和改进新时代学校体育工作的意见》的精神，践行高职体育"三教"改革，落实《国家职业教育改革实施方案》要求。本书主要有以下几方面的特点：

　　第一，职业实用性强，结合职业岗位标准，培养学生与职业相关的身体技能与素质，提升学生职业体能。

　　第二，目的性强，以全面提升学生身体素质，帮助学生形成健康的心理品质、良好的人格特征，树立积极的竞争意识与团队合作精神为主要目的。

　　第三，针对性强，结合各专业人才培养目标和对应的职业岗位标准，依据"必需、够用"的原则，针对高职高专教育特征和高职高专院校学生特点编写。

　　第四，模块结构安排，整体分为理论和实践两个大的模块，实践模块又以田麦久教授的项群理论为依据，结合高职学生身心特点及高职学校体育教育特点，对项目进行归类，分田径运动、技能主导类同场对抗性项群、技能主导类隔网对抗性项群以及技能主导类表现难美性项群、民族传统体育五个模块进行阐述。

　　本书整体突出高职教育的特殊性，注重实用性、创新性、知识性、趣味性，旨在提高学生体质和健康水平，引导学生树立终身体育意识，提升学生职业素养和综合能力。

　　本书在编写过程中参阅学习了相关文献资料，在此谨向有关作者致以衷心感谢！由于编者水平有限，书中难免存在不足之处，敬请广大读者和同仁批评指正！

编　者

2021 年 7 月

目　　录

上篇　体育与健康理论

下篇　体育与健康实践

上篇　体育与健康理论

第一章 体育与健康概述

体育是身体教育活动，最初以身体养护、训练等为目的。健康是人类生存和发展最基本的条件，是生命过程中永恒的主题。体育与健康互相促进、相辅相成。随着社会发展，体育和健康被赋予新的内涵，体育的价值在不断延伸，体育与健康课程应运而生。体育与健康课程秉持"以人为本"的理念，以"健康第一"为指导思想，体现从体质健康到身心健康的转变，突显课程的育人思想。

第一节 体育及相关概念

一、体育概念的演变

古希腊时期，体操、角力及游戏等被纳入教育内容，游泳、爬山、赛跑、跳跃等活动也在17—18世纪的西方教育中出现，但无统一名称，德国的古茨穆茨曾把这些活动以"体操"统称。19世纪末，德国形成了广泛传播于欧美的新体操体系，同时欧美社会相继出现了众多新的运动项目且被学校吸收、开展。随着学校开展的运动项目远远超出原体操的范围，"体育是以身体活动为手段的教育"这个新概念也逐渐建立起来。

"体育"一词最初流传开来是因为法国启蒙思想家、教育家、文学家卢梭在《爱弥儿》一书中描述了对"爱弥儿"进行的身体养护、培养和训练等身体教育过程。该书不仅是论述资产阶级教育的专著，而且是阐述资产阶级社会政治思想的名著，轰动了整个法国和西欧一些资本主义国家，影响巨大。自此"体育"一词被广泛运用，体育成为教育过程中的一个专门领域。今天国际上普遍用"physical education"泛指"体育"，即指身体教育。

体育在我国历史悠久，古代的体育活动有武术、蹴鞠、导引术等。但直到20世纪初的清末，大批留学生东渡日本求学，"体育"一词才被引进我国。

"体育"一词传入我国后在含义上也有一个演化过程。最初体育指身体教育，是以教育的一部分出现的，是维持和发展身体的各种活动并使其相互联系的教育过程，与国际上理解的"体育"(physical education)是一致的。随着社会的进步和体育事业的不断发展，体育的概念趋于一致："体育是以身体活动为媒介，以谋求个体身心健康和全面发展为直接目的，并以培养完善的社会公民为终极目标的一种社会文化现象或教育过程。"体育的这一定义既说明了它的本质属性，又指出了它的归属范畴，同时也把体育自身从与其邻近或相似的社会现象中区别出来。但是，体育的概念并非一成不变，随着社会的发展和进步，人们对体育的认识也将有所发展。

二、体育相关的概念

1. 体质

体质是指人体健康状况和对外界的适应能力，是通过先天遗传和后天获得所形成的，个体在形态结构和功能活动方面所固有的、相对稳定的特性，这可以理解为体质强弱与生病与否有一定的关系。体质与心理性格具有相关性。

2. 体能

体能是人体的各个器官、系统的机能在体育活动中表现出的能力。体能以力量、速度、耐力、协调、柔韧、灵敏等运动素质为外在表现形式，是运动能力的重要构成因素。体能是在先天遗传和后天获得的基础上，身体所形成的对外界的适应能力，包括身体形态、身体机能和运动素质三部分。身体形态和身体机能是体能的物质基础，运动素质是体能的核心及外在表现。人体的健康水平，心理、技战术水平以及外界环境条件等因素都与体能的发挥和利用有关。结合 2011 版的《体育与健康课程标准》，我们可以对体能进行拓展，把体能分为与健康有关的体能和与运动有关的体能。前者包括心肺耐力、肌肉耐力、柔韧性等素质，后者包括从事体育活动时身体所需的力量、速度、柔韧、协调、灵敏等素质。根据内容的不同，体能又可以分为一般体能和专项体能。

3. 身体素质

身体素质是指人体在活动中所表现出来的力量、速度、耐力、灵敏、柔韧等机能。身体素质的好坏虽然与遗传有关，但与后天的营养和体育锻炼的关系更为密切，采用正确的方法进行适当的锻炼，可以从各个方面提高身体素质。

4. 体质、体能和身体素质的关系

体能是体质的重要组成部分，体能的发展程度是衡量体质的重要指标。体质除了身体形态、机能、身体素质外，还包括心理、健康、社会适应能力。体质的外延要大于体能的外延，显然体能是体质的属性概念。

体能是身体素质水平的总称，是身体对外界的适应能力，包括健康体能和运动体能。身体素质是一个人体质强弱的外在表现。身体素质的强弱，是衡量一个人体质状况的重要标志之一。身体素质的发展，对增强人的体质和促进人的健康有重要意义。

第二节 健康概念

一、健康概述

健康不仅指没有疾病或病痛，而且指一种身体上、精神上和社会上的完全良好状态。传统的健康观是"无病即健康"，现代人的健康观是整体健康。世界卫生组织提出，健康不

仅是躯体没有疾病，还要达到心理健康、社会适应良好和有道德等条件。也就是说，拥有强壮的体魄和乐观向上的精神状态，能与其所处的社会及自然环境保持协调的关系，具备良好的心理素质，才是健康个体。

1. 身体健康(生理健康)

身体健康指身体结构和功能正常，具有生活的自理能力。

2. 心理健康

心理健康指个体能够正确认识自己，及时调整自己的心态，使心理处于良好状态以适应外界的变化。心理健康有广义和狭义之分：狭义的心理健康主要指无心理障碍等心理问题的状态；广义的心理健康还包括有较强的心理调节能力和发展心理效能能力。

3. 社会适应健康

社会适应健康指有较强的社会适应能力，是心理健康的重要特征。心理健康的大学生，应能与社会保持良好的接触，对社会现状有清晰、正确的认识，既有远大的理想和抱负，又不会沉湎于不切实际的幻想与奢望，注重现实与理想的统一。对于现实生活中所遇到的各种困难和挑战，不怨天尤人，用切实有效的办法去解决。当发觉自己的理想和愿望与社会发展背道而驰时，要能够迅速地进行自我调节，以求与社会发展一致，而不是逃避现实，更不妄自尊大和一意孤行。

4. 道德健康

道德健康指能够按照社会规范的细则和要求来支配自己的行为，能为人们的幸福做贡献，表现为思想高尚、有理想、有道德、守纪律。

有研究指出，现代人的健康应包括身体健康、心理健康、社会适应健康、智力健康、道德健康等多方面。健康是人生最宝贵的财富之一，健康是提高生活质量的基础，健康是人类自我觉醒的重要方面，健康是生命存在的最佳状态。

二、健康的衡量标准与影响因素

1. 健康的衡量标准(健康十准则)

人人都想有一个健康的身体，但怎样才算健康呢？很多人对此不太清楚，包括很多大学生。过去人们都认为身体没有生病就是健康，这种认识是非常肤浅的，随着时代的前进与科学的进步和发展，现代人对健康有了更科学、更全面的认识：

(1) 精力充沛，能从容不迫地应对日常生活和工作。

(2) 处事乐观，态度积极，乐于承担任务而不挑剔。

(3) 善于休息，睡眠质量良好。

(4) 应变能力强，能适应各种环境的变化。

(5) 对一般感冒和传染病有一定的抵抗力。

(6) 体重适当，身材匀称，头、臂、臀比例协调。

(7) 眼睛明亮，反应敏锐，眼睑不发炎。

(8) 牙齿清洁、无缺损、无疼痛，牙龈颜色正常、无出血。

(9) 头发有光泽、无头屑。

(10) 肌肉富有弹性，皮肤富有光泽，走路轻松。

调查表明，只有15%的人能达到以上标准，大部分人都处于既没有疾病又不完全健康的状态，也即处于机体无明显疾病，但活力降低，适应能力出现不同程度减退的一种生理状态，如乏力、头昏、头痛、耳鸣、气短、心悸、烦躁等。这种状态即为亚健康(subhealth)(第三状态)。

2. 健康的影响因素

世界卫生组织研究报告显示，人类1/3的疾病通过预防保健可以避免，1/3的疾病通过早期发现可以得到有效控制，1/3的疾病通过信息的有效沟通能够提高治疗效果。影响人类健康的因素有很多，最主要的有以下八大因素。

(1) 环境：从大的方面来说，空气污染、水污染、土壤污染、噪声污染、疾病传播等，都威胁着人们的健康；从小的方面来说，一个人生活、工作的场所的卫生情况经常会影响这个人的健康。

(2) 饮食：俗话说"民以食为天"，食物是人类赖以生存的物质基础。人需要从食物中汲取营养，以维持人体的新陈代谢，可见日常生活中的饮食对我们的身体健康至关重要。除了健康饮食之外，良好的饮食习惯也是身体健康的重要保障。

(3) 起居：睡眠对一个人的影响非常大，人体细胞的修复和恢复都是在睡眠中完成的，起居有常，身体各种机能才能保持平衡。

(4) 情绪：情绪可以影响机体的免疫力，可以改变内分泌和神经系统功能，可以影响心理健康。经常情绪低落、心情压抑、郁闷或沮丧，整日愁眉苦脸、忧心忡忡、悲观绝望、消沉、自责易怒等，会使人出现失眠、脱发甚至神经衰弱等症状，还会使人产生思考问题困难、疲乏、反应迟钝等附属问题。现代医学认为，良好的情绪可使机体生理机能处于最佳状态，使免疫系统发挥最大效应，抵抗疾病的袭击。

(5) 信念：信念是不可思议的力量，甚至能够治愈人们的身心疾病。

(6) 遗传：遗传在很大程度上决定了人类个体的健康状况和后代的遗传素质。

(7) 潜意识：潜意识是个体不易察觉的心理活动，善恶因人而异。我们的行为和决定经常被无意识的想法深深影响着，而这些想法又很容易被当前的感知所动摇。潜意识与信念相辅相成，对我们的心理健康产生着影响。

(8) 爱与希望：没有"爱"会生病。很多人生病是因为没有慈悲心、爱心和宽容心等，他们喜欢抱怨、指责、仇恨别人，在指责别人的过程当中往往伴随着负面情绪。积极乐观的心态，往往是健康不可缺少的因素。

第三节 体育与健康的关系

"每天锻炼一小时，健康工作五十年，幸福生活一辈子！"健康是开心工作、幸福生活的重要保障，而体育锻炼是获得健康乃至高品质生活的最佳途径。学校通过系统地开展体育教学指导活动，引导学生形成终身进行体育锻炼的意识和习惯、具备良好的体育素养，向社会输出身心俱佳的健康人才。

一、体育与身体健康

体育锻炼是调节身心和促进机体能力提高的有效途径之一，可以提高人体全身各系统的机能水平，从而达到增进健康的目的。

1. 体育锻炼对运动系统的影响

经常参加体育健身运动，可以促进人体的新陈代谢，促进骨细胞生长发育；关节周围肌肉力量和韧带弹性、收缩性能得到增强，关节的稳固性和关节的缓冲能力得到提高；关节更加灵活、敏捷，活动幅度更大。

2. 体育锻炼对心血管系统的影响

体育锻炼可以增强心脏组织功能，促进血液循环；调节血管机能，优化血液成分，提高血液载氧能力和代谢能力，改善循环系统功能。体育锻炼在提高机体最大摄氧量的同时也提高了机体输氧量和机体工作水平。体育锻炼还会加速血液循环，使冠状动脉有足够的血液供给心肌，从而预防各种心脏病。有了强大的心脏血管系统，锻炼者的血液质量更高，新陈代谢更快，血脂和胆固醇含量更低。

3. 体育锻炼对呼吸系统的影响

经常锻炼，能增强呼吸机能。呼吸肌得到锻炼，呼吸肌的力量就增强，胸廓运动的幅度也就随之增大，从而使胸围和呼吸差也增大。胸围和呼吸差能反映胸廓发育的状况和呼吸器官的机能。呼吸机能的增强，表现为肺活量的增大和呼吸深度的增加。

4. 体育锻炼对神经系统的影响

神经系统是人体的活动中枢。体育运动能改善神经系统的平衡性和灵活性，增强神经系统的持久力，达到抗疲劳、调平衡的效果。体育运动还能提高中枢神经系统兴奋性，提高大脑分析能力和判断力。

5. 体育锻炼对体质健康水平的影响

身体健康与否反映在对外界环境的适应能力和对疾病的抵抗力上。经常参加体育锻炼，身体各机能会得到显著增强，对外界环境的适应能力也就增强，体质健康水平得以提升。

二、体育与心理健康

体育活动既是一种身体活动，也是一项心理活动，对心理健康有着积极的作用。大量的研究表明，体育锻炼是一种低经济支出、低风险和低副作用的有效改善心理状况的手段。

1. 体育锻炼有助于改善情绪体验

体育锻炼能使人体验运动带来的愉快感，释放不良情绪。心理学家认为，适度负荷的体育锻炼能够促使人体释放使人愉快、兴奋的物质——内啡肽。因此，参加体育锻炼，尤其是参加那些自己喜爱和擅长的体育锻炼，可以使人从中得到乐趣，从而产生良好的情绪。

2. 体育锻炼有助于提高智力

正常的智力是心理健康的基础，是正确感知和认识世界的前提。经常参加体育锻炼，可以使人情绪稳定、性格开朗，还能改善和提高人的记忆力、注意力、反应速度、思维能力和想象力。

3. 体育锻炼促进交流，有利于形成和谐人际关系

奥林匹克精神的宗旨之一就是增进交流，提高互信，构建和谐友善世界。当代快捷的社会生活使人们越来越趋向于封闭的状态，从而使得人与人之间缺乏感情交流，人际关系渐渐疏远。体育锻炼是大多数人共同的兴趣爱好，爱好体育锻炼的人们有共同语言。这为人们提供了平等、友好、和谐的交往机会，有利于增强人与人之间的互信。

4. 体育锻炼有助于培养坚强的意志品质

意志品质是指一个人的果断性、坚忍性、自制力、主动性及独立性等，是在克服困难的过程中表现和培养出来的。参加体育锻炼可以使人不断克服主观和客观上的各种困难，如懒惰、胆怯、疲劳、损伤等，从而培养人们的优秀意志品质。

5. 体育锻炼有助于治疗心理疾病

因激烈的社会竞争和繁重的生活与工作压力而导致人们焦虑、忧愁、烦恼、悲观的现象普遍。任由这些不良情绪发展会导致严重的心理障碍。体育锻炼是舒缓压力、调节情绪的有效手段。人们在参与体育活动时能获得满足感，产生成就感，转移注意力，从而摆脱不良情绪，消除心理障碍。

三、体育与社会适应

体育活动是一项社会性较强的活动。体育活动有利于促进个体与群体交流，增强个体的社会适应能力。

1. 培养参与意识

关于体育，人们有很多共同语言。每个人都可以通过积极参与体育活动来扩大个体的生活空间，加强与他人的交流，提高个体的社会化能力，培养参与社会活动的意识。

2. 学会正确处理个体与集体的关系

体育活动不但能展现个性，而且能发挥团队力量。社会飞速发展，分工与协作成为时代主旋律。为了实现人生目标，各行各业里团队力量的重要性日趋凸显。

集体体育活动是高度社会化的模拟：在集体利益与个体利益面前，个体应具有强烈的集体荣誉感，正确处理个体和集体的关系，从而实现大家的共同目标。

四、体育与道德水平

"体者，载知识之车而寓道德之舍也"，由此可见体育与德育、智育的密切关系。道德是一种社会性的意识，是人们共同生活所遵循的行为准则和规范。体育具有自身的规则和统一的标准，是一项社会性和教育性活动。人们在体育实践活动中受到体育规范和约束潜移默化的影响，有利于形成公平公正的道德品质和遵纪守法的意识。

第二章 高职学校体育概述

高等职业教育是我国教育的重要组成部分，肩负着为经济社会建设与发展培养人才的使命。高等职业教育目标的实现离不开学校体育。学校体育的本质任务是教授学生基本的体育理论知识和技术技能，增强学生体质，培养学生坚韧进取、顽强不屈的体育精神，培养学生的团队协作能力、良好的社会适应能力，引导学生养成终身体育锻炼的习惯。高职学校体育在实现其本质任务的同时还肩负着职业教育使命，即实现学校立德树人的根本任务，侧重学生职业体能和职业素养的培养，积极弘扬工匠精神、劳动精神，充分展现体育的教育内涵，发挥体育的功能，服务高等职业教育。

第一节 高职学校体育的内容和属性

一、高职学校体育的内容

根据《学校体育工作条例》规定，学校体育工作是指体育课程教学、课外体育活动、课余体育训练和课余体育竞赛。《全国普通高等学校体育课程教学指导纲要》指出，要把有组织、有计划、有目的的课外体育锻炼、校外体育社会活动和运动训练等纳入体育课程，作为课程的延伸，形成课内外、校内外有机联系的课程结构。

1. 体育课程教学

高职高专体育课程是大学生以身体练习为主要手段，通过合理的体育教育和科学的体育锻炼过程，达到增强体质、提高健康水平、完善与职业岗位相适应的身体素质储备、提升体育和职业素养等主要目标的公共必修课程，是学校课程体系的重要组成部分，是高职高专院校体育工作的中心环节。

2. 课外体育活动

课外体育活动是实施"三全"育人的重要内容，是体育课程的延续和补充。《学校体育工作条例》规定：除高等学校体育课之外，每天应当组织学生开展各种课外体育活动。根据学校的实际情况和传统特点，因地制宜地开展多种形式的课外体育活动，对巩固和提高体育课的教学效果、增强大学生体质、提高文化学习效率、丰富校园生活、增强机体凝聚力、促进校园精神文明建设等方面会起到良好的促进作用。这包括早操和每周两次以上以体育比赛活动、健身娱乐活动和一般性体育锻炼活动为内容的课外体育活动。

3. 课余体育训练

课余体育训练是利用课外时间，对部分在体育方面有一定天赋和爱好的学生，以运动队、代表队、俱乐部等形式组织起来进行系统的训练，全面发展学生身心素质，提高运动技战术水平，为校争得荣誉，培养体育后备人才而专门组织的一种体育教育过程。

课余体育训练要坚持普及与提高相结合的原则。一方面，把有体育才能的大学生组织起来，开展全面的技战术及身体训练，提高竞技水平，在校级、市级、省级乃至国家级比赛中取得优异成绩，为校为国争光，为国家培养体育后备人才；另一方面，培养骨干，指导推广并普及大学生群体活动，扩大对体育宣传的力度，丰富学生课余生活，促进校园文明建设。

4. 课余体育竞赛

课余体育竞赛是指学校组织的各类体育竞赛。课余体育竞赛应贯彻小型多样、单项分散、基层为主、勤俭节约的原则。学校每学年应至少举行一次以田径项目为主的全校性运动会。课余体育竞赛应当遵守有关的体育竞赛制度和规定，树立良好的赛风，营造良好的校园体育竞赛氛围。

5. 体育文化节

校园体育文化节是一种新型的学校体育活动组织形式，是深化教育改革、全面推进素质教育的重要举措。根据《全国普通高等学校体育课程教学指导纲要》指示精神，体育文化节成为高职学校体育的重要组成部分。

该项活动由全校多部门协同合作，开展体育运动竞赛、健身、表演、游戏、知识竞赛、体育摄影展览等各种类型的活动。活动跨度时间长、内容丰富，鼓励更多具有不同兴趣特长、个性特点的学生参与进来，深受师生喜爱。构建常态化、系统化的颇具影响力的校园体育活动，对于激发学生参与热情，调动学生参与的积极性，提高学生体育素养，切实促进学生健康、培养学生综合能力具有十分重要的意义。

二、高职学校体育的属性

1. 高职学校体育的健康属性

健康是体育的本质属性之一。体育的健康属性早期以使人身体强健、没有疾病，能更好地适应自然环境和社会需要为标准。随着健康内涵的延伸，体育的健康属性发展为自觉完善、优化和开发自我身体和心理的行为。在体育健康属性的影响下，高等学校体育皆以"健康第一"为指导思想，促进学生提升自身健康能力，掌握一定的体育运动技能，养成终身体育锻炼的习惯，形成健康的心理品质，表现出良好的人格特征，树立积极的竞争意识与团队合作意识。

2. 高职学校体育的职业教育属性

高等职业教育以培养高素质技术型、应用型、专门型人才和促进经济社会发展为目标，有利于提高我国劳动者的政治和文化素质。高职学校体育是高等职业教育课程体系的重要组成部分，应围绕高职人才培养模式，体现鲜明的职业特性。高等学校体育应以体育为载体，利用体育教育功能，针对性培养和发展学生在以后的工作岗位上所需的身心素质，以增强学生就业与从业的竞争力；应注重发展学生职业体能，提升学生职业素养，以塑造德才兼备、身心俱佳的社会建设者为目的。

第二节 高职学校体育的功能

学校体育的功能由体育本身在学校教育中所发挥的作用，以及满足的社会需求共同决定，因此高职学校体育具有高等学校体育的共性功能以及高职教育的实用功能。

学校体育以身体活动为主要形式，以基本理论知识、技术技能为主要教学内容，在寓教于学中培养身心俱佳的合格人才，在潜移默化中实现职业道德、劳动精神、工匠精神、爱国情怀等的养成。

一、学校体育的共性功能

高职学校体育的目标是不仅要满足学生当前对运动的需求，还要积极地激发学生的兴趣，培养学生的体育意识、体育能力和锻炼习惯，从而使多数学生能把体育锻炼坚持下去，最后获得健康的体质。因而培养身心健康的职业人才是学校体育的共性功能。

1. 教育功能

学校体育通过课内课外有系统、有组织、有目的的体育活动，让学生掌握科学的体育理论知识，并具备一定的技术技能实践能力，完成教育过程。

2. 身心健康功能

研究表明，体育活动可以改善大脑供血、供氧，促进大脑兴奋，使得大脑的分析和综合能力加强，使机体的工作能力提高。经常参加体育运动可促进骨骼、肌肉的生长和发育，使得骨骼变粗、骨密质增厚，骨骼抗弯、抗折、抗压能力增强。体育运动能改善肌肉的血液供应情况，增加肌肉内的营养物质，特别是蛋白质的含量，使肌纤维变粗，工作能力加强；体育运动能促进机体新陈代谢，强化机体血液循环、消化以及心脏系统功能；体育运动能增强身体免疫力，提高机体适应不同环境的能力；体育运动能舒缓工作中的压力，调节人际关系，促进身心张弛有度，从而使得生活更加健康幸福。

3. 促进个体社会化功能

个体社会化是个体掌握生活技能，内化社会所期望的行为规范和价值观，以适应社会生活的过程。在人的社会化过程中，体育活动是不可或缺的，以至于美国社会心理学家海兰考曾提出："如果把体育运动忽然从世界上和人们的意识中消灭掉(这当然是不可能的)，只要人的社会化过程不变，体育运动很快还会诞生，也许还会再造出形式与现代完全一样的体育运动。"学校体育本身是一个有章可循、有一定约束力的社会活动，且是在教师的直接组织和教育下进行的，是培养广大青少年遵守社会活动准则的一个强化手段。体育活动中学生们要频繁交往和接触，有利于培养他们处理人际关系的能力。

二、高职学校体育的实用功能

高职学校体育在发挥学校体育共性功能的基础上，应充分体现职业教育特色，突出高职学校体育教育的实用性功能，实现高等职业教育学校人才培养目标。

1. 提高学生职业体能

职业体能是职业人才必须具备的基本素质，是培养高素质技能型人才的基础。高职学校体育在专业人才培养标准的指导下进行针对性职业体能训练，有效提高学生职业体能。

2. 促进学生个性发展

个性作为一种心理特质在人生的历程当中发挥着积极的作用。良好的个性品质是 21 世纪人才素质中重要的一环，是个体适应社会和选择社会的必备条件。符合高等职业教育人才培养需要。教育部在《高等教育面向 21 世纪教学内容和课程体系改革计划》中曾明确指出：要以改革教育思想和观念为先导，注重素质教育，注重学生的个性发展。

学校体育以学生为主体，尊重学生主体地位，明确个性差异，重视学生个性发展。学校体育是以身体活动为主的独特的社会实践活动，其通过创新教学模式、改革教学方法、转变教学思想等途径鼓励学生参与体育运动，让学生在体育运动中获得良好的情感体验，从而培养学生个体的认知、情感和意志能力，促进个体社会化及引导学生个性良性发展。

3. 提升学生职业素养

发展和提升学生职业素养是高职教育的重要任务。良好的职业和身心素质、创新精神、合作意识以及道德准则等都是职业素养的重要组成部分。高职学校体育利用运动的健身性，项目的规则性、多样性等特点开展体育意识和体育精神教育实践，充分发挥高职学校体育功能，培养学生良好的职业道德、工匠精神、劳动精神等，提升学生职业素养。

4. 社会服务功能

社会服务意识与能力是高等职业教育办学的重要评价指标。强化高校服务职能，有利于促进国家建设和社会发展，整合社会资源，形成学校与社会和谐发展。改变学校教育与社会实际相脱离的弊端，推动学校跨越式发展。

1) 为市民提供健身场所

体育场馆是实现"健康中国""全民健身"的重要物质基础和保障。社会体育面临体育场馆不足和学校体育资源利用不够充分的问题。教育部和国家体育总局联合发布的《关于推进学校体育场馆向社会开放的实施意见》指出，开放学校体育场馆，服务社会是贯彻落实《"健康中国 2030"规划纲要》和《全民健身条例》的重要举措，也是不断提高学校管理水平及体育工作质量和水平的重要途径。

2) 社会健身服务

《国家中长期教育改革和发展规划纲要(2010—2020 年)》中明确指出：高校要牢固树立主动为社会服务的意识，全方位开展服务，提高公众科学素质和人文素质。学校体育是传承与创新体育文化最重要的场所，应担当起引领社会发展方向的神圣使命，为社区民众提供体育健身服务。高校体育人才资源丰富，体育资源是学校资源，同时也是社会资源。院校体育资源在保证正常教学、训练、课外体育活动之余，应提供社会体育培训、指导等服务。

第三节　高职学校体育与职业素养

　　人的全面发展是体力和智力的充分、自由、和谐的发展，既有个体和主体的充分发展，还有人与人之间以及人与社会之间的和谐发展。促进学生身心健康发展是体育的本质功能。体育还是一项群体活动，培养了竞争意识，促进了人与人之间的交流；体育更是一项社会自然活动，提高了人的适应能力；体育同时还是一项文化娱乐活动，可以陶冶学生情操，帮助学生树立正确的审美观、娱乐身心；体育体现了一国的综合实力，可以激发学生的爱国情怀。

一、职业素养的概念

　　素养是通过训练和实践而获得的一种道德修养，它包括思想政治素养、文化素养、业务素养、身心素养等各个方面。高职学生的职业素养是指学生为适应社会发展及岗位的需求所具备的职业技能、职业道德、职业意识、职业责任等。职业技能是通过学习以及实践检验出来的技能，是职业素养的基础，具有外显性，而后三种属于价值观、人生观、就业观等意识范畴，是在长期的学生生活甚至工作中逐渐养成的职业观念、态度、精神等道德素养，具有内隐性。职业素养一方面包括"专业素养"，指专业知识、技术战术、创新创业能力等技能；另一方面包括"非专业素养"，指责任心、敬业精神等责任素养，以及合作、团结、进取等意识要素。

　　高职学校体育的职业素养培养过程是充分发挥学校体育特点，促进学生职业素养养成和持续内化的过程，使学生具备全面可持续的发展能力。研究表明：学生的职业素养难以满足企业的要求，是导致学生就业难而企业招聘不到合适人选这一矛盾的主要原因。培养高素质的大学生是高等职业学校的主要任务。为了实现这一目标，国家层面先后出台了《高等学校课程思政建设指导纲要》《"健康中国2030"规划纲要》等文件，赋予了学校体育新的使命，给学校体育改革和发展指明了方向。高职学校体育通过积极树立职业素养教育观、课程思政教育观，将德育、健康教育以及劳动教育等融入体育课堂，引导学生形成正确的世界观、人生观和价值观，完善学生的人格，促进学生职业素养的养成。

二、高职学校体育的职业素养教育内涵

1. 文化素养的养成

　　体育不仅是一项身体教育活动，还是一项文化教育活动，体育文化主要包括体育观、体育价值观、体育行为准则、体育道德等在内的社会意识形态及反映这一形态的体育方式、民俗、心理特征、审美情趣等。学校围绕体育文化构建的校园体育文化，具有精神文化、制度文化的主要内容，能陶冶学生情操、启迪学生心智、促进学生全面发展，对学生产生潜移默化的积极影响，培育学生的文化素养。

2. 课程思政的融入

课程思政指以构建全员、全程、全课程育人格局的形式将各类课程与思想政治理论课同向同行，形成协同效应，把"立德树人"作为教育的根本任务的一种综合教育理念。《高等学校课程思政建设指导纲要》指出，立德树人成效是检验高校工作的根本标准，必须将价值塑造、知识传授和能力培养三者融为一体，帮助学生形成正确的人生观、价值观和世界观。

课程思政建设可以较好实现学生职业道德规范教育。中共中央、国务院要求"职业教育要面向人人、面向社会，着力培养学生的职业道德、职业技能和就业创业能力"。教育部明确规定"高等职业院校要坚持育人为本，德育为先，把立德树人作为根本任务"。因此，职业道德教育是职业技术教育的核心与灵魂。对学生进行品德教育，增强组织纪律性，培养学生的勇敢、顽强、进取精神是学校体育工作的基本任务之一。

学校体育蕴涵着丰富的身体、心理和思想道德教育功能。学校体育以其突出的实践性特征，通过一定的运动负荷对学生身心施加影响，完善学生人格、强健学生体魄。课内外多层次搭建学校体育个人和集体活动平台，可以让学生在活动实践中展现个性，完善个体价值观念，培养爱国情怀和集体主义精神。学生参与到具有开放性、互动性、实践性的体育活动中亲身体验"知、情、信、意、行"，做到知行合一，完全符合职业道德教育的规律。如体育规则培养学生遵纪守法意识；集体项目培养学生团队精神、爱国情怀和集体主义精神；单人、集体等项目的实践增强学生的人际交往能力和社会化能力等；体育竞争培养学生勇敢、进取和不屈不挠的精神；等等。

在学校体育教育中融入课程思政教育，可进一步提高学校体育价值，践行课程思政协调育人理念，这也是构建课程思政立体多元化的重要内容。

3. 劳动精神教育

中共中央、国务院《关于全面加强新时代大中小学劳动教育的意见》中指出了劳动教育对青少年教育的重要意义，并对劳动教育做了具体而细致的阐述。《教师百科辞典》中有这样一段话："劳动教育就是向受教育者传播现代生产的基本知识和技能，培养他们具有正确的劳动观点、劳动习惯和热爱劳动人民、劳动成果的感情。劳动教育十分重视劳动过程中的智力因素，把平凡的劳动同创造性劳动结合起来，把简单的劳动与富有知识的劳动结合起来。"劳动教育包括生产劳动、社会公益劳动和自我服务劳动等多方面的教育活动。

劳动教育有助于引起学校、家庭对大学生劳动教育的重视，不断拓展劳动教育的平台，使当代大学生树立正确的劳动价值观。勤俭节约、艰苦朴素是我们民族的优秀传统，勤劳是我们这个民族得以发展的基础。劳动教育能够使当代大学生更好地传承民族优秀传统精神，具备优秀的民族品质，展现当代大学生应有的精神风貌，有助于社会主义核心价值观的践行。

学校体育是学校教育的组成部分。体育的价值不仅仅局限在健身方面，而且在身体与大脑紧密结合方面有充分体现，是以追求身心完美结合为显著特点的体力与脑力劳动。体育特有的特点决定其是开展劳动教育的重要载体，具有十分重要的劳动教育价值。

4. 工匠精神教育

工匠精神是一种职业态度和精神理念，是人人追求的理性情怀和卓越品质。《2017 年国务院政府工作报告》以及十九大报告先后提出："培育精益求精的工匠精神，增品种、提品质、创品牌""要大力弘扬工匠精神""培育众多'中国工匠'""弘扬劳模精神和工匠精神，营造劳动光荣的社会风尚和精益求精的敬业风气"。

爱岗敬业的职业精神是根本，精益求精的品质精神是核心，协作共进的团队精神是要义，追求卓越的创新精神是灵魂。工匠精神是职业态度和精神理念，包含着对工艺事业的执着与坚守，更是对信念的坚定不移；工匠精神也是一种信仰，它存在于每一个人的心中，需要我们不断地去认知、去感悟、去发掘、去践行。这种理念与学校体育教育十分契合。学校体育教育以运动技术技能形成为核心，围绕个体身心全面发展开展各项教育活动，通过对技术精雕细琢、对"心"的磨炼等实现技能的完美展现。

第三章 高职体育课程概述

　　教育部印发的《关于全面深化课程改革 落实立德树人根本任务的意见》中，提出"核心素养体系"的概念，明确学生应具备适应终身发展和社会发展需要的必备品格和关键能力，突出强调个人修养、社会关爱、家国情怀，更加注重自主发展、合作参与、创新实践能力。

　　"核心素养"的提出赋予高职学校体育新的内涵，是深化学校体育教育改革新的起点。高职体育与健康课程是高职学校体育的核心环节，其不仅传授学生体育理论知识、体育技能、促进学生身心健康发展，而且在培养学生职业道德规范、养成良好的核心素养等方面也具有重要作用。课程改革浪潮的席卷之下，学校体育与健康课程应与时俱进，以核心素养教育为新的起点，优化课程改革，推动素质教育进程，促进高职学生全面发展。

第一节 高职体育课程性质与任务

一、高职体育课程性质

　　高职体育课程是大学生以身体练习为主要手段，通过合理的体育教育和科学的体育锻炼过程，以增强体质、提高健康水平、完善与职业岗位相适应的身体素质储备、提升体育和职业素养为主要目标的公共必修课程，是学校课程体系的重要组成部分，是高职高专院校体育工作的中心环节。

　　高职体育课程具有公共教育性特点，面向高职高专所有学生，帮助他们在全面发展体能、提高体质健康水平的基础上，通过对运动项目的选择性学习，培养运动爱好和专长，掌握科学锻炼身体的方法，丰富体育文化素养，提高体育实践能力，养成终身体育意识，形成健康的生活方式和积极向上的生活态度；高职体育课程同时具有职业实用性特点，学生通过体育课程的学习与身体锻炼，在体育基本素养和身体运动能力全面提高的基础上，针对今后专业所对应的职业岗位标准，利用科学合理的体育手段，促进职业实用性身体技能和身体素质的发展，达到发展学生职业能力与职业素养的目的，是实施素质教育和实现高职高专人才培养目标的重要途径。

二、高职体育课程任务

　　高职体育课程的任务是：以"健康第一"为指导思想，通过较系统的课堂教学和有组织的课外体育活动，传授体育的基本知识、技能和方法，增进学生身心健康、增强体质、发展素质、提升综合职业能力，培养学生养成终身进行体育锻炼的意识、能力与习惯，为完善学生人格、提升应职应岗能力和今后生活质量打下坚实基础。

第二节　高职体育课程目标

一、健康发展目标

通过体育课程，使学生养成自觉参与锻炼的行为习惯，掌握科学的体育锻炼方式方法，全面提高身体素质、形成健康的心理品质、表现出良好的人格特征、积极的竞争意识与团队合作态度。

1. 知识目标

了解体育运动的基本知识、运动特点和锻炼价值，树立正确的健康观；了解常见运动竞赛规则与裁判、竞赛组织方法；掌握运动技术、战术及实际运用的方法；知晓提高身体素质的手段；了解与运动有关的损伤产生原因及保健知识。

2. 技能目标

熟练掌握两项及以上运动基本技术技能，能在运动实践中运用，并形成自觉锻炼的习惯与能力；掌握发展专项素质的手段并运用；能根据掌握的基本知识，利用体育锻炼调节与改善自身心理状态，具备对运动损伤进行简单临场处理的能力及制定简便的运动处方的能力；熟悉 1 或 2 项运动规则与裁判方法，并具有在校园体育竞赛中临场执法与组织简单基层比赛的能力；具有一定的体育欣赏能力。

二、职业发展目标

结合高职高专教育特征与各专业人才培养目标，针对职业岗位标准，依据"必需，够用"的原则，利用体育的手段，来提升学生的身体素质、职业素养，达到发展学生职业能力与职业素养的目的。

1. 知识目标

依据专业培养方案，了解本专业相对应的职业岗位群的生理、心理负荷特征，了解常见职业性疾病的成因与预防知识；了解增进职业体能和职业素质的锻炼方法与途径；了解体育文化与职业素质提升的关系。

2. 技能目标

能正确理解岗位体能要求，学会利用体育锻炼的方法来预防与纠正职业性疾病；掌握应对本专业相对应的岗位群所需关键身体素质的体育锻炼方法；掌握 1 或 2 项与职业岗位相关度高的实用体育技能；借鉴体育文化特征，改善身体形姿、心理素质和团队协同能力，提升自身职业素养，更好地胜任本职工作，提高个人生活品质。

第三节　职 业 体 能

一、职业体能的概念

体能又称体适能，是通过力量、速度、耐力、协调、柔韧、灵敏等运动素质表现出来的人体基本的运动能力。体能水平的高低与人体的形态学特征以及人体的机能特征有着密切的关系。

职业体能是与职业劳动有关的身体素质以及不良劳动环境条件下的耐受力和适应能力，是经过特定的工作能力分析后所具备的身体活动能力，包括重复性操作能力、骨骼肌承载静态力的能力、肌肉群能达到维持工作姿态要求的能力，以及人体对工作环境的耐受程度等能力。

二、职业分类及对应的职业体能锻炼方法

依据劳动和社会保障部认定的职业分类目录《中国普通高等学校高职高专教育指导性专业目录(建议方案)》，可对各职业岗位劳动时的主要身体姿态进行相对分类：静态坐姿类，主要涉及会计、文秘、行政办事员、IT 行业等；静态站姿类，主要涉及营业员、酒店前台接待等；流动变姿类，主要涉及营销员、导游、记者等；工场操作类，主要涉及机械、生产线操作工等；特殊岗位姿态类，主要涉及警察、空乘和野外作业人员等。进一步综合后可分为伏案型、站立型和综合型。

根据职业岗位身体姿势分类的职业体能锻炼方法如表 3-1 所示，根据职业分类的职业体能锻炼方法如表 3-2 所示。

表 3-1 根据职业岗位身体姿势分类的职业体能锻炼方法

职业类型	职业示例	工作特征	体能的特殊要求	生理反应	体能锻炼的主要手段
伏案型	文秘、金融、家电维修、计算机信息、财务会计、管理等	以脑力劳动为主的室内长时间久坐职业	相对静止状态的脑力劳动，需要充沛体力、高度集中的注意力	长时间工作容易导致精神紧张、体力不支、代谢水平降低，出现相关肌肉僵化，脖子、背部酸疼，反应迟钝，肠胃功能降低等不良反应	定位运动：(1) 头颈旋转运动；(2) 臂绕环；(3) 双臂向上、背后拉伸；(4) 耸肩运动；(5) 扩胸运动；(6) 体侧运动、体转运动；(7) 转髋、提膝转髋运动。活动性练习：俯卧撑、立卧撑、平板支撑、扶墙倒立、仰卧起坐、仰卧举腿、健身跑
站立型	警察、服务、烹饪、机械制造、纺织、化工、建筑等	在特殊环境中工作，以站立或行走为主要身体姿势	具有强劲的体魄、充沛的体力、良好的心理素质以及在不利环境中保持职业性工作的能力	长时间工作容易患静脉曲张、关节炎、腰肌劳损、腰椎间盘突出等，甚至出现驼背、塌腰、屈膝等职业病	定位运动：(1) 伸展运动；(2) 体前屈运动；(3) 抱膝运动；(4) 体转运动；(5) 双臂双腿抖动放松；(6) 合掌合脚压膝。活动性练习：长跑、仰卧起坐、登山、健身、倒走
综合型	地质、海洋、交通运输、营销、护理等	无固定身体姿势	具有充沛的体力，以适应持续工作的要求，对身体各部位的协调性和灵活性要求较高，要能持续长时间地工作	身体负荷量大，易造成全身性疲劳	定位运动：(1) 上肢运动；(2) 下蹲运动；(3) 体侧运动；(4) 体转运动；(5) 腹背运动；(6) 全身运动。活动性练习：立卧撑、仰卧举腿、健身运动、定向越野

表 3-2　根据职业分类的职业体能锻炼

职业	对体能的特殊要求	体能锻炼的主要手段
金融	腰背肌、颈部、括约肌有力；手指灵活	提拉（从地面把杠铃拉起至身体挺直）；负重转体；颈部绕环；健身球练习；脸部肌肉运动操；瑜伽；小球类运动；各类养生运动
保险、营销	耐力好，攀登能力不错，身体灵活，脸部肌肉灵活	多进行跑跳运动；体操技巧性运动尤其是各种滚翻；攀爬练习；脸部肌肉运动操；球类运动
经营管理	身体，尤其是下肢耐力好，腰背肌强，协调性好	跑跳运动，如跳绳、有氧跑；核心力量训练，仰卧起坐；球类运动
国际商务	较好的身体灵敏性，协调性好，脸部肌肉灵活	跳绳；短距离折返跑等灵敏性动作练习；脸部肌肉运动操，球类运动
会计、信息	腰背肌肉有力，手指灵活，身体协调性好	跳绳；仰卧起坐；俯卧挺身；提拉；负重转体；小球类运动；民族传统体育运动
文秘	有一定耐力，腰背肌有力	有氧跑；仰卧起坐；俯卧挺身；负重提拉、转体；脸部肌肉运动操；伸展运动
民航乘务	耐力强，平衡能力好	各种技巧性、韵律运动操；有氧跑；脸部肌肉运动操；武术、防身术等
车工、铣工、切削工、钻工	上肢力量较强，一般耐力，尤其是静力性耐力好；身体平衡能力好；上肢动作的协调性和准确性好	核心力量训练；跳绳；跑跳等各类田径运动；球类运动等
设备安装工、装配工、绘图工、缝纫工、钟表工	一般耐力较好，手指协调性好，动作准确性、触觉敏感性好，注意力集中；专注度高，反应速度快等	耐力跑；跳绳、折返跑等协调灵敏性运动；球类运动
吊车司机、拖拉机司机、汽车司机、建筑和农业机械驾驶员	上肢力量较强；身体协调性较好；一般耐力以及静力性耐力好；对事物的快速反应及注意力的转换能力强	有器械的负重练习；急停急起等球类运动；腰背为主的核心力量训练；有氧跑；武术等
社区服务	一定攀登能力；耐力素质强；核心力量好	户外有氧运动，如越野、登山；仰卧起坐、俯卧挺身；民族传统体育运动

三、职业体能训练的教学意义

1. 突出高职学校体育特色

高等职业教育以培养符合社会需求的高素质技能型人才为目标，教育教学具有定向性、实用操作性以及专业性特征，需要为职业教育服务。专门的职业岗位对职业人的体能需求具有特殊性和指向性，因而适当开展职业体能训练，能促进学生职业技能、体能的提高，也能更好地体现高职院校体育的特色。

2. 丰富高职学校体育内涵

随着职业体能教学引入，以"职业为导向"高职体育教学模式得到创新。高职学校体育不再局限于传统体育项目上，还可以丰富教学手段、教学方式，增强了学校体育的实用性和趣味性，提高了学生参与学校体育的兴趣。

3. 夯实高职学校体育价值

学校体育对学生身心健康的促进作用毋庸置疑。职业体能教学融入高职学校教育，深显高职人才培养特色，公共体育课程支撑高职人才培养的效果更加突出、显著，进一步夯实高职学校体育价值。

第四节 体 育 游 戏

一、体育游戏的起源与发展

游戏是人类特殊形式的活动，早在人类的原始时代就已出现。原始时期，人类在漫长的年代里，在生产、狩猎、军事活动以及日常生活中，积累了大量打猎、捕鱼、采集、军事作战以及家事操作等知识与经验，并将游戏的形式运用到未成年人教育以及业余休闲生活中，是现代游戏的萌芽。游戏来源于人类生产劳动，与人类身体活动密不可分，在发展中逐渐产生了体育游戏。

体育游戏是以身体活动为基本手段，以促进人们身心健康、智力发展及适应社会，培养良好的道德品质等为目的，融体力、智力、身心娱乐为一体。教育活动的所有参与者按特定的要求、内容、情节、形式进行活动，实现个体全面发展。

体育游戏是伴随着人类社会产生发展并日趋完善的活动。作为人类实践活动，体育游戏受到人类发展和社会发展等诸多因素的直接和间接影响。在体育游戏的发展过程中，社会生产力的发展起到了决定性的作用，决定着体育游戏的发展规模。

体育游戏不仅是人类的一个普遍现象与生存方式，更是一种文化现象。自诞生起，游戏就体现出了对人类文化思想的继承与发扬。它记录了人类不同时期的历史记忆与文化符号，并与其他文化形式交相辉映、相得益彰。可以说自由不拘的游戏是人类灿烂文化的摇篮。同时，游戏中所体现出来的公平性、协作性等精神，也在人们的社会生活中起着潜移默化的作用，促进了人类的进步与社会的发展。

二、体育游戏的分类

体育游戏是一种综合性的体育手段，它在内容、形式、作用以及参与对象上都具有综合性。体育游戏的综合性决定了它的分类方法的多样性。常见的分类方法有以下几种：

(1) 按运动项目进行分类：有篮球游戏、排球游戏、足球游戏、田径游戏、体操游戏、武术游戏等。

(2) 按游戏进行的形式分类：有接力游戏、追逐游戏、角斗游戏、攻防争夺游戏、传递抛接游戏、集体竞快游戏等。

(3) 按身体素质进行分类：有速度游戏、力量游戏、灵敏游戏、耐力游戏等。

(4) 按基本活动技能进行分类：有奔跑游戏、跳跃游戏、投掷游戏、攀爬游戏等。

(5) 按游戏参与者的年龄分类：有幼儿游戏、少儿游戏、青年游戏、中老年游戏等。

(6) 按体育课的结构部分分类：有集中注意力游戏、活动性游戏、放松游戏、室内体育游戏、户外体育游戏等。

三、体育游戏的特点

1. 目的性

体育游戏是一种有意识、有目的的行为。体育游戏本身是身体活动，可以增强学生体质、提高学生体能和适应能力；另外体育游戏还可以通过有意识的爱国精神、团结合作等教育内涵的引导，对参与者进行爱国教育、协作教育，等等。

2. 趣味娱乐性

体育游戏内容丰富、形式多样、活泼有趣，能极大地满足参与者追求新异刺激的心理需求，深受参与者喜爱。参与者兴致盎然地参与到轻松欢乐的活动中，充分展现个性。体育游戏也具有娱乐性的特点。体育游戏本质上是一项娱乐身心的活动，由于它具有极强的娱乐性和趣味性，吸引着众多的人参与。人们在娱乐中竞争，在竞争中体验着愉悦，在不知不觉中接受教育。在增强体质的同时，人们还能够自我发现。这些都体现了体育游戏特有的魅力。

3. 规则性

规则，是运行、运作规律所遵循的法则。体育游戏是游戏参与者自己制定的约定俗成的法则。其一方面能增添娱乐的气氛，另一方面又能强化参与者的行为规范。因此，体育游戏具有个体社会化的结构与功能性，具有一定的规则性。体育游戏的教育意义在于让参与者在游戏中认识和熟知规则，形成良好的规则意识。因此体育游戏的规则性可以培养学生的公民意识和良好的道德规范意识。

4. 教育性

体育游戏是寓教于动的最佳方式，大部分体育游戏都包含教育因素。游戏者必须遵守游戏规则，控制、约束自己的行为。这种体验有助于游戏者形成行为的社会定式，内化社会行为规范。体育游戏中的群体活动，角色的扮演、转换与互动，也满足个体社会归属或团体归属的欲望，对他们掌握人际交往技能、形成健康的人格、发展社会适应能力等都具有独特的效果。体育游戏创造一种合作、竞争，同时又相互鼓励、彼此理解的环境，在这种生动活泼、和谐友好的气氛中，学生的个性与社会性得到高度发展。体育游戏本身具有的竞赛性和结果的不确定性等特征，可以激发游戏者的进取心和自尊心，培养他们的道德感和责任感，促进他们健康个性与心理的形成与发展。

5. 竞争性

竞争性是体育游戏的鲜明特点。参与者在规则的约束下进行对抗，并在胜利中肯定自我。充满竞争性的体育游戏能培养参与者的竞争意识和进取精神，树立良好健康的人生价值观。体育游戏的竞争形式可以根据需要进行合理变动，可以比体力、比技巧、比智力，也可以比运气，比与同伴合作的协作能力，比集体的力量，等等，以此来激发参与者积极上进的精神。这种竞争性可使弱者有获胜的可能，给强者带来新的挑战，促使参与者在游戏中发掘自己的潜力。

体育游戏的竞争既有体力竞争，又有智力竞争，因此体育游戏不仅可以提高参与者的身体活动能力，还可以培养他们的创新能力、思维能力、应变能力和团结协作能力。

四、体育游戏的价值

1. 锻炼身体素质

锻炼身体是体育游戏不同于智力游戏的地方。体育游戏本来就是通过身体运动的方式进行的，因而具有锻炼身体的价值。体育游戏的编创与组织者一般会有意识地采用一些手段与形式，以便通过游戏达到预定的锻炼身体、增强体质的目的。虽然在体育游戏中，有一部分游戏的运动负荷量较小，如集中注意力游戏、放松游戏等，但是，这些游戏主要还是以身体运动的形式开展，因而总是有一定的运动负荷量，有一定的锻炼身体的价值。锻炼身体的价值是区分体育游戏与智力游戏的关键，也是体育游戏的本质特点之一。

2. 增进心理健康

体育游戏产生的动因之一就是人类的心理需求。现代社会发展的同时，社会成员之间的竞争加剧，工作强度负荷大，精神负担重，人们的人际关系也有很大的变化。因此要求人们有良好的心理素质来适应快节奏的生活与工作。体育游戏能够使人在繁忙的工作与生活中，放松身心，调节心理。体育游戏的娱乐性、自愿性与非生产性，能让人们在快乐、自愿和摆脱工作的状态下，尽情地游戏，从而调节心理状态，提高心理水平。

3. 促进个体社会化

体育游戏可规范参与者的行为方式，培养参与者的竞争合作意识，满足参与者的合群需求(也即社会化要求)。一个人要成为被社会群体所认可的人，就必须遵守社会或群体的规则，并具备一个社会或群体成员所应具备的知识、技能、态度、情感等。人的社会化对于一个人的成长有着重要且深远的意义。体育游戏提供一个平台，可以让有相同兴趣爱好的人们彼此相识、了解，从而促使人们更好地融入群体。

4. 高职学校体育游戏的教育功能

教育功能是体育游戏的本质功能之一。高职学校体育引入体育游戏可以有效实现高职学校体育教育目标，丰富高职学校体育教育内容，为高职学校体育教育服务。

1) 提高学生个人素质

体育游戏是将人类生产、生活等社会活动高度凝练而形成的教育活动，涉及社会道德规范、行为方式、人际交往的行为准则、价值追求以及精神追求等。体育游戏是在一定游戏规则制约下的群体活动，同时还是一项具有丰富民族文化特色的文化活动，因而体育游戏可以使学生形成良好道德规范，培养学生的劳动精神，提高学生的文化素养。

2) 培养学生综合能力

在学校体育教育中开展体育游戏活动，学生是体育游戏的参与者，但也可以是体育游戏的组织者。学生在体育游戏的参与中获得身心的陶冶。在体育游戏的组织中，通过教师有意识的引导，可以培养学生的组织能力和协调能力。通过亲身组织，学生可以进一步认识游戏的内涵，在潜移默化中培养和提升综合能力。

3) 促进学校体育课程健康发展

学习运动技能、进行身体锻炼是高职学校体育的主要内容。运动技能的学习注意细节，精益求精，身体锻炼往往伴随着高强度的运动负荷，这些并不能很好地契合学生的身心特点，导致体育课程的学习存在枯燥、单调以及辛苦等现象，学生的主动性受到一定的影响。而体育游戏因其趣味性、健身性、竞争性等特点，可以在保障学校体育教育任务的同时，激发学生的学习兴趣。因此引入体育游戏，并充分发挥体育游戏的功能，可以促进高职学校体育课程健康发展。

第四章 运动保健知识

高职学校体育开展的运动保健教育，一般以保健基本知识、运动损伤的预防和应急处理、职业疾病的成因及运动疗法、运动与营养等为主要内容。高职学校体育加强运动保健知识的传授，有利于学生树立正确体育观，掌握正确的锻炼方法，正确处理运动中出现的损伤等突发伤害；有利于促进大学生的身心健康发展，培养其良好的心理素质；有利于提升学生的专业相关体育素养。

第一节 常见运动生理反应与处理

一、肌肉酸痛

1. 简述

肌肉酸痛一般在运动后数小时到 24 小时左右出现，通常持续时间为 1～3 天。

2. 原因

刚开始或间隔较长时间后再锻炼，肌肉对负重负荷以及收缩放松活动尚未完全适应，从而引起的局部肌纤维及结缔组织的细微损伤，以及部分肌纤维的痉挛所致。

3. 预防

合理安排运动负荷；避免长时间对某一部分肌肉进行集中练习；准备活动做得充分合理；运动后做整理活动。

4. 处理

用热水泡或热毛巾敷，这样可以促进肌肉血液循环，加快机体代谢，有助于损伤组织的修复和缓解酸痛。还可对酸痛的肌肉进行按摩，促进肌肉血液循环，使肌肉得以放松。

二、运动中腹痛

1. 简述

运动中腹痛是体育锻炼中常见的一种症状，特别在中长跑、马拉松、竞走和自行车等运动中容易出现。

2. 原因

(1) 运动前准备活动不充分，开始速度太快。由于内脏器官功能尚未达到应有的水平就加大了运动量，特别是心肌力较差时，搏动无力，影响静脉血回流，使下腔静脉压力上升，肝静脉回流受阻，从而引起肝肺淤血肿胀而疼痛；同时呼吸节奏紊乱，肺部功能赶不上肌肉工作的需要，造成呼吸肌疲劳，导致呼吸表浅、呼吸肌缺氧，就会发生肌肉痉挛而加剧疼痛。

(2) 患有腹部疾病。患有肝炎、胆道感染、溃疡病或慢性阑尾炎的人参加剧烈运动时，病变部位充血、水肿，运动时受到牵扯和震动等刺激，会产生腹痛。

(3) 运动的时间不得当，引起胃肠痉挛。运动前吃得过饱，饭后过早参加运动，空腹锻炼等均易引起腹痛在活动前吃了难以消化的食物也可引起胃肠痉挛，导致上腹胀痛、阵发性绞痛和脐周围及下腹部的疼痛。在夏天剧烈活动，由于大量排汗而丧失盐分，水盐代谢失调，加上疲劳，也会引起腹直肌痉挛，但疼痛表浅。

3. 预防

(1) 出现腹痛后应减慢运动速度和降低运动强度，调整呼吸节奏，用手按压疼痛部位，或弯着腰跑一段距离，疼痛就可消失或减轻。

(2) 如果疼痛不减轻或加重者，应停止运动，口服解痉药或热敷腹部；如疼痛仍不减轻，则应送医院进行治疗处理。

(3) 采用局部按摩，用指点揉足三里、内关、三阴交、大肠俞等穴位，尤其是用大拇指按揉血海穴，能起到明显的止痛效果。

4. 处理

为了防止运动中腹痛，要注意合理安排锻炼时间，运动前不宜进食过饱、饮水过多，不宜食用不易消化的食物，饭后 1 小时以后再进行剧烈运动。

三、运动性贫血

1. 简述

我国成年男性每 1L 血液中含血红蛋白量为 120～160 g，女性为 110～150 g。若低于正常值，称为贫血。因运动引起的血红蛋白量降低并低于正常值即称为运动性贫血。平时有头昏、乏力、恶心、气喘、易疲倦、记忆力减退、体力下降、思想不集中、食欲减退等情况的人，运动后容易出现心悸、心率加快、面色苍白、气急等现象。

2. 原因

(1) 运动时机体对蛋白质与铁需求增加，一旦需求量得不到满足，即可引起运动性贫血。

(2) 运动时，脾脏释放的溶血卵磷脂能使红细胞的脆性增加，加上剧烈运动时血流加快，易引起红细胞破裂，从而导致运动性贫血。

(3) 少数学生由于偏爱吃零食，影响正常的营养摄入，或长期慢性腹泻，影响营养的吸收，运动时常出现贫血现象。

3. 预防

加强卫生宣传，普及卫生知识，培养良好的饮食习惯，不偏食、不挑食，合理安排膳食；加强对引起铁吸收障碍的疾病及慢性疾病的治疗；锻炼时要遵循循序渐进的原则。

4. 处理

当上述症状出现时应适当减小运动量，必要时应停止锻炼，即刻补充含蛋白质和含铁的食物，口服胃蛋白酶合剂、维生素 C、硫酸亚铁、乳酸亚铁等有利于症状的缓解。

四、运动性昏厥

1. 简述

运动中，由于脑部供血不足或血液中化学物质变化所致的意识短暂紊乱和意志丧失的现象，称为运动性昏厥。表现症状一般为：失去知觉、突然昏倒、头昏、身体软弱无力、耳鸣、面色苍白、手足发凉、脉搏慢而弱、血压降低、呼吸缓慢。

2. 原因

由于剧烈运动或长时间运动，大量血液积聚在下肢，回心血流量减少，导致脑部供血不足而昏厥。跑后如立即停止不动亦可出现"重力休克"现象。

3. 预防

疾病恢复期参加运动时，必须按照运动处方进行；避免在夏季高温、高湿度或无风天气条件下进行长时间的训练；在饥饿情况下不要参加剧烈运动；剧烈运动后不要立即停下或坐下；经常参加体育锻炼，增强自身体质。

4. 处理

有人昏厥后，应让患者平卧，足部略抬高，头部放低，松解衣领，注意保暖，用热毛巾擦脸，自小腿向大腿做重推摩和全手揉捏。若不苏醒，可针刺或掐点人中、百会、涌泉、合谷等急救穴，或让患者闻嗅用氨水。

五、肌肉痉挛

1. 简述

肌肉痉挛又叫抽筋，它是指肌肉不自主地突然强直性收缩，并变得异常坚硬。肌肉痉挛时，局部肌肉产生剧烈性收缩，变得坚硬并隆起，令人疼痛难忍，且一时不易缓解。在体育运动中最易发生痉挛现象的为小腿腓肠肌，其次是足底的屈肌和屈趾肌。

2. 原因

(1) 寒冷的刺激。在气温较低的环境中运动时，未做准备活动，或做得不够，肌肉受到寒冷刺激后，使肌肉产生强直性收缩，发生痉挛。

(2) 大量排汗。运动期急性减轻体重，或参加较长时间的剧烈运动，特别是夏天，身体大量排汗，丢失大量电解质，肌肉的兴奋性增高，容易发生肌肉痉挛。

(3) 肌肉连续收缩过快。在训练或比赛中肌肉过快地连续收缩，而肌肉放松时间太短，以至于收缩与放松不能协调交替，引起痉挛。

(4) 疲劳所致。运动可以影响肌肉的正常功能，特别是在局部肌肉疲劳的情况下做一些突然紧张用力的动作，会引起肌肉痉挛。

3. 预防

运动前要做好准备活动，对容易抽筋的部位事先做适当按摩；冬季锻炼要注意保暖，夏季进行长时间运动要注意补充盐分和维生素 B_1；疲劳和饥饿时不要进行剧烈运动；游泳下水前要用冷水淋湿全身，使身体对冷有所适应，水温低时游泳时间不要太长。

4. 处理

发生痉挛后，要牵引痉挛的肌肉。牵引时用力宜缓，不可用暴力，以免拉伤肌肉。若腓肠肌痉挛，则伸直膝关节，用力向足背伸；若屈肌和屈趾肌痉挛，则用力将足和足趾背伸。游泳时肌肉痉挛，不要惊慌，如自己无法处理，可浮上水面后呼救。

配合局部按摩，对委中、承山、涌泉等穴位采用重力按压、揉捏、叩打、点穴等手法，也可达到解除肌肉痉挛的目的。

六、极点和第二次呼吸

1. 简述

在一定强度和一定持续时间的体育活动过程中，会出现一种非常难受的感觉，此时感到胸闷、呼吸困难、心率急增、肌肉酸软无力、动作迟缓而不协调、精神低落甚至想停止运动等主客观的变化，这种现象称为"极点"。

2. 原因

"极点"现象的产生是因为人体有生理上的惰性。人体各系统器官的惰性大小有别，肌肉的惰性小，内脏器官的惰性大。人体由相对安静状态进入剧烈运动时，工作效率不高，不能及时地把氧输送给肌肉和带走大量二氧化碳、乳酸等代谢产物，因而使机体产生"极点"现象。

3. 处理

出现"极点"现象以后，如果依靠意志力、加深呼吸、按压疼痛部位，稍减慢速度继续运动下去，不久，这种难受的感觉就会减轻或消失，动作变得轻松有力，呼吸变得均匀自如，心率减慢，这种现象称为"第二次呼吸"。"极点"与"第二次呼吸"是中长跑运动中常见的一种生理现象，不必疑虑和恐惧，它会随训练水平的提高而减轻或推迟。

七、运动中暑

1. 简述

中暑是因高温环境或受到烈日的暴晒而引起的一种急性疾病。特别是在湿度过大、通风不良、身体疲劳、有病、缺乏饮水和头部缺乏保护而直接受到烈日照射等情况下，中暑更易发生。轻度中暑可出现面部潮红、头晕、头痛、胸闷、口渴舌干、恶心呕吐、烦躁心慌、呼吸急促、皮肤灼热、体温升高的情况；严重中暑时，会出现脉搏细弱、呼吸表浅、精神失常、虚脱抽搐、血压下降，甚至昏迷不醒的情况。

2. 原因

在高温环境中，特别在温度高、通风不良、头部又缺乏保护，被烈日直接照射的情况下进行体育锻炼，因体温调节功能障碍容易发生中暑。

3. 预防

在炎热的夏季进行运动时，应穿浅色、单薄、宽松的衣服，佩戴凉帽，并准备好解热消暑的冷饮；运动时间不宜太长，运动强度要减小。

4. 处理

轻者，首先将患者移到阴凉通风处，解开患者的衣扣让其平卧休息，对日射患者用冷毛巾敷在患者头上，对中暑高热患者用扇子扇风帮其散热，降低体温，并给予清凉饮料。重者，如有昏迷，可掐点人中、百会、合谷、涌泉穴或闻嗅氨水，四肢做重推摩，全身揉捏，同时应及时送到医院进行处理。

第二节　常见运动损伤的预防与应急处理

一、运动损伤的概念与分类

运动损伤是指在体育运动过程中发生的各种形式的损伤。

运动损伤分类：

(1) 按照有无创口分为开放性损伤和闭合性损伤。损伤部位皮肤或黏膜破裂，创口与外界相通，有组织液渗出或血液自创口流出，称为开放性损伤。损伤部位皮肤完整，无创口与外界相通，损伤后的血液积聚在组织内，称为闭合性损伤，如肌肉韧带拉伤等。

(2) 按照损伤组织分类，分为肌肉肌腱损伤、滑囊损伤、关节囊和韧带损伤、骨折、关节脱臼等。

(3) 按发病的缓急可分为急性损伤和慢性损伤。瞬间遭受直接或间接暴力而造成的损伤，称为急性损伤，其发病急，病程短。因局部长期负担过度、反复微细损伤积累而成的损伤称为慢性损伤，其发病缓慢，病程较长。急性损伤若处理不当或过早运动也会转变为慢性损伤。

二、运动损伤的成因与预防

1. 成因

常见的运动损伤发生的原因可以综合为以下几点：

(1) 认识不足、思想麻痹大意。在参加体育活动时，没有做好充分的思想准备，缺乏必要安全措施，盲目或冒失地进行体育锻炼易导致意外伤害。

(2) 运动前后的热身和整理活动不足。若运动热身不足，则会因神经系统和内脏器官没有充分"动员"、身体协调性差、肌肉温度没有提高、韧带伸展性和关节活动范围小等而致伤。

(3) 身体素质差或技术上的错误。违反身体的结构功能特点，以及运动时的力学原理，盲目做某个自己尚未掌握的动作或错误动作易导致运动损伤。

(4) 运动量(特别是局部负担量)过大。

(5) 身体状况不佳。身体疲劳、睡眠或休息不好、患病、受伤或伤病初愈，在身体功能相对低下时容易发生运动损伤；在心情不佳，情绪低下，过于紧张或兴奋等心理状态时，更容易造成伤害事故。

(6) 场地、设备、服装上的缺点。包括运动场地不平；跑道太硬；运动器材质量不好，安装不牢固，又缺乏保护措施；运动时的服装及鞋子不符合要求；气候条件不良；噪声等。

2. 预防

常见运动损伤的预防措施主要有以下几点：

(1) 提高认识、加强安全教育。例如掌握健康保健基础知识，掌握科学锻炼身体的知识与方法等。

(2) 遵循体育运动基本原则。根据个体的年龄、身心状况选择适合的运动项目、运动强度和运动量，切勿违反身心基本规律造成不必要的损伤。运动是在神经系统的调节下开展的，随着年龄的增长，尤其是不经常参加健身的个体，其身体机能下降，大强度运动很容易带来损伤。

(3) 进行身体全面锻炼，特别是易伤部位的锻炼，提高它们的功能，是预防运动损伤的一种积极手段。

(4) 做好运动前的热身活动和运动结束后的整理活动。准备活动的目的是通过各种练习进一步提高中枢神经系统的兴奋性，使它达到适宜水平，加强各器官系统的活力，克服各种功能活动的惰性，改善肌肉、韧带的弹性和活动幅度，使机体调整到较好的运动状态；运动结束后做好整理活动，可使机体逐渐进入放松状态，心率、血压及呼吸频率下降到平和状态，减轻心血管负担。

(5) 检查容易造成运动损伤的场地、器材，建立健全规章制度。

(6) 在良好的环境条件下运动。应避免气候环境和场地条件以及不适宜的着装带来的运动损伤。

三、常见运动损伤的应急处理

1. 开放性软组织损伤

在体育运动中，常见的开放性软组织损伤有擦伤、撕裂伤和刺伤。损伤的特点是有创口、伴有出血或组织液渗出，因创口暴露，容易发生感染。

擦伤，是指身体的表面与粗糙物体摩擦致伤。

刺伤，是指在使用细长或比较尖锐器材时发生刺伤。

撕裂伤，是指由于钝物打击所引起的皮肤和软组织裂开的损伤。特征是其伤口的边缘不整齐。由身体与坚硬物碰撞所致，如在眉弓、下颌部、头皮、面部等。

处理方法：开放性软组织损伤，都是以创伤面出血或组织液渗出为主要症状。因此，在处理时首先要止血，再进一步处理伤口。处理伤口时，对轻度的损伤可用生理盐水、凉开水、淡盐水等冲洗，再用红汞水或甲紫液涂抹，一般不需包扎。对严重的损伤，应止血，清洗伤口，使用抗菌药物，包扎后忌沾水。处理时要严格消毒，防止感染。

2. 闭合性软组织损伤

闭合性软组织损伤的特点：损伤的常是肌肉、肌腱、筋膜、韧带、滑囊和关节囊，其损伤无开放性，没有伤口与外界相遇，损伤的出血全部堆积在组织内。多见的有扭伤、挫伤和拉伤。伤部有明显的疼痛、皮下出血、肿胀、皮肤青紫和活动障碍。

扭伤：指踝关节、膝关节、腰部等发生拧转、挤压等，使关节囊、韧带、肌腱受到损伤。体育活动中，因场地不平而使踝关节扭伤的比例较高。严重的踝关节扭伤，会出现韧带断裂，伴有胫腓下联合韧带损伤和撕脱骨折，以致胫腓下关节分离，距骨向外侧移位。

挫伤：指由于碰撞、打击、摔跤等外力直接作用于人体造成的局部软组织受伤。

拉伤：指由于外力的作用或突然而不协调的动作使肌肉、肌腱、韧带、筋膜过度牵扯，即肌肉拉长范围超过原伸展可能而受到的损伤。表现为伤部疼痛、肿胀、压痛、肌肉紧张或痉挛，触之发硬，伴有功能障碍。拉伤是体育运动中最常见的一种损伤。

处理方法：首先要限制受伤肢体活动，以便于组织修复，避免加重损伤。损伤后应尽快止血防肿，可用冷敷、加压、包扎、伤肢抬高等方法；降低温度，使局部组织血管收缩，减少出血，以达到止血的目的。切不可用热水冲淋或继续运动，这将造成毛细血管扩张，增加出血。过24～48小时，出血停止后，要进行活血化瘀、消肿止痛的处理，并进行理疗、热敷、按摩等，促使伤部血液循环，解除肌肉痉挛，加强血肿和渗出液的吸收。

3. 骨折

骨折是运动损伤中较严重的损伤，是因外力的作用使骨的完整性和连续性中断而造成的。骨折分为开放性骨折和闭合性骨折。受伤当时会感到疼痛，伤部压痛明显，伤后很快或数小时后出现肿胀或皮下淤血，肢体失去正常功能。有时骨折部位会出现畸形，移动时可听到摩擦声。由于骨的完整性受到破坏，失去杠杆的支持作用，导致功能障碍或丧失活动能力。严重的骨折损伤可发生休克，甚至危及生命。

处理方法：骨折发生后，不要无故移动伤肢，应用夹板、绷带把折断的部位固定、包扎起来，使伤部不再活动。出现休克时，应先施行人工呼吸，迅速使伤员复苏(可掐人中、合谷穴)。若为开放性骨折，则不应将刺出皮肤的断骨送回，以免感染。若伴有伤口出血，应同时实施止血和消毒包扎，并尽快送医院进行复位与固定等治疗。

4. 关节脱位(脱臼)

在体育运动中因动作不正确或受外力的作用，正常关节位置发生改变即关节脱位，也会因外力传导引起关节脱位。关节脱位一般伴有疼痛，肿胀压痛，有可能引起畸形，或关节功能丧失，严重的还会引起血管、神经受伤，发生休克。

处理方法：运动中发生外伤性关节脱位后，首先应止痛，以防止休克，对休克者要使其苏醒。关节复位后要用夹板、三角巾、绷带固定脱位变形的伤肢，以争取早日复位。如没有整复技术和经验，切不可随意做复位动作，要尽快送医院进行复位与固定等治疗。

5. 休克

休克的病因虽有许多，但其共同特点是生命重要器官的微循环血流发生障碍，导致新陈代谢紊乱。症状是表情淡漠，反应迟钝，四肢冰凉，脉搏细速，呼吸迫促，随后血压有所下降等。体育运动中常见的为出血性休克和创伤性休克。出血性休克指急剧大量的失血而引起休克。创伤性休克指由于骨和组织损伤或内脏损伤，体液丢失、强烈的神经刺激导致患者发生的休克。

处理方法：使休克者平卧，下肢和头部抬高，保持体温正常、呼吸畅通，之后立即送医。

6. 脑震荡

在体育运动中不慎将头与硬物相碰或受打击，头部与地面、器械相碰撞，均可引起脑震荡。脑震荡是大脑神经细胞和神经纤维受到强烈的外力震荡所致的意识和功能暂时性障碍。轻度的脑震荡可立即恢复，严重的脑震荡会出现神志恍惚、意识丧失、呼吸表浅、脉搏稍缓、瞳孔稍大、神经反射消失或减弱等现象。

处理方法：首先要安静、平卧，不要随便移动位置，切勿摇动牵扯。用衣服或其他软物固定头部两侧，头部冷敷，身体一定要保暖。对昏迷者要进行复苏，并立即送医院进行抢救治疗。患者在恢复期要保持情绪安定，减少脑力劳动。要加强对患者的心理治疗，指导患者正确认识疾病，消除心理及环境因素的影响，让患者卧床休息至头痛、头昏等症状完全消失，使其听、视觉和言语功能得到恢复。

运动损伤的急救原则是：在运动损伤发生后，应全面了解情况，防止伤情加重。

止血、止痛是首要任务，特别是止血。血液大量流失，将造成病情加重，发生休克，并危及生命。止血后要遮盖和固定损伤部位，进行包扎。包扎后，应迅速、安全地送医院进行及时治疗。

四、损伤后恢复锻炼的原则

无论进行何种功能锻炼，以不加重损伤、不影响损伤正常的治疗和康复为前提。应尽量不停止全身的和局部的活动。而且对损伤部位肌肉的锻炼开始的时间越早越好。

1. 个别对待的原则

在制订损伤后锻炼计划时，要根据患者的年龄、损伤部位、运动技术水平等选择损伤后锻炼的手段和内容，恰当安排局部和全身的锻炼时间和运动量。

2. 循序渐进的原则

损伤后锻炼的运动量安排必须遵守循序渐进的原则。特别是在进行损伤康复过程中的局部锻炼时，动作的幅度、频率、持续时间、负荷量、强度等都应逐渐增加，否则会加重损伤或影响损伤的康复，甚至会使损伤久治不愈而形成陈旧性损伤。

3. 全面锻炼的原则

损伤后康复锻炼必须注意局部专门运动与全面身体运动相结合，交替进行。在损伤初期，因局部肿胀充血、疼痛、功能障碍等，应以全面身体运动为主，在不加重局部肿胀和疼痛的前提下，进行适当的局部运动。随着时间的推移，损伤逐渐好转或趋向愈合，局部运动的量和时间可逐渐适当增加。

第三节 常见职业病的运动疗法

一、颈椎病

颈椎病是指颈椎间盘及其附属结构退行性改变，及其继发椎间关节性退行改变刺激或压迫脊髓、神经、血管而产生的一系列症状和体征。生活、工作、学习中的不良姿势，工作或劳动中长时间、单一的固定姿势是颈椎病的主要成因，如长时间低头、仰头、歪头或长时间颈部固定姿势等。因此，养成良好的工作学习习惯至关重要。

运动疗法：

(1) 头颈部绕环：站姿或坐姿，头颈部按顺时针、逆时针分别绕环，一个方向4～5次。

(2) 头颈部拉伸：头部分别向前、后、左、右方向伸展。向前下巴尽可能接触胸部，向后鼻子尽可能正对天花板，向左左耳尽可能靠近左肩，向右右耳尽可能靠近右肩。每个方向做两次，肩颈部肌肉要放松，动作要柔和，动作幅度以肌肉得到充分拉伸为标准。

(3) 肩绕环：站姿或坐姿，两臂自然下垂置于两侧，以肩关节为中心，向内和向外各旋一个8拍，反复4次。绕环时应保持动作速率与幅度适中，腹部收紧。

(4) 肩前部后拉伸：直立，两脚与肩同宽，脚尖朝前，或坐在没有靠背的椅子上，上体正直。两臂后抱，肘部弯曲90°，两手分别紧握异侧肘关节，立腰向异侧拉伸，均匀呼吸，拉伸至最大位置时保持5～10 s，慢慢还原，依次反复4次。该练习主要拉伸肩前部和胸部肌肉，改善肩部的紧张状态，有利于防治颈椎病、肩部损伤。

较合适的运动项目有：慢跑、骑自行车、游泳。

二、肩周炎

肩周炎全称为肩关节周围炎，又称肩关节组织炎。这是肩周肌肉、肌腱、滑囊和关节囊等软组织的慢性炎症。一般认为它与肩关节退行性改变、外伤、慢性劳损、内分泌紊乱、环境等密切相关。肩关节是人体全身各关节中活动范围最大的关节，其关节囊较松弛，关节的稳定性大部分靠关节周围的肌肉、肌腱和韧带的力量来维持。由于肌腱本身的血液供应较差，而且随着年龄的增长会发生退行性改变，加之肩关节在生活中活动比较频繁，周围软组织经常受到来自各方面的摩擦挤压，故而易发生慢性劳损。肩周炎多数为慢性发作，如果不能得到及时治疗，会出现肌肉痉挛、疼痛症状，尤其是夜晚时疼痛会加重，甚至不能翻身，影响睡眠。

运动疗法：

(1) 蝎子爬墙法：面对着墙壁，两脚分开，脚尖正向前贴墙，两臂肘关节微屈，两手五指张开扶在墙上；手部缓缓向上"爬"，要尽力向上，甚至肩痛不能再向上为止，用力压墙(在墙上画上记号)，然后缓缓"爬"回原处，来回3～5次。可以逐渐增加高度。

(2) 毛巾搓背法：两手分别抓住毛巾两端，向后伸展搓背，大臂尽量上抬，每8拍交换一次方向，做4～8次。

(3) 臂绕环法：两臂前平举，由前往上再往后下绕环 8 次，再换方向(由前往下再往后上)绕环 8 次，每次做 4 组。

较合适的运动项目：太极拳、篮球、羽毛球等。

三、腰肌劳损

腰肌劳损多发于急性腰扭伤、拉伤和慢性积累性损伤等腰部肌肉损伤，进而导致肌腱末端附近的肌纤维断裂。腰肌劳损导致的肌肉损伤分轻度、中度和重度损伤，会出现长短不一的腰部疼痛和不适。肥胖者、从事体力劳动者、长期久坐或久站者、长期弯腰工作者是腰肌劳损的易发人群。

运动疗法：

(1) 仰卧挺身：取仰卧位，两臂放松于体侧，两腿与肩同宽，屈膝，两脚着地，大小腿角度小于 90°，髋关节向上顶起，腰椎向上，胸椎向上，在最高点停住 1～2 s，然后再反序落回。隔天做 4 组，每组 20 次。

(2) 俯卧两头起：取俯卧位，两手交叉放在背后或向后抱头为起始状态。通过后背和腿部发力挺起，上肢和两腿离开垫子，腹部支撑，身体呈反弓姿势，保持 2～3 s，然后身体放松，至起始位置。依次反复锻炼 10 min，早晚各锻炼 1 次。长期坚持，可以有效预防、治疗腰肌劳损和低头综合征。

(3) 仰卧收腿：仰卧平躺，腹部收紧，上体上抬，离开地面 30°～60°，让双腿抬离地面(只有臀部着地)，腹肌发力，屈腿向胸部贴近。慢慢把腿伸直，还原到初始动作并重复。注意收腿时动作要快，伸腿尽量缓慢，而且整个过程中腿部不能着地。每组 20 个，每天 2 组。

(4) 体转运动：两脚开立固定站位，上体正直，两臂自然下垂于体侧；两臂侧平举，随后向右转体击掌两次，紧接着向左侧转体，同时两臂侧上举呈 90°，保持 1～2 s，随后收回；下一个动作同前，方向相反。反复运动 8～16 次。

较合适的运动项目：游泳、瑜伽。

四、腰椎间盘突出症

腰椎间盘突出症具体指腰椎间盘退行性改变或外伤所致纤维环破裂，髓核从破裂处脱出，压迫腰神经根或马尾神经，而出现的腰腿放射性疼痛等一系列神经症状。腰椎间盘突出症患者经过治疗和休息后，可使病情缓解或痊愈，但该病的复发率相当高，腰部一旦劳累或扭伤可使髓核再次突出，导致本病复发。而且在寒冷、潮湿季节未注意保暖，风寒湿邪侵袭人体的患病部位，也容易使本病复发。本病为常见病、多发病，广泛地存在于各行各业中，但劳动强度较大、长期坐着工作和长期工作或居住于潮湿及寒冷环境中的人比较容易患此病。

正确的坐姿应是上身挺直、收腹、下颌微收、两下肢并拢。如有可能，最好在双脚下垫一踏脚或脚凳，使膝关节略高出髋部。如坐在有靠背的椅子上，则应在上述姿势的基础上尽量将腰背紧贴并倚靠椅背，这样腰骶部的肌肉不会太疲劳。久坐之后也应活动一下，松弛下肢肌肉。有条件的患者，仰卧时应在双下肢下方垫一软枕，以便双髋及双膝微屈，全身肌肉放松，椎间盘压力降低，减小椎间盘后突的倾向，同时也降低髋腰肌及坐骨神经的张力，这样能有效地防止腰椎间盘突(膨)出症的复发。仰卧位，是腰椎间盘突(膨)出症患者的最佳体位。

运动疗法:

(1) 核心肌群锻炼:如平板支撑、仰卧起坐、仰卧举腿、仰卧挺身等。

(2) 单杠引体向上、俯卧撑等。

较合适的运动项目:慢跑、快步走(对改善腰椎间盘突出具有明显效果)、游泳(放松全身肌肉,提高身体协调性,使患者腰痛症状得到明显缓解)。

五、下肢静脉曲张

下肢静脉曲张是由于下肢静脉瓣膜功能不全、静脉阻塞、泵功能不全导致的下肢静脉血液回流受阻,所致下肢浅静脉曲张、静脉高压、皮肤微循环障碍的综合征。长期站立和重体力劳动可以成为诱因。下肢静脉曲张患者早期无明显不适,明显的临床症状有肢体沉重感、乏力、胀痛、瘙痒,站立及行走过久者尤甚。静脉曲张后期由于末梢浅静脉扩张、淤血,压力增高,血浆渗出,组织纤维化,皮肤有营养性改变,小腿皮肤常有浅褐色或褐色素沉着斑。

为有效预防下肢静脉曲张,应避免长期站或坐,常做脚抬高、放下运动,每天坚持一定时间的行走(行走可以发挥小腿肌肉的"肌泵"作用,防止血液倒流)。一日数次做躺下将腿抬高(高过心脏)的锻炼,可促进腿部静脉循环。保持正常体重,不要超重,因为过重会使腿部静脉负担增加。不可使用 40℃ 以上的高温水长时间泡脚。保持脚及腿部清洁,以避免受外伤造成皮肤破溃。每晚自我检查小腿是否有肿胀情形。年少时期应勤于运动,增强体质。长期从事重体力劳动和长期站立工作的人,最好穿弹力袜套。

运动疗法:

(1) 下肢拉伸法:体前屈采用站立下蹲(坐位)姿势,两脚并拢,脚尖勾起,上体立腰前屈,使小腿有拉伸感,保持 4 个 8 拍时长。

(2) 屈腿伸腿:仰卧在床上,两胳膊放在体侧,两条腿先屈后伸,屈时两条大腿和身体成 90° 角,伸时尽量用力蹬直,如此反复 20～30 下,每天起床后及睡觉前各做一次。久坐时可多活动脚踝部,多进行双腿交替屈伸。

(3) 仰卧蹬腿:仰卧在床上,两手扶住床,两腿上翘,好像骑自行车一样来回蹬腿,连续蹬 30～50 次。

(4) 仰卧举腿:两手在体侧扶住床,两条腿尽量向上抬,抬上去后持续一两分钟放下,这样能改善肢端动静脉吻合处的血液循环,供给患肢更多的养料和氧气,每日早晚各做一次。

较合适的运动项目:瑜伽、游泳等。

第四节 科学饮食与体重管理

一、能量来源与合理膳食

1. 能量供给与营养来源

人体的一切生命活动都要有能量供给,如细胞的生长繁殖、组织的更新、营养物质的运输、代谢废物的排泄、心脏的搏动、肌肉的收缩和神经的传导等。这些能量来源于人体每天摄入的食物，主要是碳水化合物、脂肪、蛋白质三种营养素。营养学上将这三种营养素称为"产能营养素"或"热源质"。人体不仅在运动或劳动时需要能量，而且在静止不动状态下也需要一定的能量以维持正常的心跳、呼吸、体温和腺体分泌等生理活动。食物能量的来源是太阳能，植物利用太阳能进行光合作用，把二氧化碳、水和其他无机物转变成有机物以供生命活动所需，动物和人则是通过各种代谢活动将植物的储能(如淀粉)变成自己的潜能，以维持自身的生命活动。一般情况下，人从食物中摄取的能量和所消耗的能量保持平衡状态。当人体摄入的能量不足时，机体会动用自身的能量储备甚至消耗自身的组织以满足生命活动的能量需要，人若长期处于饥饿状态将导致生长发育迟缓、消瘦、活力消失，甚至生命活动停止而死亡。人若长期摄入过多的能量，则会发生脂肪堆积，引起肥胖等疾病。碳水化合物、脂肪和蛋白质三大产能营养素在人体内各有其特殊的生理作用，与身体健康密切相关。但它们又相互影响，尤其是碳水化合物与脂肪在很大程度上可以相互转化，并具有对蛋白质的节约作用。故三大产能营养素在总能的供给中应有一个适宜的比例。

2. 合理饮食与膳食宝塔

合理饮食既能满足人体生理需要，又能保持合适比例，避免比例失调和某些营养素过剩引起人体不必要的负担与代谢紊乱，使人体营养需要与膳食供给之间建立平衡关系。

1) 身体的各种营养需要

人体需要足够的能量以维持体内外的活动。适当的蛋白质供机体生长发育，组织的修补和更新以及正常生理功能的维持。充足的无机盐参与构成身体组织和调节生理机能。适量的膳食纤维维持正常的排泄和预防某些疾病。丰富的维生素保证身体健康、维持身体的正常生长发育，并增强身体抵抗力。充足的水分维持体内各种生理程序的正常进行。合理的平衡膳食应能够满足人体各种营养需要，达到促进健康的目的。

2) 每日应有的食物种类

合理的膳食应以粮食类为能量主要来源，量应与所需热量相适应，最好粗细搭配。一日进食的蛋白质中，动物性来源的优质蛋白质的量最好能达全部蛋白质的1/3。合理的平衡膳食还应包括丰富的蔬菜、水果类和适量的烹调油类。一般摄入的食物种类越多，营养素摄入越全面。

3) 合理的膳食制度

合理的膳食制度即合理安排一日餐次、两餐间隔时间及每餐的量和质。比较合理的餐次为每日三餐；儿童适当加餐，以每日4～6餐为宜。热能的分配要合理，早、中、晚餐的热能比例大致为3：4：3。食物组成要能促进消化、引起食欲。食物的安全性是第一位的，所以保证清洁卫生、防止食物污染等是摄入食物的首要前提。

《中国居民膳食指南》专家委员会针对中国居民膳食的主要缺陷，按平衡膳食的原则，推荐了中国居民各类食物的适宜消费量，因以宝塔形式表达，称为平衡膳食宝塔。它形象地表达了膳食指南的三个关键，即多样、平衡和适量，提出了一个营养上较理想的膳食模式。

平衡膳食宝塔共分5层，包含人们每天应吃的主要食物种类，体积和份数由下至上依次减少，在一定程度上反映了各类食物在膳食中的地位和应占比重。

第一层谷类食物位居底层，每人每天应摄入 250～400 g。谷类、薯类及杂豆是人体能量的主要来源，与《中国居民膳食指南》的第一条食物多样、谷类为主相吻合。

第二层是蔬菜和水果，每人每天应吃蔬菜 300～500 g、水果 200～400 g，主要提供膳食纤维、矿物质和维生素，与《中国居民膳食指南》的第二条多吃蔬菜、水果和薯类相吻合。

第三层是鱼、禽、肉、蛋等动物性食物，每天应摄入 125～225 g（鱼虾类 50～100 g，畜、禽肉 50～75 g，蛋类 25～50 g），主要提供蛋白质、脂肪、维生素 A、B 族维生素和微量元素(铁、锌)等，与《中国居民膳食指南》的第四条经常吃适量的鱼、禽、蛋、瘦肉，少吃肥肉和荤油相吻合。

第四层为奶类和豆类食物，每天应吃相当于鲜奶 300 g 的奶类及奶制品和相当于干豆 30～50 g 的大豆及制品，主要提供蛋白质、脂肪、膳食纤维、钙和 B 族维生素，与《中国居民膳食指南》的第三条每天吃奶类、豆类或其制品相吻合。

第五层塔顶是烹调油和食盐，每天烹调油不超过 25 g 或 30 g，食盐不超过 6 g。油脂类是纯热能食物，植物油主要提供维生素 E 和必需的脂肪酸。

膳食平衡宝塔还建议：健康成人每天身体活动应达到 6000 步的活动量。每周约相当于 4 万步。如果身体条件允许，每天最好进行 30 min 中等强度的运动。与《中国居民膳食指南》的第二条各年龄段人群都应天天运动、保持健康体重相吻合。

中国居民目前的食物结构属于温饱型，以粮谷类等植物性食物为主，动物性食品为辅。能量基本满足需要。能量和蛋白质主要来源于谷类，动物性蛋白质仅占 11%。脂肪摄入过多，动物性脂肪比重远远超过 WHO 建议目标，钙、铁、锌和维生素摄入低于供给标准。根据目前的食物结构，中国提出膳食结构改进目标是降低谷类食品的摄入量，占 60%～65%；提高蛋白质数量，达到(70±5)g/d，蛋白质热比成人为 12%，儿童为 14%；同时改进蛋白质质量，增加豆类和动物性食物比重，大豆蛋白质占总蛋白质的 20%，动物性蛋白质占总蛋白质的 25%。改善摄入脂肪的质量，提高植物油和鱼类摄入以增加不饱和脂肪酸摄入。降低食盐摄入，每人每天应低于 6 g。三餐能量合理分配。

二、健康体重的标准

判断体重超重和肥胖的常用方法是世界卫生组织(WHO)推荐的体重指数(BMI)。BMI 最常用于估计成人的低体重和超重。在流行病学调查中及临床上，已有大量证据表明用 BMI 较单用体重更能准确反映体脂的蓄积情况(见表 4-1)。

体重指数(BMI) = 个体的体重(kg) ÷ 身高的平方(m²)

表 4-1 WHO 对成人 BMI 的划分及并发症危险性

分　类		BMI/(kg/m²)	并发症危险性
低体重(营养不足)		<18.5	低(但其他临床问题增加)
正常范围		18.5～24.9	在平均范围
超重(BMI≥25.0 kg/m²)	肥胖前状态	25.0～29.9	增加
	一级肥胖	30.0～34.9	中等严重
	二级肥胖	35.0～39.9	严重
	三级肥胖	≥40.0	极严重

世界卫生组织(WHO)对肥胖和超重的划分主要是根据西方正常人群的 BMI 值分布及 BMI 值与心血管疾病发病率和死亡率的关系来考虑的。有学者对亚洲成年人不同体重指数、腰围水平和相关疾病危险性进行了相关性研究(如表 4-2 所示)。

表 4-2　亚洲成年人不同体重指数和腰围水平的相关疾病危险性

分类		BMI /(kg/m²)	相关疾病危险性	
			腰围(cm)：男<90，女<80	腰围(cm)：男≥90，女≥80
体重过低		<18.5	低(但其他疾病危险性增加)	平均水平
正常范围		18.5~24.9	平均水平	增加
超重 (BMI≥23.0 kg/m²)	肥胖前期	23.0~24.9	增加	中度增加
	一级肥胖	25.0~29.9	中度增加	严重增加
	二级肥胖	≥30.0	严重增加	非常严重增加

因青少年处于生长发育期，因此不同年龄、性别的临界值不同，中国肥胖问题工作组制定的中国学龄儿童青少年超重、肥胖筛查体重指数(BMI)分类标准如表 4-3 所示。

表 4-3　中国学龄儿童青少年超重、肥胖筛查体重指数(BMI)分类标准　　(kg/m²)

年龄(岁)	超　重		肥　胖	
	男	女	男	女
6	16.6	18.1	16.3	17.9
7	17.4	19.2	17.2	18.9
8	18.1	20.3	18.1	19.9
9	18.9	21.4	19	21
10	19.6	22.5	20	22.1
11	20.3	23.6	21.1	23.3
12	21	24.7	21.9	24.5
13	21.9	25.7	22.6	25.6
14	22.6	26.4	23	26.3
15	23.1	26.9	23.4	26.9
16	23.5	27.4	23.7	27.4
17	23.8	27.8	23.8	27.7
18	24	28	24	28

三、科学控制体重的方法

1. 科学饮食

每种天然食物均有独特的营养成分，科学饮食能帮助人们养成良好的饮食习惯，摒弃旧式的通过抑制食欲、拒绝食物、单一饮食等多种方式达到减肥效果的错误饮食方式，科学地摄取食物的营养成分，从而拥有健康的身体。

2. 均衡营养

均衡的营养是成就健康体魄的基础。但随着社会生活节奏的加快，大多数人远远无法做到营养均衡，长此以往，会影响身体健康，增加患各种疾病的概率。因此人们应根据个体营养需求，合理选择优质健康的营养补充品，以达到维系健康、预防疾病、增强体质的目的。

3. 科学合理运动

人类每天应坚持 60 min 左右低强度、有节奏的有氧运动。氧气的参与能最大限度地消耗能量、加速代谢、燃烧脂肪。科学研究表明，长期坚持适量的有氧运动，有缓解压力、减轻体重、预防心脑血管疾病、防止骨质疏松、提高心肺功能等多种益处。但应注意过量有氧运动易使肌肉过度劳累，影响人体健康。

下篇 体育与健康实践

第五章 田 径 运 动

田径运动作为基础性运动项目，具有丰富的健身功能和教育功能，是学校体育的重要组成部分。田径课程教学以技术技能以及身体素质练习为主要内容，容易使学生产生枯燥、单调和艰辛的体验，并且当前田径课程教学方法陈旧、校园田径文化缺失，以及受到"三自主"模式改革的冲击等，导致当前近八成学校没有开设田径课程，田径课程的价值没有充分体现，这也成为导致学生体质进一步下降的重要因素。

第一节　田径运动概述

一、田径运动的起源与发展

田径运动是体育运动的重要项目之一，是各项运动的基础，称为"运动之母"。其是以走、跑、跳、投等为身体活动形式，包括径赛和田赛以及全能比赛。以时间计算成绩的竞走和跑的项目，叫"径赛"；以高度和远度计算成绩的跳跃、投掷项目叫"田赛"。

田径运动是一项古老的体育运动，是在社会生产中逐渐产生和发展的。远古时代，人们为了获得生活资料，在和大自然尤其是飞禽走兽的斗争中需要有快速的奔跑、敏捷的跳跃和准确的投掷等本领，人们在长期的劳动实践中逐渐具备了走、跑、跳、投等各种技能。为了提高在自然环境中的生存能力，人们在日常生活中有意识地组织走、跑、跳、投等技能的培训和练习，逐渐形成了这些项目比赛形式。

1896年在希腊举行的第一届现代奥林匹克运动会中出现的田径比赛是现代世界田径运动开始的标志，100多年来，随着科学技术的进步，田径运动取得了极大的发展。

田径运动于19世纪末传入我国，由于历史原因田径运动在我国发展缓慢，甚至一度停滞。中华人民共和国成立后，田径运动在我国得到迅速普及和发展。1953年起，几乎每年都举行规模较大的全国性的田径运动会，随着群众性田径运动广泛开展，我国田径技术水平和成绩与国际上的差距缩短了。近年来，我国田径运动先后取得了举世瞩目的成绩：1956年，女子跳高运动员郑凤荣以1.77 m的成绩打破了当时1.76 m的世界纪录；1983年，在上海举行的第五届全运会上朱建华以2.38 m创新了他自己保持的2.37 m的世界纪录；同年，徐永久以43分13秒4的成绩创女子竞走世界纪录，成为我国第一个在世界比赛中获得冠军的田径运动员；在1992年的巴塞罗那奥运会中竞走运动员陈跃玲获得金牌，实现我国奥运史上田径金牌零的突破；刘翔在2004年雅典奥运会上获得110 m栏冠军并打破世界纪录；在2021年的东京奥运会上，苏炳添以9秒83的成绩闯进百米决赛并获得第六名。

二、田径运动的特点

1. 群众性

(1) 针对性强，选择的余地比较大：参加田径运动的人可根据自己的兴趣和爱好去选择不同的项目，还可根据个人的身体状况和需求确定适合个人的项目。

(2) 简单易行：田径运动通常在室外进行，公园、公路、比较大的小区等都可以作为活动场所，而且受时间、气候影响小。自己可以安排在任何时间进行。

(3) 参与性强：不同年龄阶段、不同性别的群体都可以参加，不同身体状况的人可以选择适合自己的项目。自己也可以控制自己的运动量，不容易受伤害，不受参加人数的影响。

2. 竞争性

田径运动竞赛是技术、技能、体能和心理能力的较量，特别在高水平的比赛中更为明显，运动员的成绩越来越接近，你追我赶，相持不下，经常以微小的差距决定胜负。田赛项目的成败取决于运动员瞬间的发挥水平，而径赛项目运动员从同一条起跑线开始，进行全程的拼搏。田径运动竞赛紧张而激烈，运动员不仅要精力高度集中，还要不畏强手，充分发挥出自己的最高水平。

3. 技术技能性

田径运动的项目分为周期性和非周期性两种，以技术为基础、体能为保障，区别于技巧性项目和对抗性项目。在比赛中以技术稳定性发挥为关键，动作结构相对简单，但对技术要求十分严格。

4. 多样性

田径运动以走、跑、跳、投等为基本运动形式，包括个人和集体项目，反映了速度、力量、耐力等方面的能力。不同项目有不同的特点，突出反映一方面的素质能力，经常参加不同项目的田径运动可全面发展个体的身体素质。

三、田径运动的价值

1. 田径运动的教育价值

首先，田径运动项目要求运动员在具有一定限制的条件下发挥最大能力，要始终保持必胜的信念，要有克服一切困难和正视一切挑战去实现奋斗目标的勇气。因此，它能培养人的勇敢顽强、拼搏进取的意志品质。

其次，田径运动是在严密的组织下，按严格的规则和要求进行的。同时，运动员要通过个人努力才能取得优异成绩，这一成绩与集体荣誉连接在一起。因此，它能培养遵守纪律的意识，增进责任感和集体荣誉感。

再次，田径运动主要是以个人项目为主。运动员需要不断完善自己，提高运动水平，更多的是依靠自己独立地完成任务。所以在比赛中，要求运动员必须具备应变能力和勇于担当的精神。因此，它有助于个性的形成和心理素质的培养。

最后，田径运动的技术变化小，单一重复的动作较多，运动负荷大，易使人产生枯燥乏味的情感体验，因此长期从事田径运动能培养吃苦耐劳、坚韧不拔的精神。

2. 田径运动的健身价值

田径运动不同项目对提高身体相应的能力和身体素质，对提高人的健康水平有显著作用。短距离跑是人体在无氧条件下进行的一种运动，能使有氧系统酶的活性增加，能提高人体的最大摄氧量，同时还有助于提高中枢神经系统兴奋和抑制的灵活性。它是发展快速运动能力和提高无氧代谢的重要手段。进行长距离跑和竞走运动能提高心脏和呼吸系统的工作能力。人体在有氧情况下进行运动，消耗的能量较大，能防止人体内脂肪储存过多，是提高心肺功能和发展人体耐久力的有效手段。跳跃是人体短时间、高强度神经活动和肌肉用力克服障碍的运动，能使人的感觉功能得到提高和加强，是提高身体控制和集中用力的能力，发展协调性、灵敏性的有效手段。投掷项目是表现人体力量的运动，能使人体肌肉发达，力量增强，提高人体瞬间爆发用力的能力。

四、田径运动基本技术

1. 走

走是通过双腿交替运行、两臂协调摆动配合进行的身体活动，是人类最最基本的运动方式之一。经常有节奏地走，对人体是有益的，特别是对从事脑力劳动、伏案工作的人群，走步能收到很理想的健身效果。科学研究表明，快速大步走对失眠、神经衰弱、头疼气喘等有较好的疗效，可有效预防心血管、肠胃疾病和骨质疏松等。

1) 竞走

竞走是单脚支撑与双脚支撑交替的周期性运动，分为单脚支撑和双脚支撑、躯干和两臂动作、身体重心移动三个技术环节。竞走是在普通走的基础上发展起来的。要求双腿在与地面保持不间断接触中向前跨步行进，双腿不能同时离地并且不能出现腾空现象，特别强调支撑腿在垂直部位和过渡瞬间必须是伸直的(即膝部不得弯曲)。其技术特点是步幅大、步频快、支撑时间短，身体重心轨迹波动小、移动速度快、实效性高。骨盆的转动沿身体垂直轴转绕明显。

竞走时两手半握拳，两臂屈肘 90° 前后有力摆动，躯干正直配合两腿沿纵轴转动，维持身体平衡，提高蹬地效果。上体垂直，支撑腿膝盖挺直，全脚掌着地，摆动腿屈膝前摆，骨盆稍倾斜；身体重心前移进入后蹬阶段，摆动腿继续前摆，带动骨盆沿上下轴向前转动，脚跟着地，滚动过渡至脚尖最后离地，膝关节伸直，加大步幅，在摆动腿的脚跟接触地面瞬间形成双脚支撑。当摆动腿的脚跟着地时，后蹬腿的脚尖立即蹬离地面，快速交替(如图5-1 所示)。

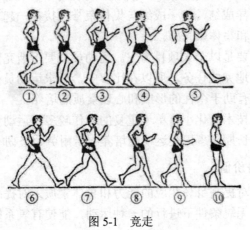

图 5-1　竞走

2) 健身走

健身走是以健身为主要目的，以普通走技术为主要内容的健身运动。健身走技术简单，场地要求低，运动负荷可控，安全高效，深受广大群众喜爱。

· 动作方法

健步走以身体相对自然放松为主，没有特别严格的技术要求。头颈部以及躯干保持正直，微微收腹；大臂自然摆动，大小臂夹角小于 90°；步幅自然而舒适。后脚跟落地自然过渡到前脚掌，在落地同时保持膝关节微屈。运动过程中保持躯干稳定，直线移动。

· 基本原则

先慢后快，先小后大的原则，通过慢速、较小幅度的活动达到热身的效果，避免出现肌肉拉伤、心肺等系统的不适状况。

· 负荷标准

根据个人身体状况和循序渐进的原则，选择好速度和运动时间对健身有着重大影响。每天健步走 30～60 分钟，每分钟 70～90 步为慢速，90～120 步为中速，120～140 步为快速，140 步以上为极速。

· 注意的问题

安全问题：心肺功能状况不佳以及各种慢性疾病患者注意防护以免出现意外；选择视野开阔、空气清新、地面平整安全且人流量较少的地段；轻装运动，尤其应选择合适的运动鞋，做到舒适合脚、柔韧有弹性。

2. 跑步

跑是由单脚支撑与腾空相交替，摆臂、摆腿、扒地缓冲与后蹬密切配合的周期性运动。跑的分类：短跑、中长跑、跨栏跑以及接力跑。

1) 短跑

短跑分为起跑、加速跑、途中跑和冲刺跑四个部分。

· 起跑

起跑是为了使身体快速摆脱静止进入运动状态，获得向前的最大冲力。

短跑起跑方法：一般都采用蹲踞式起跑。常用起跑方法有拉长式和普通式(如图 5-2 所示)两种。前起跑器抵足板与地面的夹角约为 45°，后起跑器为 70°～80°，两个起跑器的间隔约为 15 cm。这两种起跑器的安装方法各有优点，采用时可根据个人的身高、体型、训练水平和技术水平等特点来选择，找出适合个人的起跑器安装方法。

起跑过程包括："各就位""预备""鸣枪"(或"跑")三个过程(如图 5-3 所示)。运动员听到"各就位"口令后，走到起跑器前，四指并拢，与拇指构成"八"字形，拇指相对

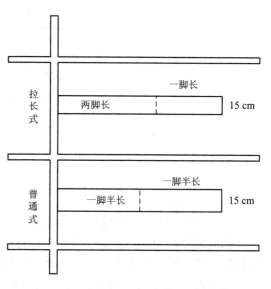

图 5-2 蹲踞式起跑方法

放于起跑线内沿，虎口向前，两手撑地，两臂伸直，两手距离与肩同宽或稍宽，两脚分别踏在前、后起跑器的抵足板上，形成跪撑姿势。全神贯注，听"预备"口令。听到"预备"口令后，吸一口气，然后从容地抬起臀部，使之与肩平或稍高于肩，同时身体重心前移，重心主要落在两手和前腿之间，两脚压紧抵足板。此时，前腿的膝角 90°～100°，后腿的膝角 110°～130°，整个人体像压紧的"弹簧"，静候枪声。听到枪声口令时，两手迅速离地面，屈肘做快速、有力、大幅度的前后摆动，同时两腿几乎同时猛蹬起跑器，以很大的前倾姿势把身体推向前方。后腿蹬离起跑器后，以膝领先，脚沿着地面迅速有力地向前抬摆，膝关节摆至最高点后，大腿积极下压，用前脚撑着地，配合后腿的动作，前腿迅猛地蹬伸，当后腿膝关节摆至最高点时，前腿髋、膝、踝三关节也应充分蹬直，完成第一步的动作。

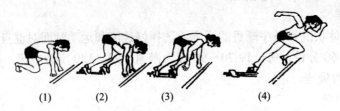

(1)　　　(2)　　　(3)　　　　(4)

图 5-3　蹲踞式起跑

- 起跑后的加速跑(如图 5-4 所示)

加速跑时腿要充分后蹬。摆动腿迅速向前上方摆出，髋前送，并积极用前脚掌着地。两臂摆动要有力，摆幅较大，步长要不断增加，步频要逐渐加快。此后即自然进入途中跑。加速跑的距离一般为 20～25 m。

(3)　　　(2)　　　(1)

(5)　　　(4)

图 5-4　加速跑

- 途中跑

途中跑的任务是继续保持最高速度跑向终点。途中跑在整个短跑中距离最长。

两腿动作：当身体重心移过支点垂直面后，即开始了支撑腿的后蹬和摆动腿的前摆。后蹬时，首先伸展髋关节，当身体重心远离支点时，迅速伸展膝、踝两关节，最后脚掌用力蹬离地面。此时，后蹬角度一般约为 50°。在后蹬结束时，髋、膝、踝三关节迅速伸直，使后蹬的反作用力有效地通过身体重心，更快地推动身体向前运动。

腿的摆动动作：腿的摆动是从后蹬腿蹬离地面时开始的。当后蹬腿离地面身体腾空时，小腿要随大腿的前摆顺惯性自然折叠。当大腿摆至垂直面时，小腿折叠到最大限度。大腿摆过垂直部位后，继续积极主动地向前摆动，并把同侧髋关节一起带出。当摆动动作结束时，蹬地腿已完全伸直。

落地动作：当摆动腿摆至最大限度后，大腿积极下压，膝关节放松，小腿顺惯性前摆，在重心投影点前用前脚掌完成向后下方的"扒地"动作，着地点应在膝关节的垂直下方。脚着地后顺势屈膝、伸踝。

在途中跑时，头部正直，上体稍有前倾。两臂以肩关节为轴，两手半握拳，上臂带动前臂，屈肘前后摆动。摆臂要轻快有力，前摆时，肘关节稍向内，手的高度在下颌附近，并伴随同侧肩的前送；后摆时，肘关节稍向外，前摆肘角为 60°～70°，后摆至垂直部位时为 130°～150°，然后逐渐减小到 90°左右。正确的摆臂动作不仅能保持身体的平衡，而且有助于加快两腿动作频率和增加步长(如图 5-5 所示)。

图 5-5　途中跑

• 冲刺跑

终点压线是跑的最后环节，在保持途中跑的基础上快速通过终点，在终点前 10～20 m 躯干前倾，加速摆臂，撞线时上体急速前倾以胸部或肩部压终点线完成跑全过程(如图 5-6 所示)。

2) 中长跑

图 5-6　冲刺跑

中长跑是中距离跑和长距离跑的简称，主要是 800～10 000 m 间的项目。随着现代训练技术的运用，800 m 水平得到极大提升，其技术在逐渐向短跑发展。中长跑是发展耐久力的主要项目。跑时要轻松协调，步幅开阔，直线性好，节奏性强。经常进行中长跑，能改善呼吸系统和心血管系统的功能；培养学生勇敢、顽强、吃苦耐劳、勇于克服困难等优良品质。中长跑运动已成为国内外运动爱好者健身的有效手段。

中长跑的项目较多，但跑的技术基本相同，只是由于跑的距离长短和程度不同，跑的技术细节略有差异。

- 起跑和起跑后的加速跑

中长跑一般采用站立式起跑，800 m 比赛中也有采用半蹲踞式起跑的。中长跑起跑按一个口令，一个信号进行。发令前，队员位于 3 m 集合线处听候起跑口令。

"各就位"：队员听到"各就位"口令后，做一两次深呼吸，然后走到起跑线后，两脚前后开立，将有力的脚放在起跑线内侧，另一腿半蹲在后，上体前倾，有力腿的异侧手臂屈臂向前，夹角成 90°左右，另一手臂屈臂后摆。眼看前面 4～5 m 处，颈部放松，整个身体保持稳定，集中精力听枪声。

鸣枪(或"跑")：听到枪声或"跑"的口令时，两腿用力蹬地，两臂快速摆动，使身体迅速向前冲出，占据有利位置。起跑后的加速跑时，上体仍应保持较大的前倾，蹬、摆仍应积极有力。

- 途中跑

途中跑时，躯干正直或稍稍前倾放松，两臂以肩为轴自然摆动，速度要均匀，节奏感强。中长跑保持动作自然放松，技术动作经济实效，切忌身体或局部紧张、僵持，造成不必要的体能消耗(如图 5-7 所示)。

(1)　　　　(2)　　　　(3)　　　　(4)　　　　(5)

图 5-7　中长跑途中跑

- 终点冲刺

终点冲刺是中长跑临近终点的一段加速跑，动作要求基本和短跑终点冲刺相同。冲刺距离要根据个体训练水平、战术要求、个人临场状况而定。

- 中长跑的呼吸法

中长跑是以有氧运动为主，高效有节奏的呼吸保证机体运动时的需氧量，还能促进技术动作放松、减轻心理负担的运动，对获得优异成绩具有重要意义。

中长跑提倡采用腹式呼吸，呼吸要有节奏，无论是二步一呼、二步一吸或三步一呼还是三步一吸，都以保持节奏与跑步动作协调自然为原则。途中呼吸节奏的调整以比赛实际需要为主。

3) 接力跑

- 起跑

持棒起跑：第一棒传棒人以右手持棒，采用蹲踞式起跑，按规则接力棒不得触及起跑线和起跑线前的地面。持棒起跑技术和短跑的起跑相同，持棒方法主要有以下三种(以右手为例)：

① 右手的食指握住棒的后部，与此同时拇指及其他三指分开撑地(如图 5-8 所示)。

② 右手的中指、无名指握住棒的后部，拇指、食指和小指成三角撑地(如图 5-9 所示)。

③ 右手的中指、无名指和小指握住棒的后部，拇指和食指分开撑地(如图 5-10 所示)。

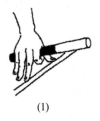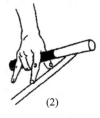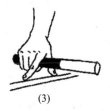

(1)　　　　　　　　　　(2)　　　　　　　　　　(3)

图 5-8　持棒法一　　　图 5-9　持棒法二　　　图 5-10　持棒法三

接棒人起跑：接棒人站在接力区后端线或者预跑线内，选定起跑位置，两脚前后开立，两膝弯曲，上体前倾。接棒人应站在自己跑道靠外侧，左腿在前，右手撑地保持平衡，身体重心稍偏右边，头部左转，目视传棒人的跑进和自己起动的标志线。当传棒人员跑到标志线时，接棒人员便迅速起跑。

· 传接棒方法

传接棒方法有上挑式、下压式两种。

① 上挑式：接棒人的手臂自然向后伸出，掌心向后，拇指与其他四指自然张开，虎口朝下，传棒人员将棒由下向前上方送入接棒人的手中(如图 5-11 所示)。上挑式传接棒的优点是接棒人向后伸手的动作比较自然，容易掌握。缺点是接棒后，手已握在接力棒的中部，等第三棒传给第四棒时，只能握住棒的前部，容易造成掉棒和影响持棒快跑。

② 下压式：接棒人的手臂向后伸出，手腕内旋，掌心向上，拇指与其他四指自然张开虎口朝后，传棒人将棒的前部由上向直传给接棒人的手中(如图 5-12 所示)。下压式传接棒的优点是每一棒次的接棒，都能握住棒的一端，便于持棒快跑。缺点是接棒时，接棒人的手臂紧张，不自然。

图 5-11　上挑式　　　　　　　图 5-12　下压式

· 传接棒的位置和起跑标志线的确定

① 传接棒的位置：接棒人站在预跑线内或接力区的后端，待传棒人到达标志线时便迅速起跑或传棒队员跑进接力区后在最合适的位置，将接力棒迅速无误地传给接棒队员。

② 标志线的确定：接力跑各棒次的标志线是接棒人起跑的标志，它是根据传棒人和接棒人的跑速和传接棒技术熟练程度而确定的。标志线设置的位置一般在预跑线的后面，也可以设置在预跑线前面。

3. 跳跃运动

跳跃运动是通过一定的运动方法，使人体腾空跃起产生水平距离或垂直高度的运动。跳跃动作包括助跑、起跳、腾空和落地四个环节。跳跃运动项目包括跳远和跳高。

1) 助跑

助跑是为身体获得水平初速度，为攻板起跳创造有利条件，助跑水平的高低对运动成绩有决定性作用。

2) 起跳

起跳一方面为了保持助跑的初速度，另一方面是为了腾空获得足够的垂直高度，因而起跳是跳跃的重要技术环节。跳远时起跳脚要积极着地，脚的着地点与身体重心投影应具有合适距离，以利于身体重心快速移动通过支撑点；起跳腿积极向前上方蹬地，起跳角度在 45°。

3) 腾空

人体在空中受重力作用，重心沿抛物线移动进入腾空阶段，由于在空中无法获得外力，身体移动轨迹不会发生改变。为了跳得更远、更高，围绕身体重心做各种合理动作，如蹲踞式跳远、挺身式跳远和走步式跳远以及俯卧式跳高、背越式跳高等，都是为促进成绩提高，围绕人体重心研究出的各种腾空动作。下面以蹲踞式跳远和挺身式跳远技术为例简单介绍。

• 蹲踞式跳远

助跑，攻板起跳成腾空步姿势后，上体保持正直，摆动腿大腿继续上抬。两臂向前挥摆，起跳腿起跳离地后向前举腿与摆动腿靠拢，在空中形成蹲踞式的姿势，随后两腿上放，上体前倾，将要落地时，两臂由前向下向后摆动，同时前伸小腿落地(如图 5-13 所示)。动作比较简单，容易掌握。

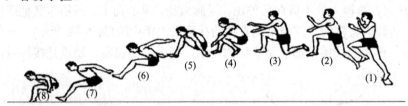

图 5-13 蹲踞式跳远

• 挺身式跳远

助跑，攻板起跳腾空步制动，摆动腿随即积极下压，小腿由前向下向后弧形摆动直至与起跳腿靠拢。两臂向下侧后上绕环协调摆动，进而展髋、挺胸、展腹。在空中形成挺身动作，紧接着向前收腹举腿。两臂自前上向下后摆动，上体前倾，前伸小腿缓冲落地(如图 5-14 所示)。

图 5-14 挺身式跳远

4) 落地

落地是为了提高成绩和积极减轻身体负荷防止受伤而采用的技术动作。

4．投掷运动

1）投掷运动技术原理

投掷运动是人体运用自身的力量将投掷物投远的一种运动方式，所表现出来的是人的速度、力量素质和灵敏协调等能力。投掷运动包括推铅球、掷标枪、掷铁饼、掷链球等。

· **器械出手的角度**

力学试验结果表明，在空中物体发射的初始角度 45°飞行最远，而田径运动中的投掷项目出手点往往高于落地点，出手点、落地点和地平面构成了一个角度，称为地斜角。地斜角的大小与出手高度成正比，与投掷的远度成反比。如果器械出手角度是 45°，那么水平分力和垂直分力相等，考虑地斜角的因素，适当增加水平分力，减小垂直分力，能提高投掷远度。因此，在田径运动投掷项目中，出手角度往往会小于 45°，铅球为 38°～42°，铁饼为 30°～36°，标枪为 28°～33°（如图 5-15 所示）。

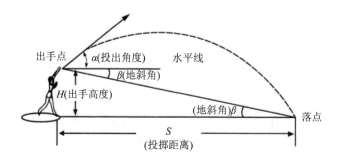

图 5-15 器械出手角度分析

· **器械出手初速度**

器械出手初速度由初始速度和肌肉最后用力两部分组成。因此为获得较好的出手初速度，在通过助跑、滑步等获得初速度后必须在最后用力时取得较长的工作距离，加大作用于器械的力量和尽量缩短用力的时间。实验证明，出手角度和速度都会影响远度，但是角度的影响是有限的。相对来说，出手初速度是没有限度的，所以增加初速度对增加投掷远度更具重要的意义。

2）背向滑步推铅球技术

· **持球**

握球时，五指自然分开，手腕背屈，球放置于食指、中指和无名指根处，大、小拇指分两侧自然扶球，握球要稳。然后将球贴紧颈部置于锁骨窝，手外转，掌心向前，右臂屈肘持球（如图 5-16 所示）。

图 5-16 铅球握法

- 预备姿势(高姿势示例)

背对投掷方向，两脚前后站位，相距 20～30 cm，右脚脚尖贴近投掷圈，脚跟正对投掷方向。右腿屈膝半蹲，重心落在前脚掌，左腿自然弯曲，脚点地脚跟提起。左臂自然上举，上体正直放松，两眼平视。

- 滑步

滑步是为了获得一定的初速度，并为最后用力出手创造条件。

滑步前先做一到两次预摆，左腿自然弯曲，大腿向后方摆动。右腿蹬伸直立，脚跟提起，同时上体前屈，左臂放松前伸，略微低头，两眼看前下方。当左腿回收靠近右腿时，右腿屈膝，臀部后移，左腿大腿向投掷方向迅速摆出，右腿用力蹬伸，右脚蹬离地面后迅速拉收小腿，滑行至投掷圈中心部位，脚尖稍内扣，与投掷方向成 130°，左脚积极落地支撑。

- 最后用力阶段

最后用力是推铅球的主要环节。滑步结束，左脚着地瞬间进入最后用力阶段，右脚向投掷方向蹬地转髋，挺胸抬头，右肩前送，右臂迅速用力将球推出，出手时手指手腕向外拨，蹬地转髋后左脚落地支撑，维持身体平衡(如图 5-17 所示)。

(1) (2) (3) (4) (5)

(6) (7) (8) (9) (10)

图 5-17 背向滑步推铅球

第二节 课程与职业素养

田径运动是各项运动的基础，对学生身体素质的培养具有不可或缺的作用。强化对田径运动的认识，提高田径运动技能，对构建健康中国、倡导全面健身具有十分重要的意义。

一、田径课程特点

1. 认知性

健身健心性认知：田径运动具有广泛的健身、教育价值，通过田径运动课程的学习，可提高学生对田径运动价值的认知，为田径运动学习打下坚实基础。身体认知：结合运动生物力学、运动生理学等学习田径技术的原理，可加深学生对人体生物力学、生理学结构的认知。技能形成规律的认知：动作技能的形成都经过泛化(运动技能获得阶段)、分化(动作技能改进阶段)、巩固(技能稳定阶段)和动作技能自动化四个阶段，动作形成各阶段是相互联系的必然阶段，把握每个阶段的特点是必要过程，更是动作技能形成的基本规律。

2. 活动实践性

活动实践性是体育运动包括田径运动的基本特征，田径课程的根本任务是促进学生积极参加田径运动，增强体质，增进身心健康，并在运动中取得全面发展。

3. 教学、训练一体化

技术技能以及身体素质练习是田径课程教学的主要内容，是围绕教授学生"最正确"的田径技术而展开的，而由于个体差异化的存在，只有符合田径运动规律和学生个体特征的技术才是最正确的技术。因此，田径教学不应刻板化、标准化，而应该教给学生基本原理，培养学生发现问题、解决问题的能力，鼓励学生在训练中体会和发展个人特长，培养学生的创新意识和能力，增强学生体质，提高学生健康水平。

二、田径运动常用体育游戏

1. 石头剪刀布

游戏目的：提高学生的反应能力和奔跑能力，培养学生在短时间内快速观察、判断、决策的能力，塑造坚决果断的性格。

游戏方法：两条相距 30 m 的平行线作为终点线，以中线为基准向两边各延伸 1 m，各画一条平行线。将学生分成人数相等的甲乙两队，甲、乙队同学一对一、面对面站立在中间平行线两边。游戏开始后，两人猜拳定胜负。胜者追，负者逃，如果在终点线前被追拍到，则逃者在原地将胜者同学背回起点。

游戏规则：

① 猜拳定胜负时，两人必须同时出手。

② 追拍时，通过终点线再拍无效。

③ 应避免追逐中推人犯规，注意安全。

④ 多变换猜拳方式，提高兴趣。

2. 贴烧饼

游戏目的：提高学生的奔跑能力及灵敏性，培养学生坚持到底的意志和永不放弃的决心，以及快速转换适应角色的能力。

游戏方法：在直径 10 m 的圆形场地内，每两名学生一组沿场地边沿面向圆心站立，围成一圈，各组之间间隔 2 m。从参加者中选出两人作为追者与逃者，追者可以在圈内圈外及各组之间穿插跑动，逃者只能沿圈外沿跑动。追逐过程中，追者如果用手拍到逃者，则两人互换角色，但如果逃者贴住任意一组的一侧，则这一组的另一侧同伴立即成为新的逃者。

游戏规则：

① 逃者贴人时只能沿跑进方向贴人，不能向回贴。不得跑出规定的圆外沿范围。

② 游戏者也可以采用双层前后站立的方法,逃者一定要贴在靠近圈内的同学前面,外圈同学为逃者。

③ 如人数较多,可选两组作为追者与逃者。

3. 安全区

游戏目的:提高学生在快速运动过程中做假动作的能力,锻炼学生的速度和耐力,培养不抛弃、不放弃的运动精神。

游戏方法:画一个直径 10 m 的大圆,大圆内再画一个直径为 3 m 的小同心圆。大圆外为安全区,小圆内为安全岛,大圆与小圆之间的区域为追逐区。选 2~3 人为追者,站在追逐区内,其他学生分散站立在大圆之外。游戏开始,圆外的学生可以通过追逐区进入安全岛,但在通过追逐区时,如被追者追拍到,必须与追者交换。

游戏规则:

① 学生进入安全岛或大圆外的安全区,追者则不能再追拍。

② 学生不能站在安全区或安全岛内不移动,如出现这种情况,追者可以读秒,数到 3 s,如果其间无人换区,则可任意指定一名学生与其对换。

③ 追者运动负荷较大,教师要选择体力较好的学生担任,并注意经常调换。

4. 袋鼠跳

游戏目的:提高学生灵敏、协调能力,发展跳跃能力。

游戏方法:在场地上画两条相距 10 m 的平行线,一条作为起点线,一条作为折返线,将学生分成人数相等的两队,每队间隔一定距离成纵队站在起点线后,游戏开始。每队排头听组织者信号,迅速跳进麻袋,双手提着麻袋口,用双脚跳跃前进,过折返线后钻出麻袋,提着麻袋跑回,交给本组第二人。同法依次类推,以先完成的队为胜。

游戏规则:

① 组织者发令后方可跳进麻袋,过折返线后钻出麻袋。交接麻袋必须在起点线后进行,不得抛传麻袋。

② 两队之间不得互相干扰。

③ 可改为以两人在同一麻袋内跳跃前进的方法进行。

5. 贪吃蛇

游戏目的:发展学生的灵敏素质。

游戏方法:根据学生人数平均分成几个组,每组人数为 5~10 人,每组站成一排,后面的人抱住前面人的腰部组成整体形成"蛇"。游戏开始后,各"蛇"之间相互混战,争取抓到其他"蛇"的"蛇尾"。如有一组排头抓到另一组排尾时,被抓到的一组立即被淘汰。最后留下的一组为优胜。

游戏规则:

① 排头用手触拍到另一组排尾即为抓住。

② 蛇腰脱节时,蛇头抓到排尾无效。

③ 可以限定游戏场地,各组之间可以用擂台赛的形式进行较量。

三、田径运动与职业体能锻炼

1. 徒手深蹲

动作方法：腰背挺直，脚跟与肩同宽，膝盖与脚尖方向一致，不要内扣，掌心相对，手臂前平举下蹲，动作自然流畅，臀部向后移动，至最低点时大腿与地面近似平行，然后起身还原，全程保持腰背挺直(如图 5-18 所示)。

动作要领：下蹲时，臀部和大腿前侧有轻微牵拉感；蹲起时，臀部和大腿前收缩发力，臀部用力更加明显。

锻炼部位和作用：提升股四头肌、臀大肌等部位的肌肉力量。

适合群体：站姿、坐姿类、空乘、会计等职业人群。

图 5-18　徒手深蹲

2. 原地高抬腿

动作方法：挺直背部，目视前方，前脚掌着地快速交替抬腿，保持身体稳定，随着抬腿节奏用力摆臂，保持最快速度(如图 5-19 所示)。

动作要领：减小抬腿的幅度，保持身体稳定，自然呼吸。

锻炼部位和作用：锻炼心肺能力，提升肌肉耐力。

适合群体：站姿、变姿类警察，以及从事机械制造、交通运输等对体能要求较高的职业人群。

图 5-19　原地高抬腿

3. 俯卧登山

动作方法：双手撑地、两臂伸直，用手和脚趾支撑整个身体重量，身体保持一条直线，核心部位的肌肉和臀部收紧。一腿弯曲前迈至胸部位置，另一腿蹬地支撑，后两腿爆发式发力交换前迈后蹬，如此循环即可(如图 5-20 所示)。

动作要领：腰腹收紧，上肢平稳起伏不要太大，大腿前顶，膝盖朝前指向两臂中间。

锻炼部位和作用：锻炼臀部肌群及胯部以及身体核心区肌肉群，提升身体体能，运动强度较大。

适合群体：该动作以体能和核心力量为主，适合对体能要求高的职业人群，如警察、营销人员、地质工作者。

图 5-20　俯卧登山

4. 波速球简易波比

动作方法：手撑在波速球上吸气，双腿向前跳到双手后方呼气，臀腿协同发力向上，同时，举波速球向上伸展吸气，下蹲，用波速球撑地，向后跳回板式(如图 5-21 所示)。

动作要领：感受臀部、腿部的发力，双腿向前跳时，膝关节始终朝向脚尖方向。

锻炼部位和作用：提升心肺能力，锻炼上肢及下肢力量。

适合群体：变姿类保险、营销等职业人群。

图 5-21　波速球简易波比

5. 对侧支撑平衡

动作方法：跪撑在垫子上，四肢垂直于地面，背部挺直，重心保持在身体正中心，一只手向前伸展，掌心向上，大腿向后伸展，感觉整个身体被拉长，不要左右偏移，保持静止，自然呼吸，不要憋气(如图 5-22 所示)。

动作要领：后背竖脊肌有轻微的紧绷感。

锻炼部位和作用：锻炼躯干控制力，核心稳定性。

适合群体：搬运重物类职业人群。

图 5-22 对侧支撑平衡

四、田径运动的课程价值与职业素养

1. 实施素质教育，促进学生体质健康发展

田径运动作为基础性运动项目，对提高学生思想道德素质、培养能力、发展个性，以及身心健康教育等具有无可替代的作用。然而因重复性和高负荷性致使田径课程枯燥、单调。在"三自主"选课模式下，田径课程出现无人问津的现象，导致田径课程在高校的开设率不足三成，甚至陷入被取消的尴尬境地，严重影响了素质教育的效果。

随着《全民健身计划纲要》的实施，田径运动以对场地要求低，方便、易学、形式多样以及健身性等特点在全民健身运动中居于重要地位，健身走、马拉松式健身跑等系列田径运动正在如火如荼地开展，深受大众推崇、喜爱。在倡导体育运动回归自然，倡导学生走出教室、走进操场以及强调科学健身的今天，田径课程回归课堂对促进素质教育、提高学生体质具有十分重要的意义。

2. 提高学生对运动美的认知

田径运动是一项基础性运动项目，具有"运动之母"的称号。田径课程的学习以跑、跳、投等技术为主要内容，通过人体生物力学、人体运动生理学甚至人体解剖学的技术分析，揭示运动的奥秘，学生可以充分了解运动技术的科学性、精密性，以及人体生理结构的机械性、精密性，感受运动的精妙之处。

田径运动起源于人类长期的劳动生活实践，符合大众审美需求。田径运动之美符合美的客观性，是有规律的必然性之美。田径运动中强劲协调的蹬地摆臂动作，舒展大气的伸髋举腿；风一样的速度；娴熟的跨栏、一气呵成的跳远、舍我其谁的投掷；跑、跳、投的完美结合等处处体现着运动动态之美。长期从事田径运动的运动员体形匀称，四肢协调，肌肉结实，身体线条清晰；大腿、上臂等四肢肌群发达，跟腱强劲有力且细长，上臂灵活，马甲线紧致，胸大肌健壮，这些都构造出了完美的机体形态。体育运动展现的健康之美是由内在的精气神和外在的形态之美所呈现的朝气、自信之美，这与瘦弱之美是完全不同的。倡导体育运动之美不仅是体育课堂的需求，也是社会需要。

3. 完善课程体系，实现素质教育

田径运动作为基础性运动项目，无论在学校体育课程中还是在课外体育活动中，甚至是学校体育体系中都具有十分重要的意义。田径运动是增进学生体质健康的重要保障，对提高学生综合素养，实现高职素质教育具有重要意义。田径课程是高职学校体育的重要组成部分，缺少田径的高职学校体育课程是不完美的。

第六章 技能主导类同场对抗性项群

技能主导类同场对抗性项群的典型特征是技能和战术能力对比赛起着决定性作用，技战术的发挥以基本技战术为前提，以良好的身体素质等体能储备作为保障，以稳定成熟的心理和智力能力为关键。同场对抗性项群要求队员求真务实、精益求精练技术；脚踏实地、吃苦耐劳练体能；良好的自控力、独立分析、解决问题的心智促成长；团队协作、顽强拼搏、坚韧不拔获成功。同场对抗性项群能全面发展学生综合素质，是实现学校体育价值的一大助力。

第一节 篮 球 运 动

一、篮球运动的起源与发展

篮球是 1891 年由美国青年教师詹姆斯·奈史密斯博士受工人、儿童用球向"桃子筐"投准的游戏启发而创造的一种活动性游戏，随着该游戏规则的完善和发展，到 1893 年逐渐形成了近代篮球运动。1904 年，美国制定了全国统一的篮球规则，并用多种文字出版发行于全世界，篮球运动由此传遍了美洲、欧洲和亚洲，成为世界性运动项目。

篮球运动于 1896 年前后传入我国，在基督教青年学会中传播，并逐渐扩展到了学校。1913 年，华北体育联合会把篮球列为正式比赛项目，同年，由中国、日本和菲律宾组织的远东运动会也把篮球列为正式比赛项目。但由于多方面因素的影响，当时我国篮球运动的水平较低，技术发展缓慢，打法单调。

1949 年后，我国篮球运动得到了迅速发展，在工厂、学校、机关、部队和广大农村得到广泛开展。在 1959 年举行的第一届全国运动会上，当时中国的男、女篮球队的技术水平已接近世界水平。1976 年以后，全国的训练和比赛活动逐渐全面恢复，除了每年举行的全国联赛外，还加强了国家队和青年队的训练工作以及国际交往，其中，男队连续在第八、九、十一届和十二届亚洲篮球锦标赛上获得冠军，取得了代表亚洲参加奥运会和世界篮球锦标赛的资格。1978 年，中国男队第一次代表亚洲参加第八届世界男子篮球锦标赛并获第 11 名。1982 年，中国女队获世界女子篮球锦标赛亚军。1984 年第二十三届奥运会，中国女队荣获第 3 名，成为世界强队之一。

二、篮球运动的特点

集体性：篮球比赛是以两队成员相互协同攻守对抗的形式进行的竞赛，只有集整体的智慧和技能，发挥团队精神、协同配合，才能获得最佳成绩。

对抗性：篮球攻守对抗是在狭小的场地范围内进行的，具有快速、凶悍、近身的特点，获球与反获球，追击、抢夺，限制与反限制，不仅需要斗智，还需要充沛的体能和顽强的意志，因此是一项高强度的激烈对抗的运动。

转换性：攻守快速转换是现代篮球比赛的重要特点，转换瞬间变化无常，使比赛始终在快节奏下进行，给人以悬念。这也是篮球比赛的魅力所在。

时空性：篮球比赛需要在一定时间内围绕空间的球和篮筐展开攻守对抗，因此必须要有强烈的时间观念和空间意识，运用各种方法和手段争夺时间、拼抢空间优势，从而取得主动，赢得胜利。

综合性：篮球运动包含跑、跳、投等身体活动。其科学内容体系涉及社会学、军事学、生物学、管理学、体育学、竞技学、教育学等，因此是一项综合性的体育运动。

三、篮球运动的锻炼价值

篮球运动是由跑、跳、投等动作所组成的一项快速、激烈、综合性的运动。经常参加篮球运动，能促进学生速度、灵敏、力量、耐力、柔软性等身体素质的发展，提高中枢神经系统的灵活性，增强心脏、血管、呼吸、消化系统的功能，促进肌肉和骨骼的生长发育，使身体得到全面发展。

篮球运动是集体项目，具有强烈的竞赛性和对抗性，要在瞬息万变的情况下激烈地争夺。因此，篮球能够培养人们团结协作的集体主义精神和勇敢顽强、机智果断等优良品质。高等学校经常开展篮球运动，对促进学生身心健康、活跃课余生活、提高学习效率起着良好的作用。

四、篮球运动的基本技术

1. 移动技术

移动技术是篮球运动员为了改变位置、方向、速度和争取高度、空间所采用的各种脚步动作方法的总称。移动技术是完成各项技术动作的基础，也是实现篮球战术目的的重要因素。

(1) 起动：队员在球场上由静止状态转变为运动状态的动作，是获得位移速度的方法。进攻时突然快速起动，是摆脱防守的有效手段；防守时突然快速起动，可以抢占有利位置，看住对手。

向前起动时以后脚的前脚掌、向侧起动时以异侧脚的前脚掌发力蹬地，同时上体迅速前倾或侧转，向跑的方向移动重心，手臂协调摆动，充分利用蹬地的反作用力，迅速向跑的方向迈步。

动作要领：移重心，猛蹬地，快跨步，快频率。

(2) 跑动：为了完成攻守任务而争取时间的脚步动作。

① 变向跑：队员在跑动中突然改变方向完成攻守任务的方法。以从右向左变向为例，最后一步用右脚前脚掌内侧用力蹬地，同时脚尖稍内扣，迅速屈膝，腰部随之左转，上体向左前倾，移动重心，左脚向左前方跨出，然后加速前进。

动作要领：前脚掌内侧用力蹬地，另一脚迅速变向迈步。

② 侧身跑：队员在跑动中为了抢占身位、摆脱防守，接侧方或侧后方传球而采用的方

法。跑动时，头部和上体转向侧面或有球一侧，脚尖朝着跑动方向，既要保持奔跑速度，又要保持身体平衡，双手自然放在腰侧，密切注意场上情况。

动作要领：上体侧转，脚尖向前。

(3) 急停：队员在快速移动中突然制动速度的方法，是各种脚步动作衔接和变化的过渡动作。

① 跨步急停：先向前跨出一大步，脚跟着地并迅速过渡到全脚，降低重心，身体稍后仰。第二步落地的同时，两膝深屈并内扣，身体稍侧转，两脚尖自然转向前方，前脚掌内侧用力制动向前的冲力，上体稍后仰，两臂屈肘自然张开，上体自然前倾帮助控制身体平衡。

动作要领：第一步脚前掌外侧着地，第二步脚前掌内侧蹬地。

② 跳步急停：跑动中单脚或双脚起跳，使双脚稍有腾空。上体稍后仰，两脚平行或前后落地形成基本站立姿势。

动作要领：落地动作轻盈，缓和前冲速度，迅速降低重心，保持身体平衡。

(4) 转身：队员以一只脚做中枢脚进行旋转，另一脚蹬地向前后跨出，改变原来身体方向的动作方法。可与急停、跨步、持球突破结合运用，有效地摆脱防守，创造传球、投篮机会。

① 前转身：移动脚向中枢脚脚尖方向跨出，改变身体方向。转身时，中枢脚前掌用力碾地，移动脚蹬地迅速跨步，同时转腰转肩并保持身体平衡。

动作要领：转体蹬跨有力，重心迅速转移。

② 后转身：移动脚向中枢脚脚跟方向跨出，改变身体方向。转身时，中枢脚碾地旋转，移动脚蹬地并向自己身后撤步，同时腰胯主动用力旋转，身体重心随着转移，保持身体平衡。

动作要领：腰胯带动躯干旋转，蹬跨有力，保持平衡。

(5) 滑步：防守移动的主要方法，易于保持身体平衡，可向任何方向移动。两脚平行站立，两膝深屈降低重心，上体略前倾，两臂侧伸。向左侧滑步时，左脚向左迈出的同时，右脚蹬地滑动向左脚靠近，两脚保持一定距离，左脚继续跨出。向后滑步时，一只脚向后撤步着地的同时，前脚紧随着向后滑动，保持前后开姿势。向前滑步时，前脚向前迈出一步，着地同时，后脚紧随着向前滑动，保持前后开立姿势。

动作要领：保持屈膝，降低重心，两臂伸开，注视对手。

(6) 撤步：前脚向后撤回的方法。前脚的脚前掌内侧蹬地，同时腰部用力向后转动，后脚碾蹬地面，前脚快速后撤，紧接滑步调整防守位置。

动作要领：前脚蹬地后撤要快，后脚碾地转髋要猛。

(7) 跳：队员在场上争取高度及远度的动作方法。

① 双脚跳：起跳时，两膝弯曲降低重心，两脚用力蹬地，同时提腰摆臂向上起跳。跳在空中时，身体自然伸展控制平衡。落地时，前脚掌先落地，屈膝缓冲，保持身体平衡，衔接下一个动作。

动作要领：两膝弯曲降低重心，用力蹬地向上摆臂，充分伸展屈膝落地。

② 单脚跳：起跳时，踏跳脚脚跟先着地，迅速过渡到脚前掌用力蹬地，同时提腰摆臂，另一腿快速屈膝上提。当身体达到最高点时，摆动腿自然伸直与起跳腿合并。落地时，双

脚稍分开，屈膝缓冲，衔接其他动作。

动作要领：踏跳脚蹬地，起跳腿上摆，身体向前上方伸展。

2. 传、接球技术

传、接球是篮球运动的重要技术，是进攻队员有目的地转移支配球的方法，是场上队员组织进攻战术、分享篮球乐趣的重要手段，传、接球技术的好坏直接影响着战术效果，高质量的传接球能充分体现"球比人跑得快"的道理。

(1) 双手胸前传球：双手持球，五指自然分开，拇指相对成八字形，用指根以上部位传球，掌心空出。两肘自然弯曲，将球置于体前。传球时后脚蹬地，身体重心前移的同时，小臂迅速向传球方向前伸，拇指用力，手腕外翻，用拇指、食指、中指力量将球传出(如图6-1所示)。

动作要领：用力协调连贯，食指中指拨球。

图 6-1　双手胸前传球

接球时，两眼注视来球，两臂积极前伸迎接来球，当手指触球后，两臂随球后引缓冲引领来球至体前(如图6-2所示)。

图 6-2　接球手型

(2) 单手肩上传球：以右手传球为例。双手持球于胸前，两脚前后站立，左脚在前，左肩对着传球方向，将球引至右肩，右脚蹬地向左转体，右大臂带动小臂，在出手前前臂快速摆动、扣腕、拨指出球。球出手后身体重心随之移到左脚上(如图6-3所示)。单手肩上传球适用于快攻中的中远距离传球，但准确度稍低，对队员要求较高。

动作要领：自上而下发力，蹬地、转肩、挥臂、扣腕，动作协调连贯。

图 6-3　单手肩上传球

3. 投篮技术

投篮得分是篮球单个进攻环节的终结，是篮球比赛的关键性技术，所有的技战术都是以投篮得分为目的的。

(1) 双手胸前投篮：双手持球于胸前，肘关节自然下垂，两脚前后或左右开立，两膝微屈，重心落在两脚上，眼睛注视篮筐。投篮时，两脚蹬地，两臂随着身体向前上方伸展，前臂内旋，手腕前屈，食、中指用力拨球，通过指端将球投出，脚跟稍提起(如图6-4所示)。双手胸前投篮技术相对更适用于女生学习。

动作要领：自然屈肘下垂，两臂用力均衡，前臂内旋，手指拨球用力。

图6-4 双手胸前投篮

(2) 原地单手肩上投篮：以右手投篮为例。右手五指自然分开，手腕后翻，用手指指根以上部位持球，掌心空出，左手扶球的左侧，右臂屈肘，置球于右肩上。前臂与地面接近垂直，两脚左右或前后开立，两腿微屈，重心落在两脚上。投篮时，下肢蹬地发力，右臂向前上方伸直，手腕前屈，食、中指用力拨球，通过指端将球投出。球出手时身体随着投篮方向自然伸展，两脚脚跟微提起(如图6-5所示)。

动作要领：上下协调用力，抬肘伸臂充分，手腕前屈，手指柔和拨球投出，中指、食指控制方向。

图6-5 原地单手肩上投篮

(3) 行进间单手低手投篮：以右手投篮为例。右脚跨出一大步的同时，双手接球置于右侧保护，接着左脚跨出一小步用力蹬地起跳，右腿屈膝上抬，双手向前上方举球，当身体接近最高点时，左手离球，右手外旋，掌心向上托球，尽量伸向篮筐，用挺肘压腕的柔和动作，靠食、中指用力拨球，通过指端将球投出(如图6-6所示)。

动作要领：身体向前上方充分伸展，保持单手低手托球稳定，指腕上挑动作协调。

图 6-6　行进间单手低手投篮

(4) 跳投：以右手投篮为例。两手持球于胸前，两脚前后或左右开立，两腿微屈，重心落在两脚上。起跳时，前脚掌迅速有力蹬地向上起跳，双手举球于右前上方，右手托球，左手扶球的左侧方，当身体腾空接近最高点时，左手离球，右臂向前上方伸展，手腕前屈，食、中指拨球，通过指端将球投出，落地时屈膝缓冲。

动作要领：起跳垂直向上，在最高点出手。

4. 运球技术

运动员在原地或移动中，用手连续拍借助地面反弹起来的球的动作，是控制支配球、组织进攻、突破防守、发动战术配合的重要技术。运球技术的关键是手对球的控制能力、脚步移动的熟练程度以及手脚的协调配合。

(1) 高运球：运球时两腿微屈，平视前方，运球手用力向前下方推按球，把球的落点控制在身体侧前方，使球的反弹高度在胸腹之间，手脚协调配合，使球有节奏地向前运行(如图 6-7 所示)。

动作要领：按拍球的部位合理，手脚协调配合。

图 6-7　高运球

(2) 低运球：运球中遇到防守时，两腿迅速弯曲，重心降低，上体稍前倾，用手短促地按拍球，使球反弹的高度在膝关节以下，用上体和腿保护球，以便更好地控制球，摆脱防守继续前进(如图 6-8 所示)。

动作要领：重心降低，上体前倾，按拍短促有力。

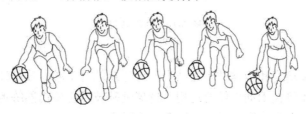

图 6-8　低运球

(3) 运球急停急起：运球急停时，降低重心，运球要低，拍按球的上方，使球垂直反弹，注意保护球。突然起动时，重心前移，运球手同侧脚的前脚掌偏内侧用力蹬地，拍按球的后上方，利用起动速度超越防守。

动作要领：重心转移快速，蹬地有力，按拍球的部位正确，手脚躯干协调。

(4) 体前变向换手运球：运球队员从对手右侧突破时，先向对手左侧变向运球，当对手向左侧移动时运球队员突然向其右侧变向。变向时，右手按拍球的右后上方，使球从自己身体的右侧拍向左侧前方，右脚同时向左前方跨出，上体向左转，用肩挡住对手，然后换左手按拍球的后上方，左脚跨出，从对手的右侧突破。换手时，球要压低，动作要快(如图 6-9 所示)。

动作要领：重心降低，转体探肩，蹬跨突然，加速要快。

图 6-9 体前变向换手运球

(5) 运球转身：以右手运球为例。当对方靠近自己的右侧时，左脚在前做中枢脚，右手向后拉球转身，将球拍至左侧，同时撤右脚，并贴近防守者落地，脚尖指向前进方向，换左手运球继续加速前进(如图 6-10 所示)。

动作要领：最后一次运球用力，转身迅速，重心稳定，转蹬、转拍协调连贯。

图 6-10 运球转身

5. 持球突破技术

持球队员将脚步动作和运球技术相结合，快速超越对手的、攻击性较强的技术，多与投篮、传球、假动作等技术动作结合运用。持球突破技术主要由熟练地支配球、假动作吸引、脚步动作、转体探肩、推放球加速五个环节组成。

(1) 同侧步持球突破：以左脚做中枢脚为例。突破时，左脚内侧蹬地，右脚迅速向对手左侧方跨出一大步，同时向右侧转体探肩，重心前移，球移至右手并推放球于右脚斜前方，左脚迅速跨步抢位，加速超越对手(如图 6-11 所示)。

动作要领：起动突然，跨步、推放球快速连贯，中枢脚离地前球要离手。

图 6-11　同侧步持球突破

(2) 交叉步持球突破：以左脚做中枢脚为例。突破时，右脚向前方跨出半步，做向右突破的假动作，当对手重心向右移动时，右脚前脚掌内侧迅速蹬地，向对手右侧跨出一大步，同时上体左转探肩，贴近对手，球移至左手，向左脚斜前方推放球，右脚迅速蹬地跨步，加速超越对手(如图 6-12 所示)。

动作要领：假动作要逼真，起动迅速突然。

图 6-12　交叉步持球突破

6. 防守技术

(1) 防无球队员：防好无球队员，不让或少让其在有效攻击区域接球，破坏阻挠其进攻路线，干扰、抢断传向自己所防队员及超越自己防区的球，是整体防守成功的关键。

抢占人球兼顾的位置，站在对手与篮筐之间偏向有球一侧的位置上。近球者紧，远球者松。防离球近的对手时，采用面向对手、侧向球的站法。前脚一侧的手臂扬起封锁接球路线，异侧脚堵截对手摆脱移动的路线。防离球远的对手时，采用面向球、侧向对手的平行站立姿势。两臂张开，尽量扩大防守面积，随时准备断球和协防。防移动队员空切时，注意观察进攻者的意图，积极移动，抢占有利位置，堵截摆脱路线，不让其在有利位置上接球，果断协防，破坏对方的战术配合。

(2) 防有球队员：防有球队员的任务是干扰、破坏其投篮，堵截运球突破路线，封锁助攻传球路线，抢、打、断球，获得控球权。

当对手接到球后，防守位置要立即调整到对手和篮筐之间。对手离篮筐近，防守者离对手也近，对手离篮筐远，防守者则离对手远，根据对手的技术特点和意图，以及防守战术的需要而有所调整。面对善于突破的队员时，两脚平行站立，两臂侧伸挥摆。面对善于投篮的队员时，则要斜前站立，一手向斜上方伸，另一手侧伸。无论防守具有什么技术特长的有球队员，都要及时抢占持球者与篮筐之间一线的位置，善于判断对手的假动作和真实意图，不要轻易跳动，同时伺机进行抢、打、断球，及时组织反攻。

五、篮球基本战术

1. 进攻战术

1) 基础进攻配合

(1) 传切配合：队员之间利用传球和切入技术所组成的简单配合，包括一传一切和空切两种，是基本的进攻方法。

如图 6-13 所示，⑤接球前做摆脱防守动作，④传球给⑤后先贴近对手，同时观察④的情况，然后突然切入，切入时利用左肩倚住防守队员，身体向球的方向侧转并准备接⑤回传球上篮。

如图 6-14 所示，当④传球给⑤后，如果④向传球方向移动，采取错位防守，堵截有球一侧的切入路线，则④可以迅速从④的背后直线切入篮下，接⑤传球上篮。

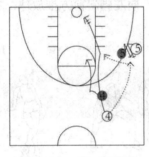

图 6-13　一传一切配合　　　　　图 6-14　空切配合

(2) 突分配合：持球队员突破时，利用传球与同伴配合的方法。

如图 6-15 所示，⑤接④传球后沿底线运球突破，当遇到⑥补防时，⑥及时向两侧空档移动接应⑤，⑤可传球给⑥投篮，或传给乘机移动摆脱防守的④进攻。

如图 6-16 所示，当④持球突破，遇到④和⑤"关门"防守时，⑤及时向两侧移动接④的传球并进攻。

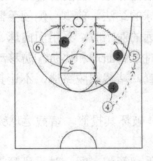
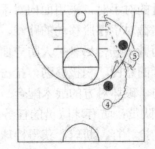

图 6-15　突分配合 1　　　　　图 6-16　突分配合 2

(3) 掩护配合：进攻队员选择合理的位置，利用身体并以合理的技术动作挡住同伴的防守队员的移动路线，使同伴摆脱防守获得进攻机会的配合方法。根据掩护位置和方向不同，可以分为前、侧、后掩护三种。以下主要介绍侧掩护。

如图 6-17 所示，⑤传球给④后跑到④的侧后方做掩护，④接球后先向左做突破假动作，然后突然从右侧贴着⑤的身体运球突破上篮。⑤掩护后转身切入篮下。

如图 6-18 所示，当④借助⑤的掩护运球切入时，如果遇到对方交换防守，⑤就转身拉开，④及时传球给⑤，由⑤投篮。

 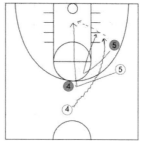

图 6-17　掩护配合 1　　　　　图 6-18　掩护配合 2

如图 6-19 所示，④传球给⑤后跑向传球的反方向，在⑥的侧后方给⑥做侧掩护。⑥先靠近⑥的位置，然后突然摆脱并向右切入，接⑤的传球上篮。④掩护后转身切入篮下，准备接应⑤或⑥的传球上篮及抢篮板球。

如图 6-20 所示，当对方进行交换防守时，④应及时转身面向球并把⑥挡在身后，然后快速切向篮下准备接⑤传来的球投篮。

图 6-19　掩护配合 3　　　　　图 6-20　掩护配合 4

(4) 策应配合：是指处于内线的队员背对或侧对球篮接球，由他作枢纽，与外线队员的空切相配合而形成的一种里应外合的方法。

2) 快攻配合

(1) 二攻一配合：④和⑤短传推进至前场，当④向⑤移动干扰时，⑤可乘机传球给④上篮(如图 6-21 所示)。

如果④无意中途堵截，而且紧逼防守④，则⑤应直接运球上篮(如图 6-22 所示)。

图 6-21　二攻一配合 1　　　　　图 6-22　二攻一配合 2

(2) 三攻二配合：当④⑤⑥三人推进到中场时，如果发现防守队员站成平行阵型，⑥应大胆从中间运球突破上篮(如图 6-23 所示)。

如果发现两个防守队员重叠站位，进攻队员应从两侧运球突破或突破分球，在区域内形成多打少的优势。④⑤重叠站位防守时，当⑥接近④时，及时传球给⑤，⑤运球突破，⑤向前防守时，⑤可乘机传球给④投篮(如图 6-24 所示)。

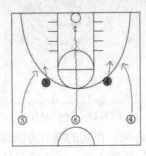 

图 6-23　三攻二配合 1　　　　图 6-24　三攻二配合 2

3) 整体进攻战术

(1) 进攻区域联防：针对区域联防的特点、阵型和变化特点，结合本队的实际情况，组织相应的落位阵型，有目的地通过传球及队员的穿插，破坏对方整体防御部署，创造良好的内外线进攻机会的阵地进攻战术，是篮球进攻战术系统中的重要组成部分。根据进攻的点、面，合理部署队员占据联防的薄弱地区，避免与防守队员形成一对一的站位，在局部区域形成以多打少的优势，并始终保持攻守平衡。常用的进攻区域联防落位阵型有"1-2-2""1-3-1""2-1-2"和"2-3"等。

(2) 进攻半场人盯人防守：根据半场人盯人防守战术特点，合理地组织进攻阵型，运用个人战术行动和进攻基础配合所组成的全队进攻战术。要求队员既要有良好的战术意识、个人进攻能力，又要有集体协作精神，依靠队员间的互相配合，攻破对方的防线。

(3) 进攻全场紧逼人盯人防守：首先要充分了解这种防守战术的特点和规律，针对个人防守面积大，队员分散，不利于协防的弱点，由守转攻时争取在对方未组成集体防守布局时，迅速发动进攻。要迅速摆脱防守，利用传切、突分、掩护、策应配合，不断加强对防守的压力，或以进攻半场人盯人防守配合为基础，有目的地展开全场攻击，争取比赛的主动权。

2. 防守战术

1) 基础防守配合

(1) 挤过配合：当对方进行掩护时，防守者在掩护队员靠近自己的瞬间前跨一步，靠近自己防守的对手，并从两个进攻队员之间侧身挤过，继续跟防对手的方法。如图 6-25 所示，④运球去给⑤做掩护，当④临近⑤时，⑤快速贴近⑤并从⑤与④之间侧身挤过，继续防守⑤。

(2) 穿过配合：当进攻队员进行掩护时，防守掩护的队员主动后撤一步，让同伴及时从自己和掩护队员之间穿过，以便继续防守自己的对手。如图 6-26 所示，⑤传球给⑥，④上来给⑤做掩护，⑤发现不便挤过防守时，应后撤一步并用滑步从④和④中间穿过继续防守⑤，与此同时④要主动后撤半步，以便⑤能顺利地穿过。

图 6-25 挤过配合 图 6-26 穿过配合

(3) 绕过配合：当进攻队员进行掩护时，防守掩护者的队员主动贴近对手，让同伴从自己身后绕过，继续防守其对手。

(4) 交换防守配合：为了破坏进攻队员的掩护配合，防守队员及时交换自己所防守的对手的配合方法。

(5) "关门"配合：当对方运球突破时，邻近的两个防守队员用合理的移动和站位方法，堵住突破者行动路线的协同防守的配合方法。

(6) 夹击配合：两个防守队员运用合理的防守技术，积极防守一个进攻队员的配合方法。

2) 防守快攻

采用一切手段制约对方的进攻速度，为本队防守争取时间，包括努力提高进攻成功率，拼抢前场篮板球，尽量减少失误，降低对方发动快攻的次数。封第一传、堵接应点是制止对方发动快攻的关键，退守时控制对方的推进速度，堵截中路运球突破，卡住两边快下队员，提高以少防多能力，降低对方快攻的成功率。

3) 整体防守战术

(1) 区域联防：由攻转守时，防守队员迅速退回后场，每一个队员分工负责协同防守一定的区域，随着球的转移而积极地调整自己的位置，形成一定的阵型，把每一个防区的同伴有机地结合在一起所组成的全队防守战术。防守队员以防人为主，随着球的转移和进攻队员的穿插移动，不断地选择有利的防守位置，对有球区域以多防少，无球区域以少防多。在防守区域内监视和限制进攻队员的活动，做到防人为主，人球兼顾。当对方外围中、远距离投篮较差，内线队员攻击力较强时，运用区域联防能够发挥集体防守的优势，弥补本队个人防守技术不足，限制对方的内线进攻，减少本方犯规，有利于组织抢后场篮板球发动快攻。区域联防站位阵型有"2-1-2""2-3""3-2""1-3-1"等。

(2) 半场人盯人防守：由攻转守时，全队有组织地迅速退回后场，在半场范围内，每个防守队员负责盯住一个进攻队员，控制其行动，并协助同伴完成全队防守任务的整体防守战术。具有分工明确、责任到位、针对性强、便于掌握的特点，能有效地破坏对方进攻时的习惯打法，充分发挥个人的防守能力，调动个人防守的积极性。是防守战术体系中最常用的战术之一。

(3) 全场紧逼人盯人防守：由攻转守时每个队员立即看守住邻近的对手，并在全场范围内紧紧盯住对手，以个人积极的防守和全队的协同配合破坏对方进攻，达到转守为攻的目的的一种攻击性、破坏性很强的防守战术。具有移动面宽、争夺激烈、速度快、强度大、配合意识要求高的特点，能充分发挥队员的特长和有效地制约对方活动，打乱对方部署和习惯打法，造成对方心理紧张和技术失误，从而取得竞赛的主动权。

> 篮球运动基本规则介绍：
>
> 1. 篮球比赛一般分为 4 节，每节 10 min，节间休息为 2 min，二、三节间休息 15 min。如果比赛双方在第四节结束时比分相同，则需要进行一个或多个时长 5 分钟的加时赛，直到分出胜负为止。
>
> 2. 违例：包括带球走、非法运球、队员运球出界、球回后场违例、脚踢球、拳击球、干扰球、3 秒/5 秒/8 秒/24 秒违例等。
>
> 3. 犯规：有侵人犯规、双方犯规、技术犯规、违反体育道德犯规、取消比赛资格犯规等。

第二节 足球运动

一、足球运动的起源与发展

足球是以脚支配球为主，两支球队在同一块场地内进行攻守对抗的体育运动项目。高水平的足球比赛紧张激烈、跌宕起伏，胜负难以预料，战局变幻莫测。总而言之，足球运动是世界上最受人们喜爱、开展最广泛、影响力最大的体育运动项目，被誉为无可争议的"世界第一运动"。

1. 古代足球的起源地——中国

2004 年，国际足联对外宣布：足球最早起源于中国，中国古代的蹴鞠就是足球的起源，山东淄博是足球最早的发源地。

从文献记载来看，早在战国时代就已经有了蹴鞠运动。当时开展的蹴鞠多是平民式的休闲娱乐活动，具有很强的群众性。

汉代蹴鞠的发展有两个方面：一是娱乐性增强，配合音乐伴奏，由自娱性消闲娱乐发展为观赏性表演娱乐，并成为"百戏"表演中的一个节目；二是发展成为军事训练手段，在运动形式上发展为具有较强对抗性的竞赛。汉代的蹴鞠比赛已经有了正规的球场、完备的竞赛规则和公正执法的裁判，是一项较为正规的运动项目。我国第一部专门论述足球比赛方法和技术的书籍是汉代的《蹴鞠二十五篇》。

唐宋时期的蹴鞠是节日娱乐活动的一项内容，不仅流行于民间，也流行于宫廷。在唐宋时期，蹴鞠有两种踢法，一种是有球门的成队比赛，称为筑球。一般是在朝廷外交宴会上表演，是一种单球门的间接竞赛，但开展得不够广泛。另一种是没有球门的个人比赛，称为白打。这种踢法历史最久，开展最广泛。

元代蹴鞠活动的发展表现在白打踢法动作难度的提高，并且出现了男女对踢。明代的蹴鞠活动一度受到明太祖朱元璋的禁止，但封建朝廷的禁令并不能完全限制蹴鞠活动的开展，在广大下层社会中仍有较为广泛的蹴鞠活动。清朝由于统治者对汉族的传统文化加以限制，蹴鞠活动的发展受到严重打击。到了清代中叶，蹴鞠活动基本绝迹，只是在个别地区存在流传。

2. 现代足球的发源地——英国

1857 年，英国成立了世界上第一个足球俱乐部——谢菲尔德足球俱乐部。1863 年 10 月 26 日，英国 11 个足球俱乐部的代表在伦敦召开会议，成立了世界上第一个足球运动组织——英格兰足球协会。因此，这一天也被视为现代足球运动的诞生日。1872 年，英格兰和苏格兰之间进行了历史上第一次协会间的比赛。

1904 年，法国、比利时、西班牙、荷兰、丹麦、瑞典和瑞士的足协代表在巴黎成立了国际足球协会联合会，简称国际足联(FIFA)——致力于协调世界各国足球运动的开展，组织国际足球竞赛活动。

1930 年，英国人查普曼根据当时新的越位规则，创造了风靡一时的 WM 阵型。20 世纪 50 年代初，匈牙利人针对 WM 阵型的三后卫防守短板，创造了四前锋打法。1958 年，巴西人克服了四前锋阵型重攻轻守的弱点，创造了 424 阵型，促进了足球技战术的进一步发展。1974 年，荷兰人创造了全攻全守的整体型打法，足球运动由此进入"全面型"时代。20 世纪 70 年代末至 80 年代初，在全球足球热浪潮的冲击下，掀起了世界足球职业化的热潮。

二、足球运动的特点

整体性：足球比赛场上的 11 人思想要统一，行动要一致，攻则全动，守则全防，整体配合的意识要强。只有形成整体的攻守，才能掌握比赛的主动权，取得良好的比赛结果。

对抗性：足球运动是一项竞争激烈的对抗性项目，比赛双方为争夺控球权，达到将球攻进对方球门，而又不让球进入本方球门的目的，展开短兵相接的争斗，尤其是在两个罚球区附近时间、空间的争夺更是异常凶猛，扣人心弦。

多变性：足球是一项技术多姿多彩、战术变幻莫测、胜负结局难以预测的非周期性运动项目，比赛中运用技战术时会受到对手直接的干扰和限制，需要根据临场具体情况而灵活机动地加以运用和发挥。

艰辛性：一场足球比赛，场上球员要在近 8000 m^2 的场地上奔跑 90 min，跑动距离少则 6000 m，多则 12 000 m 以上，同时还要伴随完成上百个有球和无球的技术动作，如果是平局后需决定胜负的比赛则要加时 30 min，如仍未分出胜负，还需以踢点球决定胜负，因而能量消耗巨大。

易行性：足球比赛规则简练明了，场地器材设备要求也不高。普通足球比赛的时间、参赛人数、场地和器材也不受严格限制，因此是全民健身中一项非常易于开展的群众性体育运动项目。

三、足球运动的锻炼价值

健身价值：足球运动能够增强体质，促进身体、心理健康，提高社会适应能力，有利于良好心理品质和思想品德的形成。

政治价值：足球运动是宣传教育的重要手段，能够提高民族自信心、振奋民族精神，同时也能够开展外交增进友谊，有利于种族歧视的抑制与消除。

经济价值：巨大的足球市场创造了巨额财富，广泛的影响力使足球运动具有巨大的商业价值，因此足球本身已经成为一种产品并创造了巨大的经济效益，带动了其他相关产业发展。

文化价值：足球是一种庄严肃穆的礼仪庆典文化，一种弘扬民族精神的文化，一种记录人类潜能和培养竞争品质的文化，一种提高社会道德水平和规范的文化，更是一种提高审美意识的情感文化，发展足球运动有利于国家精神文明建设。

四、足球基本技术

足球技术是运动员在足球比赛中所采用的合理动作的总称，它是完成战术配合、决定战术效果的前提和保证，是在比赛实践中逐步形成、发展和完善起来的。运动员只有熟练地掌握足球技术，才能在比赛中有目的地采取行动，正确合理地处理球，以达到战术要求。

1. 颠球技术

运动员运用身体各个有效部位连续地触击球，尽量控制球在空中上下运行不落地的技术动作。颠球是运动员熟悉球性的一种练习手段，以增强对球弹性、重量、旋转及触球部位、击球时用力轻重的感觉。

(1) 脚背颠球：触球脚向前上方摆动，用脚背击球的中下部。可以两脚交替击球，也可以一只脚支撑另一只脚连续击球。击球时用力要均匀，踝关节固定，使球始终控制在身体周围。

(2) 脚内外侧颠球：抬腿屈膝，用脚的内侧或外侧向上摆动，击球的中下部，可以两脚内侧或外侧交替击球。

(3) 大腿颠球：抬腿屈膝，用大腿的中前部位向上击球的中下部，可以两腿交替击球，也可以一只脚支撑，另一侧的大腿连续击球。

(4) 头部颠球：两脚开立，膝盖微屈，用前额部位连续顶球的下部。顶球时，两眼注视球，两臂自然张开，维持身体平衡。

2. 运球技术

运动员在跑动过程中为了将球控制在身体范围内，有目的地用脚连续推拨球的技术动作。采用运球的方法晃过防守队员时称为运球过人。

动作结构：支撑脚踏地蹬送—运球脚前摆触球—运球脚踏地支撑。

(1) 正脚背运球：运球时身体自然放松，上体前倾，步幅稍小，两臂屈肘摆动，膝关节微屈，运球脚脚跟提起，脚背绷紧，脚尖向下迈步前伸，用正脚背推拨球前进(如图 6-27 所示)。

动作要领：上体前倾，重心跟进，脚背绷紧，脚尖向下。

技术特点：直线推拨，速度较快，但是路线单一，多在前方纵深距离较长的情况下运用。

图 6-27　正脚背运球

(2) 内脚背运球：运球时身体自然放松，身体稍稍侧转，上体前倾，膝关节微屈外转，运球脚脚跟提起，脚尖外转迈步前伸，用脚背内侧推拨球变向(如图 6-28 所示)。

动作要领：上体前倾，屈膝外转，脚尖向外。

技术特点：动作幅度大，控球稳定，左右转换方向灵活，主要用于掩护性运球或运球变向，是足球比赛中使用最多的运球技术。

图 6-28　内脚背运球

(3) 外脚背运球：运球时身体自然放松，身体稍稍侧转，上体前倾，膝关节微屈内转，运球脚脚跟提起，脚尖内转迈步前伸，用脚背外侧推拨球变向(如图 6-29 所示)。

动作要领：屈膝内转，脚尖向内。

技术特点：运球方向变化灵活，可充分利用奔跑速度，具有掩护球的作用，可变性强。

图 6-29　外脚背运球

(4) 脚内侧运球：运球时支撑脚踏在球的侧前方，肩部指向运球方向，膝关节微屈，上体前倾稍向侧转，重心落在支撑脚上，运球脚脚跟提起，用脚内侧推拨球前进。

动作要领：上体侧转，脚踝外展。

技术特点：速度较慢，容易控制，多用于掩护性运球或变向。

3. 踢球技术

踢球是运动员有目的地用脚的某一部位将球击向预定目标的技术动作，其表现形式分为传球和射门两种。

动作结构：助跑—支撑—摆腿—击球—随前。

(1) 脚内侧踢球：直线助跑，支撑脚踏在球侧，膝关节微屈，脚尖指向出球方向。踢球腿以髋为轴由后向前摆动，脚踝外展，脚尖微翘，脚跟前顶，脚型固定，脚底与地面平行。当膝关节摆至接近球上方时，小腿加速前摆，用脚内侧击球后中部(如图 6-30 所示)。

动作要领：直线助跑，直线摆腿，脚踝外展，脚尖微翘，脚跟前顶。

技术特点：运用最基础、最广泛的踢球技术动作，触球面积最大，可以更好地控制球，出球准确平稳，易于掌握，但力量较小，因此多用于短距离的准确传球和射门。

图 6-30 脚内侧踢球

(2) 内脚背踢球：斜线助跑，支撑脚踏在球侧后方，脚尖指向出球方向，膝关节微屈，踢球腿以髋为轴大腿带动小腿由后外向前内呈弧线摆动。膝踝关节外旋，小腿加速前摆，击球时膝关节向前顶送，脚背绷直，脚趾扣紧，用内脚背击球后中下部(如图 6-31 所示)。

动作要领：斜线助跑，弧线摆腿，膝踝外展。

技术特点：摆踢动作幅度大，触球面积大，出球平稳有力，路线富于变化，适用于中远距离传球和射门。

图 6-31 内脚背踢球

(3) 外脚背踢球：斜线助跑，支撑脚踏在球侧后方，脚尖指向出球方向，膝关节微屈，踢球腿以髋为轴大腿带动小腿由后外向前内呈弧线摆动。膝踝关节内旋，小腿加速前摆，击球时膝关节向前顶送，脚背绷直，脚趾向内扣紧，用外脚背击球后中下部(如图 6-32 所示)。

动作要领：斜线助跑，弧线摆腿，脚趾内扣。

技术特点：预摆幅度小，出脚速度快，方向变化较多，能够用膝踝关节的灵活变化改变出球方向和性质，具有一定的隐蔽性，是一种实用性较强的踢球技术，同时也较难掌握。

图 6-32 外脚背踢球

(4) 正脚背踢球：直线助跑，支撑脚踏在球侧，脚尖指向出球方向，膝关节微屈，在支撑脚前跨同时，踢球腿大腿顺势后摆，小腿后屈，踢球腿以髋为轴大腿带动小腿由后向前摆动，当膝关节摆至接近球正上方时，小腿加速前摆，脚背绷直，脚趾扣紧，用正脚背击球后中部(如图 6-33 所示)。

动作要领：直线助跑，直线摆腿，脚背绷直，脚尖向下。

技术特点：摆动幅度较大，摆踢动作顺畅快速，触球面积、踢球力量较大，便于发力，准确性强，但出球方向路线相对缺乏变化，适用于远距离的传球和大力射门。

图 6-33　正脚背踢球

4. 接球技术

接球是运动员运用身体的有效部位，将运行中的球有目的地控制在所需的范围内，以便更好地衔接下一个技术动作的方法，是运动员获得球的主要手段。接球质量的好坏直接影响着下一个动作的顺利完成。

动作结构：移动选位—支撑—触球缓冲—跟进。

(1) 脚内侧接球：接地滚球时，判断来球的速度和方向，及时调整身体正对来球，观察周围情况，选好支撑脚位置，膝关节微屈，接球脚提起，膝踝关节外展，脚尖微翘，脚底与地面平行，用脚内侧对准来球前迎，触球瞬间引撤或变向，将球控制在所需的位置上。

动作要领：膝踝外展，脚尖微翘，触球瞬间引撤变向。

技术特点：触球面积大，动作简单，易于掌握，用途广泛，接球平稳，可靠性强，动作运用灵活多变。

(2) 正脚背接球：身体正对来球方向，判断来球路线和速度，支撑脚站在球侧，脚尖正对来球方向，膝关节微屈，接球腿屈膝提起，用脚背正面对准球上迎，触球瞬间，接球脚与球下落的速度同步引撤下放，膝踝关节放松，增强缓冲效果(如图 6-34 所示)。

动作要领：屈膝提腿，对球上迎，触球瞬间引撤下放。

技术特点：迎撤动作自如，关节自由度大，接球稳定，但变化较少，适用于接下落球。

图 6-34　正脚背接球

(3) 脚底接球：判断来球路线或落点，选好接球位置稳固支撑，膝关节微屈，接球脚提起，脚尖勾翘，脚底和地面形成一定仰角，球临近或落地瞬间，接球腿有控制地下放，用脚前掌触压球的后中部，将球控制在脚下(如图 6-35 所示)。

　　动作要领：脚尖勾翘，脚底地面形成仰角，脚前掌触压球。

　　技术特点：动作简单，控球稳定可靠，适用于接迎面地滚球或反弹球。

图 6-35　脚底接球

　　(4) 大腿接球：身体正对来球，选好支撑脚位置并稳固支撑，接球腿屈膝上抬，用大腿中前部对准来球。触球瞬间，接球腿积极引撤下放，接球部位的肌肉相应放松，加强缓冲效果，使球触腿后落于体前(如图 6-36 所示)。

　　动作要领：屈膝抬腿，大腿中部接球，触球瞬间引撤下放。

　　技术特点：触球部位面积大，动作简单易做，适用于接有一定弧度的高球。

图 6-36　大腿接球

　　(5) 胸部接球：判断来球落点，选择适当的接球位置，接球时身体正对来球，两腿自然开立，两膝微屈，两臂自然置于体侧，维持身体平衡，上颌微收，上体稍稍后仰与来球形成一定角度。触球瞬间，两脚蹬地直膝，胸部主动挺送，使球触胸后落于体前(如图 6-37所示)。

　　动作要领：上体后仰，蹬地直膝，胸部挺送。

　　技术特点：触球点高、面积大，适用于接胸部以上的高空球。

图 6-37　胸部接球

5. 头球技术

头顶球是运动员有目的地用前额将球击向预定目标的技术动作。头顶球的击球位置高，是争取时间和空间的主要技术手段，它在传球、射门、阻截和抢断等方面发挥的优势日趋明显，运用范围不断扩大，不仅是破坏对方进攻的有力武器，而且经常成为决定比赛胜负的致命武器。

动作结构：预判移动选位—蹬地身体摆动—头顶球—控制身体平衡。

(1) 前额正面顶球：身体正对来球，两脚前后或平行站立，膝关节微屈，两眼注视来球，上体稍后仰，两臂自然张开，挺胸展腹，下颌收紧，顶球时，蹬地、收腹、摆体、顶送发力，当头摆至身体垂直部位时，用前额正面顶击球的后中部，顶击球瞬间，颈部肌肉保持紧张，顶球后继续前送，控制出球方向(如图 6-38 所示)。

动作要领：触球瞬间蹬地、收腹、摆体、顶送有力，颈部紧张。

技术特点：动作发力顺畅，容易控制出球方向，准确性强，出球平稳有力。

图 6-38　前额正面顶球

(2) 前额侧面顶球：身体稍侧对来球，两脚前后站立，击球一侧支撑腿在前，身体向侧后微屈，重心落在后腿，两臂自然张开，眼睛注视来球。顶击球时，后脚向击球方向猛力蹬伸，身体随之转动侧摆，颈部侧甩发力，用额侧将球击出(如图 6-39 所示)。

动作要领：重心在后，蹬地有力，身体侧转，颈部侧甩。

技术特点：击球动作快捷，变换方向突然，出球线路难以预测。动作难度较大，侧摆发力和出球方向较难控制，适用于门前头球攻门或紧急破坏球。

图 6-39　前额侧面顶球

6. 防守技术

抢球是防守队员将进攻队员控制的球直接抢夺过来或破坏掉的动作方法。断球是在规则允许范围内，运用身体合理部位将对方控球权截获或破坏掉的动作方法。

动作结构：判断选位—上步抢断—衔接动作。

(1) 正面跨步抢球：两脚前后开立，两膝微屈，重心下降置于两脚之间，在对手运球脚触球即将落地时，支撑脚用力后蹬，用抢球脚的内侧对着球跨出，膝关节微弯曲，上体前倾，身体重心移至抢球脚上，另一脚立即前跨。如果双方同时触球则顺势提拉，使球从对方脚背滚过，身体重心迅速跟上，将球控制在脚下。离球较远时可以用脚尖捅抢(如图 6-40所示)。

图 6-40　正面跨步抢球

(2) 侧面合理冲撞抢球：当与对手并肩跑动时，身体重心下降，同对手接触一侧的手臂紧贴身体。当对手靠近自己一侧的脚离地时，用肘关节以上部位冲撞对手相应部位，使其失去平衡而乘机将球抢过来(如图 6-41 所示)。

图 6-41　侧面合理冲撞抢球

五、足球基本战术

足球战术是比赛中为了战胜对手，根据主观和客观实际所采用的个人和集体配合的手段的综合表现。

1. 进攻战术

进攻战术是比赛中为了创造和利用空间，制造破门得分机会，达到进球目的所采取的个人和集体配合的方法。

(1) 个人进攻战术：是比赛中为了战胜对手而采取的，符合整体进攻目的的个人行动。个人进攻战术是构成局部和整体进攻战术的重要环节，个人进攻战术行动水平的高低直接影响着局部和整体进攻战术的质量。

传球：培养良好的传球意识，隐蔽传球意图，把握传球时机，提高传球的准确性。

射门：强烈的射门进球欲望，射门准确、突然、有力，尽量射低平球，选择最佳的射门角度，把握射门时机，选择合理的射门方法。

运球突破：控球队员在对手贴身紧逼失去传球射门的选择和角度时，在进攻三区内面对防守队员人数较少且身后空当较大时，应果断运球突破防守，寻找更好的进攻机会。

跑位：敏锐的观察，明确的目的，合理的时机，多变的行动。

(2) 局部进攻战术：进攻中两个或几个队员之间的配合方法，是集体配合的基础。

传切配合：是控球队员将球传给切入的进攻队员的配合方法，主要形式有局部传切和转移长传切入。

二过一配合：是局部区域两名进攻队员通过连续两次传球配合，越过一名防守队员的配合方法。根据传球和跑位的路线可以分为直传斜插二过一(见图 6-42(左))、斜传直插二过一(见图 6-42(右))、斜传斜插二过一、回传反切二过一。

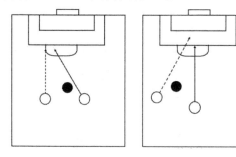

图 6-42　直传斜插二过一和斜传直插二过一

(3) 整体进攻战术：是为了完成进攻战术任务所采用的全局性的配合方法。整体进攻战术涉及的人员较多，是全队协调一致的行动，体现了球队的进攻实力和配合能力。一次完整的整体进攻由发动、发展和结束三个阶段组成。发动阶段是获得球、控制球、传球进攻的阶段，发展阶段是通过整体的无球跑动和有球配合迅速展开全面进攻的阶段，结束阶段是通过传中、运球突破、传切配合等形式创造攻击对方球门机会的进攻阶段。依据进攻的区域，整体进攻战术可分为边路进攻、中路进攻和转移进攻；依据进攻的速度，整体进攻战术可分为快速反击、层次进攻和破密集防守进攻。

2. 防守战术

防守战术是比赛中为了阻止对方进攻和重新获得球权所采取的个人和集体配合的方法。

(1) 个人防守战术：是为了控制对手所采用的个人战术行动，个人战术行动体现着整体战术的特征，是整体战术的基础。

选位：防守队员根据位置职责和临场情况，选择适当的防守位置。

盯人：在正确选位的基础上，对进攻队友实施盯防或严密限制其进攻行动。

断球：将对方传球拦截或破坏掉的战术行为，是由守转攻最主动、最高效的战术行动。能在对方来不及反抢的状态下进行快速反击。

抢球：将对方控制的球抢过来或破坏掉的战术行为，是个人防守能力的重要标志。

(2) 局部防守战术：两个或两个以上防守队员之间的配合方法，是集体防守战术的基础。

保护：给逼抢持球队员的队友心理和行动上的支持，使其无后顾之忧，全力紧逼对手。一旦被持球队员突破，保护队员可以及时补防，封堵进攻路线或夺回控球权。如果逼抢队员夺得了控球权，保护队员可以及时接应发动进攻。

补位：防守队员为弥补队友在防守中出现的漏洞所采取的相互协助的战术配合。在比赛中通过队友间的相互补位，可以有效遏制和破坏对方的进攻行动，变被动为主动。

围抢：两个以上防守队员多方位夹击对方控球队员，将球夺回或破坏掉的战术配合。

(3) 整体防守战术：全队所采取的防守配合。整体防守战术按形式分为盯人防守、区域盯人防守和混合盯人防守；按打法可分为向前逼压式打法、层次回撤式打法和快速密集式打法。

足球运动基本规则：

球员：足球比赛由两队进行，除替补球员外，每队最多同时有 11 名球员参赛，其中必须有一名守门员。只有守门员可以在比赛中于本方禁区内用手及上肢接触足球。如其中一队的人数少于 7 人，裁判有权终止比赛。

比赛：足球比赛持续时间为两个半场，每半场为 45 分钟。中场休息时间不得超过 15 分钟。因换人、评估伤员、处置伤员及其他事由损失的比赛时间将进行补时。

得分：在没有违反任何比赛规则时，球整体低于球门横梁越过两球门柱间端线，进攻球队得分。比赛结束时得分多的球队获胜，如果两队得分相同或均未得分，比赛为平局。如果是必须决出胜负的比赛，则需要在平局后进行上下半时各 15 分钟的加时赛，如果仍为平局，则需要通过点球大战的方式决出胜负。

犯规：通常如果犯规不算严重，裁判只会对该球员作口头警告。但如果再犯或比较严重的犯规，裁判有权向该球员出示黄牌以作警告。更严重的犯规或身上有黄牌的球员再犯规的话，裁判更可向该球员出示红牌，该球员需要即刻离场。

定位球：当球整体越过端线或边线时，或比赛由裁判中止时，为定位球。如果球员将球碰出边线，则判对方掷界外球。如果球员将球碰出对方底线，则判对方发球门球。如果球员将球碰出己方底线，则判对方罚角球。如果球员在己方禁区内犯规，则判对方罚点球。

第三节　课程与职业素养

一、技能主导类同场对抗性项群特点

同场对抗的内容主要包括运动员体能的对抗、技战术的对抗、心理的对抗、精神的对抗、意志品质的对抗等。对抗的时机主要表现在：控球运动员与防控运动员之间的对抗，即攻守双方在限制球、掩护球、带球过人、传球、射门(投篮)时的对抗；攻守双方无球运动员在争取和干扰对方接球、一次性传球、直接射门(投篮)时的对抗；攻守双方争取和阻挠二次进攻时的对抗，即攻守双方争取控制或直接处理射门(投篮)不中、球从门架(篮筐)上弹回或守门员脱手球等时的对抗；攻守双方无球运动员之间的对抗，即攻守双方在争取创造空间、利用空间和限制抢占空间、利用空间时的对抗等。

二、技能主导类同场对抗性项群常用体育游戏

1. 推人出圈

游戏目的：提高学生的对抗能力，使学生了解和掌握合理冲撞技术，培养学生不畏身

体对抗、迎难而上的意志品质以及主动、合理利用比赛规则的能力。

游戏方法：画若干个直径 2～3 m 的圆圈，每个圆圈内站两名学生，教师发出口令以后，两人互相用肩膀撞击对方，将对方撞出圈外者为胜。该练习是提高学生合理冲撞能力的一种练习方法。

游戏规则：

(1) 不许打或踢对方，不许用手拉扯或推对方。

(2) 若一只脚踏线时，不算出圈，还可以继续争斗。

(3) 在练习过程中，教师要向学生讲解运用合理冲撞技术的时机和要求。

2. 突出重围

游戏目的：增强学生的对抗能力、提高反应和灵活性。培养学生不畏挑战、迎难而上的意志品质，以及团队合作战胜困难的能力。

游戏方法：把学生分为人数相等的甲、乙两队；先由甲队队员相互握手腕站成一个圆圈，把乙队全体队员围在圆圈内。游戏开始，圆圈内的乙队队员要设法从圆圈内挣脱出去，甲队队员要设法阻止对方从圈内向外突围；直到规定时间到，双方交换圈内外角色；一个回合后计算双方突围人数多少，突围人数多的队为胜。

游戏规则：

(1) 圈内的队员只能使用巧法而不是用手拉开对方握住的手腕突围，否则犯规。

(2) 围成圆圈的队员可用握住的手拦住对方，但不能松手抓对方，否则犯规。

(3) 若围堵方队员犯规，判对方突围成功；若突围方队员犯规，则突围无效。

3. 摸高比赛

游戏目的：提高学生跑动中的起跳能力，改进跳起技术。培养学生顽强拼搏、永不言弃的竞争意识，帮助学生形成集体的概念。

游戏方法：游戏在篮球场进行，把学生分为两队，成纵队分列于罚球线后方，面向篮板站立，篮板下方左、右各站一名裁判员。游戏开始，两队排头首先起动跑至篮板下方单脚跳起摸篮板，摸到一次为成功一次，得一分；然后跑回罚球线拍击下一队员的手，自己站回本队队尾，下一队员依照前面方法和路线进行单脚跳摸篮板，直至全队每人轮完一次或规定的时间到为止。

游戏规则：

(1) 每人只准在篮下跳摸篮板一次，无论摸到与否都必须返回。

(2) 裁判员要高声报出摸到次数，摸到篮板次数多的队为胜。

(3) 前后交接时，必须击掌为准，否则判其返回重新击掌后方可起动。

4."橄榄球"比赛

游戏目的：提高学生基本身体素质和对抗能力，培养团队协作的能力和集体配合的意识。

游戏方法：在足球场地内，将学生分成人数相等的两队，分别站在各自的半场内。在中线处开球后，拿球一方向对方前场发动进攻，手脚可以同时使用，但传球的时候必须用脚传球。用脚运球通过球门线算得分。在规定的时间内，得分多的一队为胜。

游戏规则：

(1) 队员手持球跑动不得超过 3 步。

(2) 通过球门线时，必须足球和队员一起通过，不得把球直接踢过球门线。

(3) 可以根据学习的目的，调整为传球时必须用头顶传球的方式。球通过球门线的方式也可以变换为顶球越过。

三、技能主导类同场对抗性项群与职业体能锻炼

1. 腹桥核心力量训练

动作方法：

(1) 双肘双脚平板支撑动作 15 秒(如图 6-43 所示)。

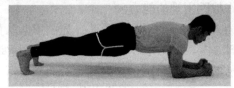

图 6-43　腹桥一

(2) 抬起右手向前平伸，左肘双脚支撑动作 15 秒，身体不要向左倾斜(如图 6-44 所示)。

图 6-44　腹桥二

(3) 右手还原，抬起左手向前平伸，右肘双脚支撑动作 15 秒，身体不要向右倾斜(如图 6-45 所示)。

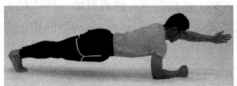

图 6-45　腹桥三

(4) 左手还原，抬起右腿向后平伸，高度不要超过头部，双肘左脚支撑动作 15 秒(如图 6-46 所示)。

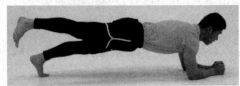

图 6-46　腹桥四

(5) 右腿还原，抬起左腿向后平伸，高度不要超过头部，双肘右脚支撑动作 15 秒(如图 6-47 所示)。

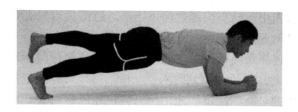

图 6-47　腹桥五

(6) 左腿还原，抬起左手向前平伸，身体不要向右倾斜，抬起右腿向后平伸，高度不要超过头部，右肘左脚支撑动作 15 秒(如图 6-48 所示)。

图 6-48　腹桥六

(7) 左手右腿还原，抬起右手向前平伸，身体不要向左倾斜，抬起左腿向后平伸，高度不要超过头部，左肘右脚支撑动作 15 秒(如图 6-49 所示)。

图 6-49　腹桥七

(8) 右手左腿还原，双肘双脚支撑动作 15 秒(如图 6-50 所示)。

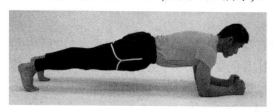

图 6-50　腹桥八

动作要领：颈部、肩胛、腰、臀保持在一条线上，身体不要侧倾。

锻炼部位：维持核心稳定性的关键部位，主要是位于腹部深层的腹横肌，以及脊柱周围小肌肉群。

适合群体：坐姿类、站姿类职业人群。

2. 绳梯训练

动作方法：

(1) 单步跨：每次只用一只脚快速跨向下一格。

(2) 双步跨：每次先用一只脚快速跨向下一格，随即另一只脚跟进到相同的格子，之后再用第一只脚跨入下一格，另一只脚随即跟进。

(3) 侧向双步：身体侧对绳梯，每次先用一只脚快速侧跨向下一格，随即另一只脚跟进到相同的格子，之后再用第一只脚侧跨入下一格，另一只脚随即跟进。

(4) 交叉步：身体侧对绳梯，每次先用一只脚快速侧跨向下一格，随即另一只脚跨入再下一格，之后再用第一只脚侧跨入下一格，另一只脚随即跟进再次跨入再下一格。

(5) 跳进跳出：身体正对绳梯，双脚同时跳入第一格，再同时分开跳出到绳梯两侧，然后再双脚同时跳入下一格，随即再次跳出到绳梯两侧。

(6) 单脚踩进踩出：身体正对绳梯，正面站在绳梯一侧，单脚交替踩进、踩出每一格。

(7) 双脚踩进踩出：身体正对绳梯，双脚先后踩进格子，再踩出到相应一侧。

(8) 快速双腿跳：身体正对绳梯，双脚同时跳入格子，再同时跳出到绳梯一侧，之后再同时跳入下一格，再同时跳出到绳梯另一侧。

动作要领：始终用前脚掌着地，双臂在身体两侧前后摆动，摆臂速度决定着脚步的速度。

锻炼目的：锻炼脚步移动速度以及动作频率、灵活性、敏捷性。

适合群体：站姿类、变姿类职业人群。

四、技能主导类同场对抗性项群的课程价值与职业素养

同场对抗类项群运动中，以足球和篮球为主要代表的球类项目在高校学生中很受欢迎，这类项目不仅在学生中有很高的人气，还带动一大批学生、教师参与进来。同场对抗类运动在竞技时需要正面对抗，对参与者的身体素质、技战术以及意志都有一定的要求。高职院校在开设此类课程时，结合课程思政要求，在进行教学的同时融入情意要素，不仅能帮助学生锻炼身体、磨炼意志，同时也能帮助学生发展心理和智能，培养爱国情怀和团结合作的意识。

1. 技能主导类同场对抗性项群的价值

1) 身体素质的培养

同场对抗类运动具有身体对抗较多的特点，要求参与的学生拥有比较健壮的体魄，以满足快速、激烈对抗的比赛的需要。其中力量、速度、灵敏、一般耐力和速度耐力等身体素质是这类运动的基础，也是学生能否长时间持续参与此项运动的关键。

2) 心理和智能的培养

同场对抗类运动对学生的心理素质有着很高的要求，不仅要克服对抗时的恐惧，同时还需要有不怕失败、百折不挠的毅力。此类运动可以帮助学生调整情绪、宣泄情感、提高注意力、培养意志品质等。在智能方面，学生在参与同场对抗类运动时要时刻观察队友和对方队员的动向，面对场上瞬息万变的局势要迅速做出反应，其复杂的技战术和比赛环境可以培养学生的观察能力、决策能力、抽象思维能力及独立创造力。

2. 技能主导类同场对抗性项群的内在意义

1) 培养学生的竞争意识

同场对抗类运动具有竞争性。它既是物质力量的竞争，也是精神力量的竞争。首先，

学生要有良好的身体素质、一定程度的基本技术和掌握简单有效的战术配合。其次要有坚强的意志品质、不怕挫折的毅力。在激烈的比赛中，要求学生要有饱满的情绪、高昂的斗志，要坚毅、果敢、自信、自制、不畏艰苦、勇往直前。在拼抢激烈、高度对抗的比赛中，在提高身体素质的同时，意志品质也得到了培养。学生参与这类运动时，竞争意识得到了加强，可以帮助学生磨炼意志，树立信心。

2）强化规则意识

同场对抗类运动(以足球、篮球为代表)发展到今天，已有 100 多年的历史，规则做了多次的修改与补充，越来越细致，逐渐趋于完善。这类运动在进行竞赛时必须在严密的规则下进行，才能做到公平、合理。违反了规则就要受到相应的处罚。学生在参加这类运动时，必须在规则的约束下进行活动，长此以往，可以增强学生行动的自觉性和自制性，有利于他们形成良好的意志品质，养成良好的组织纪律观念，提高行动的自我控制、自我约束、自我调节的能力。能够冷静地处理问题，在法律允许的范畴内，理智、客观地解决问题。

3）培养团结合作的能力

同场对抗类运动(以足球、篮球为代表)由于参加人数多，因此有强烈的集体性。学生在参与这类运动时要团结协作，相互配合，贯彻整体战术意图，形成一个整体，为集体争取荣誉。学生在参与时，无论处于什么位置、承担什么任务，所做的一切都是为了集体的荣誉而全身心地投入，通过这种团结协作来取得比赛的胜利。这类运动可以使学生有一个共同的奋斗目标，增强他们的凝聚力，培养集体主义精神。

4）培养学生终身体育的意识

如今，我国体育事业正在蓬勃发展，学生的体质健康受到广泛关注。高校学生在进行体育活动时更应该有目的、有规划，在培养兴趣、发展爱好的同时，培养意志品质，树立终身体育的观念。当下我国的高校学生，对同场对抗类运动的关注度很高，以足球、篮球为代表的运动深受学生喜爱，且各大高校都在大力发展足球、篮球运动，积极响应国家号召的同时，吸引越来越多的学生参与其中，帮助学生养成良好的运动习惯，树立终身体育的意识。

第七章 技能主导类隔网对抗性项群

技能主导类隔网对抗性项群的技战术表现在基本功熟练、扎实、全面、准确，有创新精神和独特的个性特征。战术反映个人和团队的完美结合；身体素质包括速度、灵活性、耐力和弹跳力，具有不屈不挠、敢于拼搏的意识，以及在场上自我控制、快速反应、集中注意力和临场应变的能力。在体育教学中要充分运用本项群特点，发展学生身体素质，同时培养学生求真务实、精益求精的精神；发挥学生个性，培养学生创新和吃苦耐劳的精神；充分利用"女排精神"、国球乒乓球的辉煌、曾经的羽毛球"梦之队"等事例来开展爱国主义教育。

第一节 排 球 运 动

一、排球运动概述

排球运动起源于 1895 年的美国，当时马萨诸塞州霍利奥克城青年会干事威廉·G.摩根发明了一种使用篮球胆在室内的网球网两边打来打去、使球不落地的游戏，由于游戏者参与时需要前后成排站位，故称为排球。随着排球技术水平的不断提高，规则也得到逐步完善。1947 年，国际排球联合会在法国巴黎成立。世界排球锦标赛、奥运会排球赛、世界杯排球赛为世界排球运动最高级别的比赛。1981 年，中国女排首次获得世界冠军，至 2019 年，中国女排在世界三大赛事中先后十度获得冠军的殊荣。女排团结协作、奋勇争先、顽强拼搏和永不言弃的精神激励着一代又一代青少年。目前排球项目主要有软式排球、气排球、硬排球等。

二、世界排球三大赛事

1. 世界排球锦标赛

世界排球锦标赛是由国际排球联合会(简称国际排联)主办的国际排球比赛，是最早的、规模最大的世界性排球比赛，每 4 年举行一届，受到各国普遍重视；原与奥运会同年举行，1962 年起改在奥运会后第 2 年举行(女子第五届除外)，冠军获得者可直接参加下届奥运会。

世界排球锦标赛始于 1949 年，最初只有男子比赛，女子比赛始于 1952 年。最开始比赛并不受洲际人数的限制，即提出参赛申请的队，都可获得参赛资格；但从 1986 年(男子第十一届，女子第十届)起，国际排联规定只允许 16 支球队参加世界排球锦标赛，因为排球运动已逐渐成为一项世界性的热门运动，希望获得参赛资格的国家越来越多。具体参赛资格为上一届比赛获得第 1 名到第 7 名的 7 支球队，举办国 1 个队，五大洲锦标赛 5 个冠军队，最后资格预选赛(巡回优胜杯)的前三名，共 16 支参赛队伍。

1994 年，国际排联对世界排球锦标赛的参赛资格作了修改，对国际排联直辖举办的最后资格预选赛参赛名额，从原来的前三名增加至前九名，取消"上一届世锦赛第 2 至第 7 名有当然参赛资格"的规定。

2. 世界杯排球赛

世界杯排球赛的前身是亚洲、欧洲和美洲"三大洲"排球赛。1964 年，国际排联将其更名为世界杯排球赛，世界杯排球赛是由全球高水平的男、女球队参加的国际性的排球比赛，每 4 年举办一次。自 1991 年起，世界杯排球赛被改为在奥运会的前一年举行，相当于是奥运会的资格赛。世界杯排球赛的参赛资格由举办国、当年举行的各大洲锦标赛的冠亚军、下一届奥运会的举办国共 12 支球队获得。采用单循环制进行比赛。

3. 奥运会排球赛

1964 年，在第十八届东京奥运会上，排球运动第一次被列为奥运会的比赛项目。奥运会是世界最高水平的综合性运动会，每 4 年举行一次。有资格参加的队是：各洲的冠军队、主办国的代表队、上一届世界排球锦标赛的前三名，还有由国际排联直接管辖的预选赛产生的 3 支球队，加起来共 12 支球队。

三、排球运动的特点

1. 广泛的群众性

场地可设在室内或室外，只要有一块空间，地板上、沙地上、草地上都可以进行排球活动。比赛规则简单、易于变通，参加人数可多可少，运动负荷能大能小，适合不同年龄、性别、体质和训练程度的人参加。

2. 技术的全面性与技巧性

按照排球比赛的规则，每个队员在比赛中都要进行位置轮转，队员既要到前排扣球与拦网，又要轮到后排防守与接应，每个队员都要全面地掌握各项技术，能在各个位置上比赛。同时比赛中球不能落地，不得持球、连击，击球时间的短暂、击球空间的多变，这些因素决定了排球的高度技巧性。

3. 激烈的对抗性

排球比赛中，双方的攻防转换是在激烈的对抗中进行的。高水平比赛中，对抗的焦点集中在网上的扣与拦。在一场势均力敌的比赛中，夺取一分往往需要经过六七个回合的交锋。水平越高的比赛，对抗也就越激烈。

4. 攻防技术的两重性

排球比赛是可以利用多种技术得分的项目，这在决胜局比赛中更加突出，所以说每项技术都具有攻防的两重性，这就要求参与者的技术既要有攻击性，又要有准确性。

5. 严密的集体性

排球是集体项目，参与其中的每个人都要付出努力。除了发球外，比赛都是在集体配合中进行的。没有集体之间的默契配合，个人技术就难以发挥，只有团结一致才能取得胜利。

6. 健身性、娱乐性

排球运动具有竞技与娱乐并存的特点，经常参加排球运动，不仅能改善人体中枢神经系统和内脏器官的功能状况，还能提高人的力量、速度、弹跳、灵活性、耐力等专项身体素质和运动能力。总之，经常参加排球运动会使人在兴奋与愉快中增进健康，强健体魄。

四、排球运动的功能

1. 具有振奋民族精神的作用

说到排球运动对民族精神的影响，就不得不提我国的女排精神。女排精神曾是时代的主旋律，是中华民族精神的重要象征，不仅影响了几代人积极投身到改革开放和社会主义现代化建设的伟大事业当中，还是中国体育的一面旗帜。弘扬女排精神有利于改善社会风气，引导学生树立正确的价值观，增强学生的思想道德意识。一个缺乏理想信念的民族，就是失去了精神支柱，失去了追求和目标，失去了前进的动力和方向的民族，这样的民族是没有任何希望和前途的。人总是要有一点精神的，越是艰苦的事业，越需要精神的支撑，必须用女排精神教育学生，发扬艰苦奋斗的精神，不畏艰险，自强不息，争做新时代的领航者。

2. 培养勤奋、助人、团结、拼搏的优秀品质

排球比赛中，要求球不能落地而且必须在 3 次以内(拦网触球除外)将球击过网，所以球员总要随时准备救被同伴因判断错误而无法接到位的球，甚至为了发挥本方的进攻力量而不惜奔跑扑救，以给下一次击球的人创造方便条件。因此，经常参加排球运动，可以培养参与者良好的体育道德作风和团结协作的集体主义精神，培养顽强拼搏的优秀品质。

3. 培养人的判断意识，提高配合及应变能力

排球运动在某种意义上是一项依靠判断的运动，尤其是在现代的排球比赛中，准确的判断已成为制胜的因素之一。判断的基础是眼观六路、耳听八方，通过观察对方和同伴的站位与动作、击球的声音等，预测将要发生的事情而快速做出决策。排球比赛也是一项靠集体配合来取胜的球类竞赛，个人特长的发挥往往是在同伴协助下取得的。因此，运动员在场上要相互协调，并不断观察同伴的意图，才能默契地与之合作。在排球比赛中，球既不能落地，又不能持球，使参加比赛的人必须具备较强的应变能力。因此，经常参加排球运动的人，既锻炼了体魄，愉悦了身心，又能提高应变、协调、配合的能力。

4. 培养与锻炼良好的心理素质

经常参加排球运动的训练或比赛，会学到很多控制自己情绪和调节自身心理的手段和方法，如连续失误时如何使自己尽快冷静下来而且不灰心，比分落后时如何沉着和不气馁，关键比分时如何冷静、自信等，都是对良好心理素质的培养和锻炼。

五、排球基本技术

1. 垫球

垫球是排球运动中运用最多、最基本的技术之一，它主要用于接发球、接扣球、接拦

回球，以及组织进攻等。垫球简单易学，便于初学者掌握。它可分为正面双手垫球、跨步垫球、体侧垫球、低姿垫球、背向垫球、单手垫球、前扑垫球、侧卧垫球、滚翻垫球、鱼跃垫球，以及挡球等。下面只介绍正面双手垫球。

正面双手垫球是最基本的垫球方法，是各项垫球技术的基础，侧卧垫球、背向垫球等都是在此基础上的适当变化。

动作方法：

(1) 准备姿势：正对来球，平行或前后开立站位，成半蹲姿势(如图 7-1 所示)。

图 7-1　垫球的准备姿势

(2) 手型：双手抱拳互握，两手拇指平行向前，称为抱拳式；两手掌根紧靠，两手手指重叠后合掌互握，称为叠掌式；两手腕部紧靠，两手自然放松，手腕下压，两臂外翻形成一个平面，称为互靠式(如图 7-2 所示)。

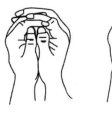  

抱拳式　　　　　　叠掌式　　　　　　互靠式

图 7-2　垫球的三种手型

垫球常见失误：顶肘压腕不到位造成屈肘、翘腕；挥臂击球不能控制球的落点、方向，甚至无法将球顺利击出；两前臂没有对准球或者垫击动作不正确以及判断不准确等造成垫球部位不合理；蹬地抬臂发力不协调。

动作要领：面对来球，两臂夹紧前伸，两手插到球下，蹬地跟腰前臂垫，击点尽量在腹前；重球撤臂缓冲接，轻球主动抬送臂(如图 7-3 所示)。

图 7-3　垫球技术动作

2. 传球

传球是通过全身协调发力，最终用手指、手腕的动作来完成击球，将球传至目的地的击球方法。它可分为正面传球、背面传球、侧面传球和跳起传球四种。此处只介绍正面传球(见图 7-4)。

动作方法：

(1) 准备姿势：判断球的落点，迅速移动，正对来球，稍蹲，上体抬起，双手自然抬起至胸前。

(2) 迎球：当来球下落接近额前时，开始蹬地、伸膝、伸臂，两手微张从脸前向前上方迎球。

(3) 击球：击球点在额前上方约一球距离处。

(4) 手型：当手触球时，两手应自然张开成半球形，使手指与球吻合，手腕稍后仰，以拇指、食指和中指托住球的后下部，手指手腕保持适当的紧张，以承担球的压力。两手拇指相对，接近"一"字形，用拇指内侧、食指全部、中指的二三指关节触球，无名指和小指在球两侧辅助控制传球方向。两肘适当分开，两臂之间夹角90°。

(5) 用力：传球动作是由多种力量合成。如伸臂力量，手指、手腕的反弹力，伸腿蹬地的力量，主动屈指屈肘的力量，以及球的弹力等。而正面传球主要靠伸臂的力量，配合蹬地的力量，通过球压在手上使手指、手腕所产生的反弹力将球传出。

动作要领：蹬地伸臂正对球，额前上方迎击球；触球手型成半球，指腕缓冲控制球。

图 7-4　正面传球

3. 发球

发球是排球比赛中一项重要的进攻技术，也是得分的重要手段。正确而有攻击性的发球可以直接得分或破坏对方的战术组成，减轻本方防守压力，为反击创造有利的条件。发球有正面下手发球、侧面下手发球、正面上手发球、正面上手飘球、勾手大力发球等。下面只介绍正面上手发球和正面下手发球。

1) 正面上手发球(见图 7-5)

正面上手发球便于观察对方场上情况，发球准确性高，易于控制落点和加大力量。

动作方法(以右手为例)：

(1) 准备姿势：面对球网，两脚自然开立，左脚在前，左手托球，上身前倾。

(2) 抛球：用抬臂和手掌的平托上送，将球平稳地垂直抛于右前方，高度适中。

(3) 击球：在左手抛球的同时，右臂抬起，屈肘后引，肘与肩平，上体稍向右转动，击球时，利用蹬地，使上体向左转动，同时收腹，带动手臂挥动。在右肩上方伸直手臂至最高点，用全手掌击球的中下部。击球时，手指自然张开吻合球，手腕要迅速主动做推压动作，使击出的球呈上旋飞行。击球后，随着重心前移，球员迅速进场比赛。

动作要领：手托上抛高 1 m，同时抬臂右旋体，弧形鞭甩应加速；全掌击球中下部，手腕推压要积极。

图 7-5　正面上手发球

2) 正面下手发球(见图 7-6)

动作方法(以右手为例)：

(1) 准备姿势：面对球网，左脚在前，右脚在后开立站位。两膝弯曲，左手持球至腹前。

(2) 抛球：左手将球轻轻抛在体前上方，高度适中。在抛球之前，右臂伸直以肩为轴向后摆动，右脚蹬地转体，身体重心向前移动，击球后移至前脚上。

(3) 击球：全手掌在腹前击球，五指自然张开成勺形，手指、手腕紧张；或虎口击球，四指并拢，大拇指自然张开，使虎口呈平面击球。

动作要领：腹前低抛球，转体带摆臂；击球后下部，控制球路线。

图 7-6　正面下手发球

4. 扣球

扣球是排球运动中最积极有效的进攻手段。扣球可分为正面扣球、调整扣球、勾手扣球、扣快球和自我掩护扣球等。下面只介绍正面扣球(见图 7-7)。

正面扣球是扣球技术中最基本的方法，由于面对球网，便于观察，准确性高，可根据对方拦网情况，随时改变扣球路线和力量，便于控制球的落点。

动作方法(以右手扣球为例)：

(1) 准备姿势：助跑前采用稍蹲姿势，两臂自然下垂，离网 3 m 左右，观察来球方向，做好随时向各个方向起跳的准备。

(2) 助跑：助跑步数根据球的远近和个人的习惯采用一步、两步、三步或多步法，最常用的是两步、三步助跑。以两步助跑为例：助跑时，左脚先向前迈出一步，接着右脚再迅速跨出一大步，左脚及时并上，踏在右脚之前，两脚脚尖稍向内扣。助跑时第一步要小，便于寻找和对正球的方向；第二步要大，便于接近球，使支撑点落在身体重心之前，重心自然后移和降低，从而有利于制动，并且要以右脚的脚跟先着地过渡到全脚掌着地，有利于制动身体的冲力，增加腿部肌肉的张力，提高弹跳高度。

(3) 起跳：在助跑跨出最后一步的同时，两臂绕体侧向后引，左脚在并上踏地制动的过程中，两臂自后积极向前上摆动，随着双腿蹬地向上起跳，两臂配合，用力向上摆动。

(4) 空中击球：起跳后，挺胸展腹，上体稍右转，右臂向后上方抬起，身体呈反弓形，挥臂时，迅速转体、收腹发力，依次带动肩、肘、腕各部关节成鞭甩动作向前上方挥动，五指微张呈勺形，以全手掌包满球，掌心为击球中心，击球的后中部，同时主动用力屈腕屈指向前推压，使扣出的球加速上旋。

(5) 落地：落地时，以前脚掌先着地再过渡到全脚掌着地，同时屈膝、收腹，以缓冲下落力量。

动作要领：助跑节奏由慢到快，一步定向两步跨；后步跨上猛蹬地，两臂配合向上摆；腰腹发力应领先，协调挥臂如鞭甩；击球保持最高点，全掌包球击上旋。

图 7-7　正面右手扣球

六、排球基本战术

排球战术是队员在比赛中根据排球规则、排球运动的规律，以及对方的具体情况和场上的变化，有目的、有计划地采用一些攻防配合，争取胜利的一些方法。

1. 进攻战术

进攻战术可分为"中一二""边一二""插上""二次球"和"后排进攻"，这里介绍"中一二"(见图 7-8)和"边一二"(见图 7-9)进攻战术。

"中一二"：由 3 号位队员做二传，2 号位或 4 号位队员进攻。该战术是进攻战术之一，战术比较简单，容易组织，是初学者的常用战术。

"边一二"：由前排 2 号位队员做二传，把球传给 3 号位或 4 号位队员进攻。这种进攻战术的优点是右手扣球者在 3 号位或 4 号位扣球都比较顺手，战术变化也较"中一二"多；缺点是 5 号位接一传时，离 2 号位距离较远，控球难度大。

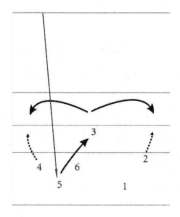

图 7-8 "中一二" 进攻战术

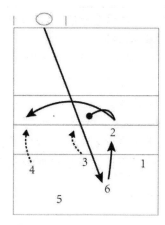

图 7-9 "边一二" 进攻战术

2. 防守战术

集体防守战术有双人拦网防守、单人拦网防守、无人拦网防守、集体拦网防守等。这里只介绍双人拦网防守。

双人拦网防守分"边跟进"防守战术(如图 7-10 所示)与"心跟进"防守战术(如图 7-11 所示)。

双人拦网防守一般在对方进攻实力较强、加强防守反击的情况下采用。

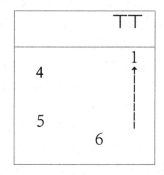

图 7-10 "边跟进" 防守战术

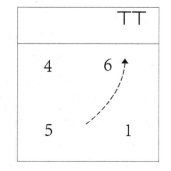

图 7-11 "心跟进" 防守战术

这种防守方式的缺点是拦网和防守队员之间的空隙较大，形成"中空"。

排球常用规则：

1. 正确的发球要求

在比赛中，某队获得发球权后，全队队员按顺时针方向轮转，由轮转到后排右即 1 号位的队员发球。球必须抛起，鸣哨允许发球后 5 秒内使球明显离手，用一只手或手臂任何部位将球击出，待球击出后，即可踏进场区。

2. 持球和连击的判断

(1) 对持球的判断。规则规定，如一名队员没有将球清晰地击出，或接触球时有较长时间的停留，则造成持球犯规。判断持球可从三个方面来考虑：一是停留时间；二是击球是否清晰；三是几种击球动作。

(2) 对连击的判断。如一名队员有明显的连续两次触球，而在这两次之间其他队员没有触球，则造成连击犯规(拦网触球除外)。

3．网上球的判断

(1) 过网犯规：包括过网拦网和过网击球两种犯规。过网拦网犯规是指在对方进行进攻性击球前或击球时，进入对方空间拦网主动触球；过网击球犯规是指扣球时击球点越过球网上沿的垂直面。

(2) 触网犯规：比赛进行中，队员身体任何部分触及 9.50 m 以内的球网和标志杆，则判为触网犯规。在比赛成死球后触网、球被用力击入球网而造成球网触及对方队员时，在室外有风的情况下因刮风使球网触及了队员都不算犯规。双方同时触及球网，应判双方犯规，重新发球。

第二节 乒乓球运动

一、乒乓球运动的起源与发展

众所周知，乒乓球是我国的国球，但乒乓球的起源却是在英国。19 世纪末，英国流行网球运动，一些人受其影响在饭后的餐桌上用书做球网，用纸板做球拍打起了"桌上的网球"，由于参与的人数增加，不断有人对这项运动进行改进，最终发展成今天的乒乓球运动。乒乓球这个名字的由来，最早源于美国，一个美国制造商因其击打时发出的声音，创造出 Ping-pang 这个词，所以我国在引进这项运动时将其命名为乒乓球。

19 世纪初，乒乓球运动在欧洲和亚洲逐步流行起来。1926 年，国际乒乓球联合会(ITTF)成立，紧接着举办了第一届世界乒乓球锦标赛。1988 年，国际奥委会正式通过了把乒乓球列为奥运会正式比赛项目的决定，从此乒乓球运动开始快速发展。

21 世纪开始，为了乒乓球运动更好地发展与进步，国际乒乓球联合会又进行了几项改革：一是从 2000 年 10 月 1 日起，使用直径 40 mm、重量 2.7 g 的大球，取代原先直径 38 mm 的小球；二是 2001 年 9 月 1 日起，使用 11 分制取代原先的 21 分制，并且在第二十二届世界杯赛上首先使用 11 分制；三是 2017 年 6 月 9 日，国际乒乓球联合会宣布，乒乓球混双将成为奥运会正式比赛项目，并且决定在接下来的东京奥运会上增设该项目。

二、乒乓球运动特点

1. 普及性、大众化

乒乓球运动最大的特点就是器材设备十分简单，随时随地都可以进行乒乓球练习；场地方便，室内外均可进行活动。其次，运动量可大可小，不受年龄、性别和身体条件的限制，上手难度较低，很容易被大众所接受。

2. 健身性

长期参加乒乓球运动可以增强体质，而随着水平的提高、活动范围的扩大，运动量也相应增加。参加乒乓球运动不仅发展了力量素质、速度素质和身体灵敏性、协调性，从而达到使肌肉发达、身体健壮、关节更加稳固的效果；还可以使心血管系统的结构和机能得到改善，心肌变得发达有力，心脏每搏输出量增多，提高心脏工作效率，促进身体的新陈代谢，提高整个身体机能水平。

3. 趣味性

乒乓球的前身是一种游戏，因其趣味性和娱乐性而受到人们广泛喜爱。现代人们更是把乒乓球当作放松休闲的方式，参与其中可以获得运动的愉悦与精神的放松。

4. 社交价值

通过参加乒乓球运动，可以相互交流经验，切磋球技，达到相互学习、共同提高的目的。

三、乒乓球基本技术

1. 球拍的握法

1) 直拍

直拍握拍法是一种常用的乒乓球拍握法，其特点是容易发球，接球反击容易进行近台处理。握拍时用食指和拇指扣住拍柄，另外三根手指轻轻托住球拍的背面(如图 7-12 所示)。

动作要领：用拇指和食指扣住拍柄；中指、无名指和小指并拢，稍稍弯曲，拖住球拍背面。

图 7-12 直拍握拍法

2) 横拍

横拍握拍法是最为常用的乒乓球拍握法之一，其特点是正反手都容易进攻，容易进行拍子的正反面交换。握拍时虎口位置位于正反面之间，握拍时手指不需要太用力，因为正手反手要来回切换，在击球一瞬间手指发力(如图 7-13 所示)。

动作要领：拇指按在球拍的正面；食指自然伸直。

图 7-13 横拍握拍法

2. 基本姿势

基本姿势指的是对任何来球都便于回击的站姿，其中最重要的就是双脚的间距。如果双脚的间距过大，身体的稳定性更好，但是移动比较慢。如果双脚的间距过小，身体便于移动，但是稳定性不足。所以双脚的间距应比肩稍宽。右手击球的话，左脚向前迈半步。这样的话，移动更加迅速，而且易于正手进攻。为了更加便于移动，可以将膝盖稍稍弯曲，身体重心稍稍前倾。但是背部不能弯曲，背部弯曲的话不容易发力。要在身体保持正直的同时前倾。为了能迅速回球，球拍的位置可以稍稍高于台面，而且为了便于正手和反手回球，球拍要放在身体正前方。

(1) 单步：以一只脚为轴，另一只脚向前、后、左、右不同方向移动，身体重心随之落在移动的脚上。

实战运用：接近网，削追身球。单步侧身攻，在来球落点位于中线稍偏左时，或对推中侧身突袭直线时，或对搓中提拉球时常用。

(2) 跨步：一脚蹬地，另一脚向移动方向跨一大步，蹬地脚随后跟上步或一小步，身体重心即移到跨步脚上。

实战运用：近台快攻打法，用来对付离身体稍远的来球。削球打法，左右移动击球。跨步侧身攻，当来球速度较慢，但离身体稍远时，完成侧身移动。

(3) 并步：一脚先向另一脚并半步或一小步，另一脚在并步脚落地后随即向来球方向移动步。

实战运用：快攻选手在左右移动中攻或拉球。削球选手正反手削球。并步侧身攻，多用于拉削球。右脚先向左脚后并一步，以便转体，随之左脚向侧跨一步。

(4) 跳步：以来球异侧脚用力蹬地，两脚同时离地向来球方向跳动。

实战运用：快攻选手左右移动击球，常与跨步结合起来使用。弧圈类打法由中台向左右移动时常用。跳步侧身攻或拉，但在空中需完成转腰动作。削球选手在接突击球时常采用，但以小跳步来调整站位用得较多。

3. 击球技术

1) 发球技术

每一回合，每一局比赛都是从发球开始的，任何一种打法的运动员，都力求根据自己的特点发出变化多端的球，给自己创造进攻的机会或限制对方第一板的抢攻。实践证明，发球在比赛中起着至关重要的作用。发球有平击发球、正(反)手发急球、正手发左侧上(下)旋球、反手发右侧上(下)旋球、正手发转与不转球、高抛式发球以及下蹲式发球等。

(1) 正手发左侧上、下旋球：正手发左侧上旋球时，手臂自右上方向左下方挥拍，球拍从球的右侧中下部向左侧面摩擦，手腕迅速上勾(如图 7-14 所示)；正手发左侧下旋球时，球拍由球的右侧中下部向左下方摩擦(如图 7-15 所示)。

动作要领：打侧旋要将球拍向下，以肘部为支点，使小臂进行击球；如果右手握拍，削球的左侧；发侧下旋时球拍向侧下削，击球内侧的下部。

图 7-14　正手发左侧上旋球

图 7-15　正手发左侧下旋球

（2）正手发下旋球与不转球：发下旋球时，持拍手向前下方挥摆，击球前拍面稍平，击球时手腕发力摩擦球的底部(如图 7-16 所示)；发不转球时，持拍手向前下方挥摆，击球前拍面稍竖直些，击球时不是摩擦球体而是推打球的中下部(如图 7-17 所示)。

动作要领：发下旋球时以肘部为支点，挥动小臂加手腕，球拍水平削；发不转球时姿势同发下旋球，用接近球拍柄的位置击球。

图 7-16　正手发下旋球

图 7-17　正手发不转球

（3）反手发右侧上、下旋球：持球手将球抛起时，持拍手快速向左上后方引拍，以球拍引至左肘下方外侧为宜，手腕适当内屈，拍面向左上方，待球在高点下降时，即向前击球。向前击球分两部分动作完成。从左右上方向右前下方挥摆为第一部分；从右前下方向右前上方挥为第二部分。这样，当发右侧下旋球时，用第一部分动作最后阶段击球，拍面从球的中下部向右侧下摩擦，触球后仍做第二部分动作，也称假动作(如图 7-18 所示)。当发右侧上旋球时，第一部分动作为假动作，不击球，用第二部分动作击球。触球时球拍从球的中下部向右上方摩擦(如图 7-19 所示)。

动作要领：击球时，肘部带动手臂向上方挥动球拍，在身体正面接球，摩擦球的右侧。

图 7-18　横拍反手发右侧下旋球

图 7-19　直拍反手发右侧上旋球

(4) 反手发急下旋球：发球时，持球手将球向上抛起的同时，右脚稍前，身体稍向后转，右手持拍于身体左侧，持拍手以肘关节为中心，前臂向前方横摆发力击球，拍面稍向前倾，击球的中上部；击球后，前臂和手腕继续随前挥动。

动作要领：击球时球拍倾斜，使用摆动小臂和手腕的动作击球；扭转身体，削球的下方；水平向前摆动。

2) 接发球技术

接发球是乒乓球技术中一个重要的组成部分，比赛中如果接发球不好，不仅会给对方较多的进攻机会，而且常会引起自己心理上的紧张和畏惧，造成一连串的失误。反之，如果接发球接得好，不仅有时可以直接得分，而且还可以破坏对方的抢攻，从而为自己的进攻创造有利的条件。常用的接发球技术有挡、推挡、搓球、削球、抢攻、抢拉等。

(1) 接平击发球：由于平击发球不带旋转，故接平击发球时，只要采用挡、推挡或攻球技术即可。

(2) 接左侧下旋球：接左侧下旋球时，球触拍后向自己的右侧下方弹出，因此，采用搓球回接时拍面后仰，并略向左偏斜，触球时应用小臂和腕部发力，向前下方发力摩擦球。对方来球越转，回接时摩擦球的力度也应越强。

(3) 接左侧上旋球：接左侧上旋球时，球触拍后向自己的右侧上方弹出，因此，采用推挡回接时拍面稍前倾并略向左偏斜，击球中上部偏右侧的部位，用力向前推挡，以抵消来球的左侧上旋力。如对方的球发到你的正手，也可采用攻球技术进行回击，球拍适当下压。

(4) 接下旋球：接近网下旋球时可采用搓、挑技术；接旋转强度较强的下旋球时，主要采用搓球技术；击来球下降期时，引拍比接一般下旋球稍高些，延长球在拍面上的摩擦时间。如果攻球回接，应注意调节球拍前倾角度，适当向上用力抬拉。

3) 反手推挡技术

推挡技术是我国直拍快攻打法的基本技术之一，它在直拍左推右攻打法中占有极其重要的地位。推挡技术的特点：站位近，动作小，速度快，变化多。它在比赛中常常会起到由被动变为主动的作用，所以推挡是乒乓球运动的最基本技术之一。

动作方法：站位近台，身体重心保持在两脚之间。击球时手臂快速向前伸，手腕外旋，食指压拍，在来球反弹的上升期向前击球，触球中上部。击球后，手臂继续前送一段距离再还原(如图 7-20 所示)。

动作要领：球拍垂直击球；球拍向前推进。

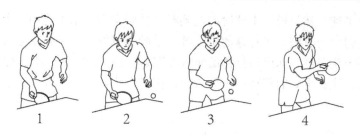

图 7-20 反手推挡

4) 搓球技术

搓球是一项过渡性技术，是接击下旋球的稳健击球方式。搓球动作与削球近似，是削球必须掌握的入门技术。学习时，应先学习反手搓球，再学习正手搓球。

(1) 反手搓球(见图 7-21)：近台站位，拍面后仰，屈臂后引击球。以前臂向前用力为主，配合手腕动作，根据来球旋转的程度调节拍面角度和用力方向。来球下旋强，用球拍触击球的底部，加大向前力度。针对下旋较弱的球，用球拍击打球的中下部，加大向下的力度。

动作要领：主动配合手腕发力，旋转需要加大力度。

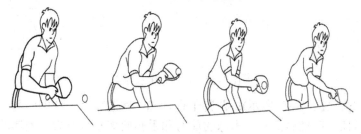

图 7-21 反手搓球

(2) 正手搓球(见图 7-22)：击球前身体稍向右转，向左上方引拍；击球时，前臂和手腕向左前下方用力将球击出。

动作要领：摩擦球的下方；球拍的运行轨迹是向斜下方。

图 7-22 正手搓球

5) 攻球技术

攻球技术是乒乓球的重要基本技术，是得分的主要手段之一，它具有快速有力的特点，能体现积极主动、快速进攻的指导思想，运用得好，能使对方陷于被动，从而取得优势。下面以正手快攻和反手攻球为例。

(1) 正手攻球(如图 7-23、图 7-24 所示)：基本姿势，击球前身体稍向右转，重心过渡至右脚，大臂随转腰向右引至身体右侧，同身体夹角为 35°～40°，前臂自然弯曲约 120°，球拍略前倾,手腕自然放松,击球时向左侧蹬地转腰发力带动手臂向球上方挥动迎击球。触球瞬间,前臂用力收缩,击打球的中上部,手腕辅以发力,身体重心过渡至左脚,球拍因惯性顺势挥至头左侧。球出后身体迅速恢复准备姿势,准备下一板击球。

动作要领:注意重心的移动;击球后身体恢复原状。

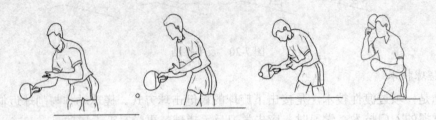

图 7-23 横拍正手攻球

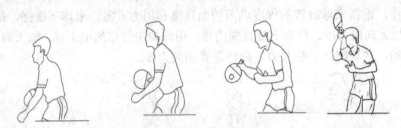

图 7-24 直拍正手攻球

(2) 反手攻球(如图 7-25 所示):两脚平行开立,腰髋略向左转的同时,带动前臂向后引拍,手腕稍后屈,肘部略前出,击球的前臂和手腕向球右方发力,触球的中上部,前臂和手背部的运行方向决定击球方向。

动作要领:利用挥动球拍的离心力击球,根据击球要求改变挥动球拍的角度和摆动轨迹。

图 7-25 反手攻球

6) 弧圈球技术

弧圈球是以旋转为主要特征的进攻技术,是乒乓球比赛中进攻得分的主要手段。弧圈球技术的主要特点是上旋性强、稳定性高、速度快、威胁大。

(1) 正手拉加转弧圈球(如图 7-26 所示):左脚在前,右脚在后,两膝微屈,重心落在右脚上。手臂自然下垂,球拍略前倾,当来球从台面弹起时,右脚蹬地,腰部向左上方转动,带动肩、上臂、前臂和手腕发力。在来球的下降期摩擦球的中部或中上部,击球后身体重心移至左脚。

动作要领：球拍弧线击球；手臂从下向上摆动；通过膝关节的动作，带动全身的力量击球。

图 7-26　正手拉加转弧圈球

(2) 正手拉前冲弧圈球(如图 7-27 所示)：左脚在前，右脚在后，两膝微屈，重心落在右脚上。引拍手向右后方引拍，引拍位置比拉加转弧圈球还要稍高。击球时间在高点期或者下降初期，拍面的前倾角度要比加转弧圈球大些，摩擦球的中上部位，击球后重心移至左脚。

动作要领：在弧圈球基础上，击球时的拍面前倾更多，角度更大。

图 7-27　正手拉前冲弧圈球

四、乒乓球基本战术

1. 推攻

特点：主要运用正手攻球和反手推挡的速度和力量，并结合落点变化和节奏变化来压制和调动对方，以争取主动或得分。推攻战术是左推右攻打法对付攻击型打法的主要战术，有反手推挡能力的两面攻运动员、攻削结合运动员等也常使用它。

方法：

(1) 左推右攻。

(2) 推挡侧身攻。

(3) 推挡、侧身攻后扑正手。

(4) 左推结合反手攻。左推、反手攻、侧身攻后扑正手。

注意事项：

(1) 推、攻都要有线路变化、落点变化和节奏变化，这是推攻战术争取主动和创造扣杀机会的主要方法。

(2) 推挡一般以压对方反手为主，然后突然变正手，以创造进攻机会。如果对方正手较差，才能以推对方正手为主。

(3) 在推挡中突然加力推对方中路，使对方难以用力回击，然后用正手或侧身扣杀。

(4) 遇到机会球时要果断扣杀，这是推攻战术得分的主要手段。

(5) 推攻战术要坚持近台，又不能死守近台，要学会近台和中台的位置转换，掌握对手节奏。

(6) 推攻战术对付弧圈类打法应坚持近台为主，用快推和加、减力推挡控制落点，伺机采用近台反拉或中等力量扣杀，然后进入正手连续进攻。

2. 两面攻

特点：主要利用正、反手攻球技术的速度和力量压制对方，争取主动和创造扣杀机会。两面攻技术是两面攻打法对付攻击型打法的主要战术。

方法：

(1) 攻左扣右。

(2) 攻打两角，猛扣中路。

注意事项：

(1) 正、反手攻球都要有线路变化和落点变化，以便创造扣杀机会。

(2) 要以压对方反手为主，然后攻击对方正手或中路，以创造扣杀机会。

(3) 遇到机会球时要大胆扣杀。

(4) 两面攻战术在主动进攻情况下要坚持近台，被动情况下可适当后退，在中近台或中台进行反攻。

(5) 两面攻战术对付弧圈球打法应坚持近台，用快带顶住对方的弧圈球，伺机采用近台反拉或中等力量扣杀，然后转入连续进攻。

3. 拉攻

特点：连续运用正手快拉创造进攻机会，然后采用突击和扣杀来作为得分手段。拉攻战术是快攻打法对付削球类打法的主要战术。

方法：

(1) 正手拉后扣杀。

(2) 反手拉后扣杀。

注意事项：

(1) 拉、扣的力量要有悬殊，以使对方措手不及。

(2) 拉球要有线路和落点变化以调动对方，争取主动和创造进攻机会。

(3) 遇到机会球时要大胆扣杀或突击。

(4) 采用拉攻战术要有耐心，不要急于求成，对没有把握的机会球不要过凶。

4. 拉扣吊结合

特点：由拉攻与放短球相结合而成，是快攻型打法对付削球打法的常用战术。

方法：

(1) 在拉攻战术的扣杀或突击后放短球。

(2) 在拉攻战术中放短球后，结合扣杀或突击。

注意事项：

(1) 拉攻中放短球，要在对方站位较远并且来球比较近网时进行，这样放短球的落点容易靠近球网，可增加对方向前移动的距离和难度。

(2) 放短球后扣杀时，如果对方靠台极近，可对准对方身体方向扣杀，这样往往能使对方难以让位还击。

乒乓球常用规则：

比赛以 11 分为一局，采用五局三胜制(团体)或七局四胜制(单项)。

不予判分的回合出现下列情况，应判重发球：

(1) 如果发球员发出的球，在越过或绕过球网装置时触及球网装置，此后成为合法发球或被接发球员或其同伴阻挡。

(2) 如果发球员或同伴未准备好时球已发出，而且接发球员或其同伴均没有企图击球。

(3) 由于发生了运动员无法控制的干扰，如灯光熄灭等原因，而使运动员未能合法发球、合法还击或未能遵守规则(如运动员与同伴相撞或者被挡板绊倒而未能合法回击，则不能判重发球)。

(4) 由于比赛环境受到干扰以致该回合结果有可能受到影响(如外界球进入赛场或者是足以使运动员大吃一惊的突然喧闹)。

回合中出现重发球以外的下列情况，应判失一分：

(1) 未能合法发球。

(2) 未能合法还击。

(3) 阻挡。

(4) 连续两次击球(如执拍手的拇指和球拍连续击球)。

(5) 除发球外，球触及本方台区后再次触及本方比赛台面。

(6) 用不符合规定的拍面击球。

(7) 双打中，除发球或接发球外运动员未能按正确的次序击球。

(8) 裁判员判罚分。

(9) 其他已列举的违例现象。

胜负的判别：在一局比赛中，先得 11 分的一方为胜方；比分出现 10 平后，先多得 2 分的一方为胜方。

第三节　羽毛球运动

一、羽毛球的起源与发展

早在 2000 多年前，我国就出现过一种类似羽毛球运动的游戏，叫打手毽，但并没有得到大面积普及。到了 14～15 世纪，日本出现了一种给樱桃插上美丽的羽毛当球，两人用木板来回对打的运动，大部分学者认为那就是羽毛球的原型。18 世纪时，印度的蒲那城也出现了类似今日羽毛球活动的游戏，以绒线编织成球形，上插羽毛，人手持木拍，隔网将球在空中来回对击。

现代羽毛球运动诞生在英国。1873 年，英国格拉斯哥郡的伯明顿镇一位叫鲍弗特的公爵，在庄园里进行了一次"蒲那游戏"的表演，因极富趣味性，这种室内游戏迅速传遍英国，自此羽毛球运动开始在全世界流行起来。

1877 年，第一本羽毛球竞赛规则在英国出版，标志着羽毛球运动从游戏慢慢演变成体育运动。1893 年，世界上第一个羽毛球协会在英国成立。1899 年，该协会举办了第一届"全英羽毛球锦标赛"，后来每年举办一次，沿袭至今。20 世纪初，羽毛球运动从斯堪的纳维亚传到英联邦国家，后又流传到亚洲、美洲、大洋洲，最后传到非洲。1934 年，国际羽毛球联合会成立，总部设在伦敦。1939 年，国际羽毛球联合会通过了各会员国共同遵守的《羽毛球规则》。1981 年 5 月，国际羽毛球联合会重新恢复了中国在国际羽联的合法席位。1988 年，汉城(现首尔)奥运会将羽毛球列为表演项目。1992 年，巴塞罗那奥运会将羽毛球列为正式比赛项目，从此羽毛球运动进入新的发展时期。2006 年，国际羽毛球联合会正式更名为羽毛球世界联合会，简称世界羽联。

目前，由世界羽联主办的世界重大羽毛球赛有全英羽毛球锦标赛、苏迪曼杯、世界羽毛球锦标赛、尤伯杯赛、世界杯羽毛球赛、汤姆斯杯赛、国际系列大奖赛等。

二、羽毛球运动特点

1. 普及性、场地无限制

羽毛球运动受到人们普遍欢迎的原因之一是它不受任何场地限制，无论是标准室内场地还是室外场地，甚至一块空地都可以进行。羽毛球运动适合男女老幼，运动量可根据个人年龄、体质、运动水平和场地环境的特点而定。

2. 健身性

无论是进行有规则的羽毛球比赛还是作为一般性的健身活动，都要在场地上不停地进行脚步移动、跳跃、转体、挥拍，合理地运用各种击球技术和步法将球在场上往返对击，从而增大了上肢、下肢和腰部肌肉的力量，加快了锻炼者全身血液循环，增强了心血管系统和呼吸系统的功能。

3. 娱乐性、趣味性

羽毛球作为一种娱乐活动，参与者在球的对击过程中，通过不停地奔跑，努力地去把球击到对方的场地。每当击球者在击出一个好球或赢得一个球时都能使自己兴奋并产生成功的喜悦。同时球的飞行又有快慢、高低、远近、飘转等变化，使这种运动本身充满了丰富的乐趣。

4. 观赏性

羽毛球技术的千变万化，使羽毛球运动有很高的观赏性。如猛虎下山的上网技术，蛟龙出水一样的跳起击球，身如满弓的扣杀，犀牛望月似的抢扑救球，进攻时似高屋建瓴、势如破竹，防守时的绵绵细雨、固若金汤。一切都在展示着羽毛球运动的力与美，使观赏者像吟诵一首动人的诗，如浏览一幅悦目的画，令人心旷神怡，流连忘返。

三、羽毛球运动基本技术

1. 握拍法

1) 正手握拍法

用握拍手手掌同侧的拍面击球叫正手击球，正手击球时的握拍方法为正手握拍法。

方法：握拍手虎口对着拍柄窄面内侧小棱边，拇指和食指稍分开，中指、无名指和小指并拢握住拍柄，掌心不要紧贴，拍柄端与手腕部的小鱼际平，拍面与地面垂直(如图 7-28 所示)。

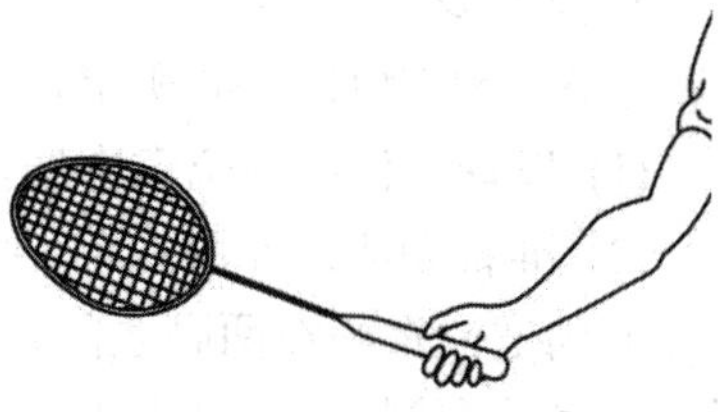

图 7-28　正手握拍

2) 反手握拍法

用握拍手手背一侧的拍面击球叫反手击球，反手击球时的握拍方法为反手握拍法。

反手握拍(如图 7-29 所示)有下述两种形式：① 在正手握拍的基础上，把球拍稍微外旋，拇指上提，食指收拢，拇指压住拍柄的宽面，食指、中指、无名指和小指并拢。② 在正手握拍的基础上，把球拍稍微外旋，拇指上提，食指收拢，形成拇指压住拍柄的内侧小棱边上，食指、中指、无名指和小指并拢。

图 7-29　反手握拍

3) 特殊握拍法

上述的正、反手握拍法对于击高球、吊球、杀球、反手球、挑球、推球、抽球、挡球等比较用力击球的动作较适宜。在特殊情况下，如网前的封网，搓球、勾球、扑球、拨球，接杀勾球及被动放网前球时，可采用特殊握拍法。如封网前球时，拍面与地面平行，虎口对准拍柄的宽面，其他手指位置与正常拍法时相同，这种握拍法被称为西式握拍法，双打站在网前封网者，使用这种方法比较有利。在处理网前搓球、扑球、拨球、勾球，正、反手接杀勾对角球，正、反手被动放网前球时，握拍法均在一般握拍法的前提下，手指及掌心的空隙等有细微的改变，以使击球更富灵活性和威胁性。

握拍易犯的错误：

① 握拍手的虎口没有对着拍柄窄面内侧的小棱边上。

② 各手指在握拍时相互靠得太紧，如同握拳头。

③ 掌心与拍柄之间完全没有空隙。

④ 食指伸直按在拍柄上。

⑤ 握拍时握得太紧，造成手腕过分僵硬不利于发力。

⑥ 握拍位置太靠上，造成柄端露出太长，影响杀球动作。

⑦ 以一种握拍法去处理各种球，不利于提高击球的灵活性和威胁性。

2. 发球技术

发球是羽毛球运动的一项重要技术，它的质量往往直接影响到一个回合比赛的主动与被动。按发球姿势不同，可分为正手发球和反手发球；按发球时球在空中飞行的弧线不同，可分为高远球、平高球、平快球和网前球。正手发球可发出高远球、平高球、平快球和网前球；反手发球由于受挥拍距离较短的限制，只能发平高球、平快球和网前球。

1) 正手发高远球

动作方法(如图 7-30 所示)：

(1) 发球站位：站位靠中线，距前发球线 1 m 之内。

(2) 准备姿势：左脚在前，左脚尖朝向球网，右脚在后，右脚尖朝向右前方，两脚间距与肩同宽，重心在两脚之间，自然放松站立，身体稍侧向球网。右手正手握拍，自然屈肘举于身体右侧；左手以拇指、食指和中指轻持球，举在胸前，两眼注意观察对手的站位、姿势、表情。

(3) 引拍动作：身体稍向右转，左肩向球网，两脚重心转移至右脚；右臂向右后上方摆起，完成引拍动作。

(4) 挥拍击球动作：完成引拍动作之后，紧接着两脚重心随着上体由侧面转向正面，前移至左脚，右脚跟提起，上体微微前倾，右前臂向侧下方挥动至上体由侧面转向正面时，左手开始放球，此时右手腕部尽量伸展，准备做最后击球动作，右前臂完成向侧下方挥动后，紧接着往上方挥动，此时右前臂内旋，使腕部动作由伸展至微屈。击球瞬间，手指紧握球拍，完成闪腕动作。

(5) 随前动作：完成击球动作之后，右前臂继续内旋，并随着挥拍的惯性，自然向左肩上方挥动，然后回收动作至胸前。

动作要领：左手放球，右手引拍；击球时右手前臂急速回旋，腕指发力；重心前移，动作自然；随前动作，收拍体前。

图 7-30　正手发高远球

2) 正手发平高球

动作方法(如图 7-31 所示)：发球站位、准备姿势、引拍动作，挥拍击球动作与发高远球动作的基本一致，只是在击球一瞬间不是产生最大的向前上方挥动的爆发力，而是产生有控制的发力。随前动作也不必向左肩上方挥动，可以在击到球之后便产生制动，随前动作不必太高，只在胸前即可。

动作要领：动作类似发高远球；击球需要控制发力；随前不需要太高。

图 7-31　正手发平高球

3) 正手发网前球

发网前球是把球发在对方区内前发球线附近，特点是球的飞行速度较慢，飞行弧度较低，球贴网过去。

动作方法：站位姿势同平高球，发球时挥拍幅度较小，击球瞬间不需紧握拍柄，而是利用手腕和手指的力量从右向左横切推送，将球轻轻发出使球贴网而过。

动作要领：引拍幅度小，击球控制好，尽量擦网过，角度要注意。

4) 反手发网前球

动作方法(如图 7-32 所示)：

(1) 准备姿势：面向球网，右脚在前，左脚在后，脚跟提起，重心放在右脚，上体稍微前倾，右手采用反手握拍，左手拇指和食指捏住羽毛，球托向下，斜放在拍面前面。握拍时，为了缩短球拍的力臂，握在拍柄的前端，肘关节抬起，手腕前屈，以便更好地控制发球的力量。

(2) 挥拍击球动作：挥拍击球时球拍稍微向后摆，并不停顿地接着向前挥动，右前臂向斜前上方推送，同时带动手腕由屈到微伸而向前摆动，并利用拇指的顶力，轻轻地"切"击球托的侧后方。

(3) 随前动作：击球后，前臂上摆至一定高度即停止。

动作要领：动作小，出球快；用力要轻，主要靠"切"送。

图 7-32　反手发网前球

3. 接发球技术

准备姿势：

(1) 单打：一般左脚在前，右脚在后，侧身对网，重心放在前脚，膝关节微屈，后脚跟稍提起，收腹含胸，注视对方发球的动作。

(2) 双打：膝关节屈多一些，以便能直接进行后蹬起跳。也有的接发准备姿势是以右脚在前、左脚在后的，这种姿势仅少数人采用。

接发球站位：

(1) 单打：站在离前发球线约 1.5 m 处，在右区应站在靠近中线的位置，以防发球方以平射球攻击头顶区域。在左区则站在中线与边线的中间位置上。

(2) 双打：① 一般站位法：站在离中线和前发球线适当距离的地方，在右区时注意勿把右区的后场靠中线区暴露出来，在左区时注意保护头顶区。② 抢攻站位法：站得离发球线很近，前脚紧靠在前发球线，身体倾斜度较大，球拍高举。③ 稳妥站位法：站在离前发球线有一定距离的地方，身体类似单打站位法，这种站位法是在体力或者注意力跟不上比赛的情况下采用的过渡站位法。④ 特殊站位法：以右脚在前，站位和一般站位法类似，接网前球时右脚一步蹬上网击球。

4. 击球技术

1) 高远球

高远球主要是迫使对方离开中心部位到最远的地方击球，或者当自己位置错乱时，击这种球来争取时间回到中心部位。

(1) 正手击高远球：击球点在身体的右侧方，用正拍面击出的高远球。它可分为原地正手击高远球和起跳正手击高远球两种。

方法(如图 7-33 所示)：击球时，首先要判断来球的速度、高度和方向，快速移动脚步到降落点的位置，使击球点尽量选择在右肩稍前的上空；身体侧向球网，左脚在前，右脚在后，身体重心放在右脚上，上体和头稍后仰，然后右手屈臂将拍子举到肩上，拍面朝网以便准备挥拍击球；当球下落到接近击球点的高度时，握拍手前臂向后移动，肘关节向后侧抬高，球拍后引到头后，自然伸出；接着在右腿蹬地和腰腹协调用力下，大臂带动前臂向上，肘关节迅速上升，前臂明显向前"甩"出，触球时手臂伸直，"闪"动手腕(前臂突然内旋至腕屈、收)，击球的后下底部，把球向前上方击出。

动作要领：持拍上提并后引，挥拍转体肘为轴，击球点在右肩上，击出球后要随前。

图 7-33 正手击高远球

(2) 反手击高远球：当球飞向左后场时，变成反手握拍法，用反拍面击出的高远球。

方法(如图 7-34 所示)：当判断来球是在左后场区上空，决定采用反手击高远球时，即刻起动，左后转身向球的降落点移动。同时，将正手握拍法变为反手握拍法，右肘关节往左移，握拍要放松，举拍于左胸前；当右脚向左后场区跨出最后一步时，重心移到右脚上，膝关节微屈，左脚在后，脚跟提起脚，掌内侧点地，背向球网，头上仰，眼盯球，击球点选在右肩上方；当球降落到适当高度时，右脚蹬地，上体往后伸展以带动右肘关节往上提，形成肘关节先行，以带动前臂加速往上挥拍击球；击球时，手腕由原来屈的姿势经前臂内旋至加速伸腕闪击,紧握拍柄,拇指顶压,将球击出。

动作要领:握拍变化规范,手腕爆发发力,击球点是关键,身体尽快回位。

图 7-34 反手击高远球

(3) 头顶击高远球:采用正手握拍法,击球点在头顶的前上方,用正拍面击出的高远球。

方法(如图 7-35 所示):准备击球时,右脚在后,上体向右后仰,击球点选择在头顶前上方或左肩上方。右臂的肘关节高举过头,稍靠近头部,使球拍绕过头后再向前挥摆。在挥拍过程中,前臂稍内旋带动手腕向后伸经内旋往前屈腕,同时肘关节急速制动以鞭打状产生爆发力,将球击出。

动作要领:要领与高远球类似,区别是击球点在头顶上方。

图 7-35 头顶击高远球

2) 扣杀球

在尽量高的击球点上,用力挥击,将球击到对方场区内,称为扣杀球。扣杀球是争取得分的主要手段。包括正手扣杀球、头顶扣杀球、反手扣杀球、劈杀球和突击杀球等。

(1) 正手扣杀球:当来球是在自己右侧上空的高球时,正手握拍,用正拍面扣杀球。它可分为原地正手扣杀球和起跳正手扣杀球。

方法(如图 7-36 所示):准备姿势和动作过程与正手击高远球相似,其技术方法上的区别在于发力要求不同,扣杀球要充分利用腰腹和肩关节的力量,击球的一刹那用全力,前臂快速带动手臂下压。

动作要领:杀球找准击球点,腰腹肩部要协调,小臂旋转爆发力,击球瞬间快下压。

图 7-36　正手扣杀球

(2) 反手扣杀球：当来球是在自己左侧上方的高球时，反手握拍，用反拍面扣杀。方法与反手击高远球的方法基本一致，其不同点是击球时拍面角度较小，且发力方向是前下方，如图 7-37 所示。

动作要领：动作和反手击高远球一致，区别在于拍面角度小且发力向前下。

图 7-37　反手扣杀球

3) 吊球

在中、后场的高球，运用劈切或拦截的技术动作，使球轻轻地落在对方网前区，称为吊球。吊球可分为劈吊球和拦吊球。根据击球姿势的不同又可分为正手吊球、头顶吊球和反手吊球。

(1) 正手吊球：击球动作前期和正手击高远球、正手扣杀球相似，但用力较轻。其动作近乎劈杀球，着重于手腕、手指的运用和控制。挥动球拍时(吊对角线)拍面前倾，在击球的一刹那，前臂突然减速，利用手腕的快速"闪动"，向左下"切削"，球拍触球托的偏右部位。若劈吊直线球，其前期动作相同，只是在球拍触球时，拍面正对前方，向前下方"切削"。

动作要领：动作类似正手击高远球，区别是挥拍用力轻，主要靠手腕的快速"闪动"来"切削"。

(2) 头顶吊球(如图 7-38 所示)：来球为左后场区上空的高球，击球点选择在头顶的前上方，正手握拍，用正拍面吊球。其方法与头顶击高远球的方法类似，不同的是击球力量较小，击球瞬间应放松，切击球；拍面的仰角小；吊球时，前臂应内旋带动球拍自右往左挥动，手腕放松，手指控制好拍面角度。

动作要领：动作类似头顶击高远球，区别是击球力量小，手腕控制拍面角度。

图 7-38　头顶吊球

(3) 反手吊球：来球为左后场区上空的高球，反手握拍，用反拍面吊球。反手吊球的方法与反手击高远球的方法类似，不同的是挥拍的速度较慢，力量小，拍面角度小，运用手腕的转动切击球托。

动作要领：动作和反手击高远球类似，区别是挥拍慢，角度小。

4) 网前击球

网前击球是调动对手、变化战术和解决战斗的重要技术手段，包括放网前球、搓球、挑球、推球、勾球、扑球等。当代羽毛球运动正向快速、全面进攻的方向发展。从场区的角度来讲，后场和中场固然重要，而前场网前也越来越成为双方争夺的重要场区。如果技术占优势，就可以通过前场技术为中场、后场的进攻创造机会，使前后场技术密切衔接，有助于取得比赛的主动权。击网前球应使球正好过网，离网不高、不远，这样才不容易被对方扑杀和还击。要想把网前球打好，首先要以快速合理的上网步法为基础，只有快速到位争取从网前较高部位击球，才能给对方更大的威胁。

(1) 放网前球：接对方网前球时，用球拍轻轻一托，将球向上弹起恰好一过网就朝下落。

方法：判断来球方向，侧身向球的方向移动，最后一步用左脚后蹬，右脚向球的方向跨弓箭步，上体稍前倾，重心在前脚，右臂伸向前下方，正拍面或反拍面朝上迎击球托底部。触球时，主要靠手腕控制球拍向前上方轻轻一托，使球越网而过。

(2) 搓球：在网前用球拍切击球托，使球旋转翻滚越过网的击球技术。

方法：在上网时与放网前球的动作一样，不同点是最后一步跨出后，身体重心高一些，以争取较高的击球点。正手搓球时，在伸臂举拍时应稍屈肘，展腕，然后再以肘关节为轴，通过小臂的外旋及收腕动作，用正面切削球托的后底部使球翻滚过网；反手搓球时，屈腕使球拍略下垂，然后再伸前臂，用反拍面切削球托的后底部使球翻滚过网。

(3) 挑球：把对方击来的网前球，挑高回击到对方后场去。

方法：与放网前球的方法类似，区别在于挑球时以小臂带动手腕发力，做弧形挥拍。

5) 低手击球

低手击球属于防守性技术，发挥得当能收到守中有攻的效果。低手击球技术包括挡球、抽球和接杀球等。将低于头部的球用抽击的方法击回称为抽球。在中场区，针对对方打过来的肩部至头部区域的平快球，采用半蹲姿势快打，用正手或反手的下手击球动作，使球平飞过网，以还击对手的扣杀，称为接杀球。

(1) 正手抽球：判断来球，快速移动到右后场，最后一步以右脚向球下落的方向跨出，上身向右后倾，重心移向右脚。正手握拍右臂屈肘举拍于右肩上方。击球时，主要靠前臂带动腕部做"抽鞭式"的向前"闪动"将球击出。

(2) 反手抽球：判断来球，转身快速移动到左后场，由正手握拍变成反手握拍；最后，右脚向球的下落方向跨出，背对球网，重心落在右脚上，右臂屈肘举拍于左肩上方。击球时，以上臂带动前臂沿水平方向做半圆形挥拍，在手臂基本伸直时，手腕用力向后方"闪动"挥拍击球。

四、步法

优秀的步法意味着球员能够最高效地移动，并在击球后返回中心位置。聚焦中心位置是羽毛球运动中的一项基本战术要素，特别是在单打比赛中。从场地中心到达所有角落都很容易，这意味着这里是等待对手回球的最佳位置，因此，球员应该关注在对手回球之前回到中心位置的问题。此外，迫使对手满场飞奔是一种优秀的战术，因为这样对手很难返回中心位置。

1. 跨步

跨步是一种朝前面、侧面或后面的长距离步伐。借助跨步，球员可以一到位就打到球。完成跨步后，球员不能停滞，必须快速返回原来的位置，因此要确保跨步脚的膝盖不能超过脚趾位置。上半身还应该尽可能保持直立，但这并非在所有的比赛情形下都能够做到。跨步的步伐顺序从启动步开始，随后左脚跨出一个中间步，以便从双腿站立的预备位置向前移动。左脚迈出后，右脚再朝向网前迈出一个跨步。

使用跨步时：球员在击球之前直接迈一个长距离的跨步，目标位置通常是前场的最左边或最右边；在右侧的正手角，右脚位于前面，左脚原地不动，便于球员再次轻松回位；在左侧的反手角，左脚应该向前移动，以便球员能够轻松回位；移动时右膝不能超过踝关节，以便球员能更轻松地回撤；可以使用反手或正手击球。

2. 剪式跳

剪式跳是一种反向移动技术，球员在向后跳跃时击球，可以节省很多时间，这意味着他可以再次向前直线移动。起跳击球完成后，球员一落地就要尽快向前移动。剪式跳用于打远球，尽可能打向对手的后场底线。这种击球始终是头顶击球，可以打吊球、高远球或杀球。由于球员在空中，无法像双脚着地那样准确完成击球，从这个位置打吊球的难度很高。

使用剪式跳时：球员在向后移动时击打羽毛球；左髋部首先向前移动；在起跳击球过程中，骨盆扭转并且右髋部向前送；在起跳击球过程中，肩部也应该扭转，左手手肘拉回，而且右肩部向前移动；向后跳跃后，重心最后落在左脚上，球员在落地后可以直线迈出右脚，以便开始向前移动；左手举高，以便在跳跃过程中实现平衡与瞄准。

3. 中式跳

中式跳类似于剪式跳，二者均在飞行阶段(双脚均离地)中击球，同时球员向后移动。但与剪式跳的不同之处在于，球员不仅要向后移动，而且要移动到后场角落。右角更容易到达，由于头顶击球必须在左角完成，因此它比在右角完成的正手头顶击球更加复杂，风险也更大。中式跳完成后落地时，也应该一脚在前一脚在后，便于球员落地后向前移动。使用中式跳时很难打出吊球，因为跳跃阶段中的击球准度会大大降低。

使用中式跳时：球员双脚离地，在空中完成击球；始终做头顶击球，球员双脚着地，身体重量落在右脚或左脚上，这取决于他的移动方向是反手角还是正手角；上半身略微扭转，可以打与球网平行的正手或反手球，还可以打出向后或向前的斜线球。跳杀非常有效，同时也非常消耗体力。起跳后击球可以打出高速球，从而减少对手的反应时间。使用杀球必须准确并得分，否则如果对手的回球出乎意料，球员就会陷入麻烦，而且球员跳杀后双脚同时着地，因此很难从后场底线跑到场地中心。跳杀的速度与力量都很惊人，因此是羽毛球运动中最精彩的击球方式。

五、羽毛球的常见战术

1. 拉吊突击

拉吊突击，顾名思义，就是拉开对方的位置，寻找机会，下压突击的一种得分手段。拉吊突击，是用高球、吊球来拉开对手，当对手不能及时回到场地中间或失去重心时，抓住对手的弱点和空挡进行有效的突击。

2. 下压抢网

对方发高球以后，马上争取下压，下压的目的不是争取马上得分，而是通过下压争取网前的主动，争取下一拍的主动进攻。下压抢网以杀吊进攻为主，迫使对方在被动的情况下把球回到网前，然后自己快速上网，用搓、推、勾、扑等技术手段赢取主动。

3. 压后场

压后场即通过压对方的两个底角，造成对方网前出现漏洞，来控制网前，获取主动。压后场是指重复使用平高球，压住对手的两个底角，当对手回球不到位或回球质量不高时，把球打到对手的空当，进而得分。

4. 压反手

压反手是比较实用的战术，通过调动对方的位置，比如先调动对方上网，暴露对方后场空挡后，再通过打对方的头顶区，迫使对方出反手，导致回球不到位，争取下一拍的主动进攻。发网前平球，挑球到对方反手后场，再杀对方正手，得分。

5. 发球抢攻

发球抢攻是指通过发网前球、追身球或者发平球等方式，打乱对方的战术节奏，创造第三拍的主动进攻机会。

6. 杀中路

通过拉开对方的四个点，趁对方防备不足时，打对方中路，打追身球。先拉开对方寻找时机，在对手回中时，突然杀追身球得分。比如接发球，用高远球打对方正手位，再用高远球压住对方反手，对手回中时，出其不意杀中路追身，得分。

羽毛球常用规则简介：

发球规则：双方采用挑边的规则来决定发球方和场区。

挑边赢者将优先选择是发球或接发球，以及球场半场区的选择。

比赛开始时，双方需在右发球区发球或接发球，得分为奇数在左发球区发球，偶数在右发球区发球。

计分制度：羽毛球的比分是采用 21 分制，双方分数先达 21 分者胜。

一方先得 21 分且领先至少 2 分，这时算该局获胜，否则继续比赛。

若双方打成 29 平后，一方领先 1 分，即算该局取胜。

比赛中的出界：单打的边线是内侧边线的外沿，双打的边线是外侧的外沿。

违例细则：

(1) 发球不合法违例。

(2) 发球员发球时未击中球。

(3) 发球时，球过网后挂在网上或停在网顶。

(4) 界外球：

① 球落在球场边线外。

② 球从网孔或从网下穿过。

③ 球不过网。

④ 球碰屋顶、天花板或四周墙壁。

⑤ 球碰到运动员的身体或衣服。

⑥ 球碰到场地外其他人或物体。

(5) 比赛时，球拍或球的最初接触点不在击球者网的这一方(击球者击球后，球拍可以随球过网)。

(6) 球网附近的违例：

① 运动员球拍、身体或衣服触及网或网的支持物。

② 运动员的球拍或身体，以任何程度侵入对方场区。

③ 妨碍对手，如阻挡对方紧靠球网的合法击球。

(7) 比赛时，运动员故意分散对方注意力的任何举动，如喊叫、故作姿态等。

(8) 连击违例：

① 击球时，球夹在或停滞在拍上紧接着又被拖带。

② 同一运动员两次挥拍连续击中球两次。

③ 同一方两名运动员连续各击中球一次。

④ 球碰球拍继续向后场飞行。

第四节　网球运动

一、网球运动的起源与发展

1. 起源与发展

网球是一项优美而激烈的体育运动，通常在两个单打球员或两对双打组合之间进行。随着历史的变迁，这项运动在球拍、场地、击球方式以及战术等方面发生了巨大的变化，而在比赛规则、场地尺寸等方面变化甚少。与以往细腻的技术相比，速度和力量成为现代网球的主旋律。高度的商业化、科技的快速发展把网球运动推向一个又一个新的高度。

网球作为个人运动项目，与高尔夫球、保龄球、桌球并称为世界四大绅士运动。网球起源于 12～13 世纪的法国，当时的法国传教士常常在教堂回廊里玩一种用手掌击球的游戏，将球击到墙上再反弹回来，如此反复地击球，以此调节单调刻板的教堂生活。14 世纪中叶，法国王储把这种游戏介绍给英王亨利五世，受到英王的喜爱，从此在宫廷、贵族以及教堂中流行起来。16～17 世纪是法国与英国宫廷内网球活动最风靡的时期，人们开始使用皮质手套击球，再然后又开始使用一种羊皮制作的木质球拍。在这段时期，网球逐渐从一种游戏变成了比赛项目。由于当时参加这种比赛或活动的大都是王室成员、贵族男女等社会上层人士，因此网球运动被称为"贵族运动"。正是由于这段历史，现代网球运动始终保持着一种文明、高雅的文化氛围。

1896 年，在雅典举行的第一届奥运会上，网球男子单打和双打被列为正式比赛项目，但是后来因为奥组委和网球联合会在"业余选手"与"职业选手"的界定上存在分歧，连续 7 届奥运会的网球项目都被取消，一直到 1988 年的汉城奥运会才重新被列为正式比赛项目。

2. 网球顶级国际赛事——四大满贯赛事

澳大利亚网球公开赛：四大满贯赛事中每年最先登场的，于每年 1 月的最后两个星期在澳大利亚的墨尔本举行。澳大利亚网球公开赛自 1905 年创办以来，至今已经走过了 100 多年的历史，也是最年轻的大满贯赛事。

法国网球公开赛：通常在每年的 5 月至 6 月举行，罗兰加洛斯网球场建筑风格古典优雅，它也是四大满贯中唯一一项主裁可以下场查看球印的赛事。慢速的红土场地利于底线对抗，男子比赛打上四五个小时很常见。在这样的球场获胜，除了技战术外，球员还需要具备惊人的体力和毅力。

温布尔登网球公开赛：通常举办于 6 月或 7 月，是大满贯赛事中唯一使用草地球场的赛事，也是网球运动中最古老和最具声望的赛事。比赛中，球员的比赛服装甚至鞋底的颜色都只能是白色。赛场内很少出现商业标志，没有广告牌。"传统的，才是世界的"，这是对温布尔登网球公开赛最经典的概括。

美国网球公开赛：每年度最后一项网球大满贯赛事，也是四大满贯中总奖金最高的赛事，通常在 8 月底至 9 月初于纽约 USTA 国家网球中心举行。第一届美国男子网球锦标赛于 1881 年 8 月在美国罗得岛的纽波特的娱乐场(Newport Casino)举行。

二、网球运动的特点

1. 健身性

网球运动是集技术、战术、体能并重的比赛项目，比赛强度大、运动时间长，需要有良好的力量、速度、耐力、柔韧性和灵活性等身体素质。研究表明，经常从事该项运动，可以促进人体的新陈代谢，促进人体机能的正常运转，改善神经系统的功能，保持人体内部环境与外部环境的平衡，对人体健康具有积极的促进作用。

2. 观赏性

网球是一种技巧性很强的对抗运动，需要运动员有充沛的体能、精湛的技艺、巧妙的战术以及良好的心理素质，以及顽强拼搏、不屈不挠的精神。现代先进的网球打法，具有"快、狠、准、变"的特点，要求运动员既能"满场飞"，又能凌空跳跃击球，斜飞鱼跃救球，等等。比赛规则限制场外指导员现场指导，这也可以使运动员体现出临场发挥能力和展现个性。

3. 适应人群广

网球是隔网的对抗项目，不需要身体接触，因而安全、文雅，老少皆宜。从少年儿童到中老年人，可以根据个体的体能状况进行锻炼。另外，打网球需要有一个对手或球友，通过打网球可以增进友谊，加强团结，交流球技，开展社交活动。

三、网球运动基本技术

1. 正手击球技术

现代正手技术最重要的特点是通过提高角动量和强烈的上旋来增加击球的穿透力。现代正手技术随着击球力量、旋转和击球点的提高而不断地得到完善，表现出更大的击球力量。

动作结构：引拍后摆—前挥击球—随挥(如图 7-39 所示)。

图 7-39　正手击球

1）握拍方式

握拍方式通常是由处理不同情况下来球的击球高度决定的。

网球拍的拍柄有 8 个面和 8 个棱（如图 7-40、图 7-41、图 7-42 所示），球员可以通过两个关键位置来定位不同的握拍，一个是食指掌指关节，一个是掌根小鱼际。现代网球除了常见的东方式、半西方式以及西方式这几种经典握拍法外，也变化出了一些混合握拍方式。

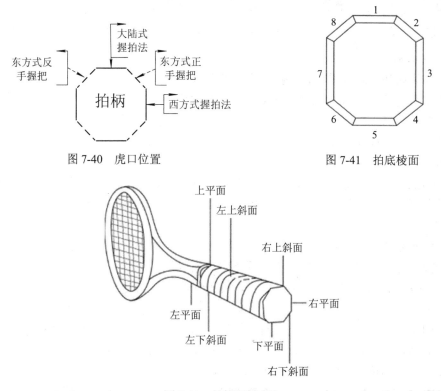

图 7-40　虎口位置　　　　　　　　　　　　　图 7-41　拍底棱面

图 7-42　拍柄展示方向

（1）东方式握拍法（如图 7-43 所示）：食指掌指关节与小鱼际底部连线贴住 3 号面，虎口对准 1、2 号面之间的棱线，球员需要通过手腕力量和大幅度地挥拍来为球提供力量，东方式握拍更适合打出平击球。主要缺点是很难处理弹跳很高的来球。

（2）半西方式握拍法（如图 7-44 所示）：食指掌指关节与小鱼际底部连线贴住 3、4 号面之间的棱线，虎口对准 2 号面，半西方式握拍法相对于东方式握拍法更适合打出上旋球，球员很容易处理高弹跳来球。这种握拍方法通常能更好地结合旋转和平击，从而使回球"更重"。缺点是当处理低球或削球时，如果球员的重心没有下降到足够低的话，回球就会变得很困难。

（3）西方式握拍法（如图 7-45 所示）：食指掌指关节与小鱼际底部连线贴住 5 号面的大半，虎口对准 2、3 号面之间的棱线。西方式握拍法的主要优势是能向球施加大量的上旋力，使用这种握拍的球员通常希望能打出带有更多上旋的击球。除了不利于处理低球外，西方式握拍法也更难实施与其他握拍方式的快速转换。此外，从技术的角度来说，西方式握拍法在击球前手腕大幅度滞后，这会给球员在伸腕击球过程造成很大的困难。

图 7-43　东方式握拍法　　　图 7-44　半西方式握拍法　　　图 7-45　西方式握拍法

2) 移动与站位

准备姿势屈膝、降低重心，保持直立的背部姿势，充分分开双腿。球员准备姿势身高应该比正常身高低 30 cm，在整个移动过程中都要保持这个高度。球员必须在对手触球时进行分腿垫步，脚跟大概离地 2.5～5 cm，重心落在前脚掌上准备向来球方向移动。

交叉步可以让横向移动更加流畅，迅速向来球移动或者回位。后交叉步用于向侧后方移动及回位，侧滑步适合近距离的移动。小碎步用于对击球点的准确调整。

(1) 开放式站位：开放式站位两脚连线近乎平行于底线，能使球员发挥转腰的力量，使击球具有更强烈的上旋。开放式站位相比关闭式站位更灵活，击球后可以更快回位(如图 7-46 所示)。

(2) 半开放式站位：半开放式站位与开放式站位一样，重心在后腿，前腿站位介于关闭式与开放式之间。最为典型的是在正手侧身攻时使用这种步法，这种站位方式可结合开放式站位和关闭式站位的优点，有助于球员击球时能更好地结合线动量和角动量(如图 7-47 所示)。

(3) 关闭式站位：正手击球时(左右手相反)，左脚在前、右脚在后，两脚连线与球网接近垂直。如球员能及时到位，关闭式站位将发挥很大的击球威力，当球员向前移动击球时也经常使用这种站位方式(如图 7-48 所示)。

图 7-46　开放式站位　　　图 7-47　半开放式站位　　　图 7-48　关闭式站位

站位的使用主要取决于球员的个人习惯以及球员能多快地移动至击球位置。三种步伐可根据不同的握拍方式并视来球情况随时调整，并非一成不变。

3) 技术类型

(1) 正手平击球：正手平击球使用东方式握拍，多使用关闭式站位，引拍结束时拍子垂直于地面，重心置于后脚，击球时重心由后向前转移同时挥动球拍，拍头尽可能向前挥击，为提供更大的击球力量，击球点相比上旋球要更加靠前。

(2) 正手上旋球：握拍法多采用西方式和半西方式，站位采用半开放式或开放式。引拍时保持拍头高于肘部，击球时拍头略低于手腕，过低会降低控制和力量，挥拍主要靠转体屈肘完成，触球时小臂内旋，给予球摩擦产生上旋，击球后拍头随挥至身体另一侧。

2. 反手击球技术

如今的球员可以应用反手技术进行进攻、防守或者变换击球的节奏，使得比赛水平上升到更高的层级。球员的反手击球技术可以分为两种：一种为灵活多变、控制范围更大的单手反手击球技术；另一种为坚实有力的双手反手击球技术。

动作结构：引拍后摆—前挥击球—随挥。

1) 握拍方式

(1) 双手反手握拍：以右利手持拍为例，左手皆为东方式反手握拍，右手可为东方式正手握拍或者大陆式握拍，两手靠拢，尽量不留空隙(如图 7-49 所示)。

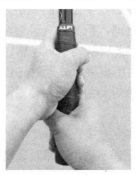

图 7-49　右手东方式(左)和右手大陆式(右)握拍

(2) 单手反手握拍：一般采用反手东方式握拍(如图 7-50 所示)或反手半西方式握拍(如图 7-51 所示)，东方式反手握拍方式可以很容易地打出平击球，也可以利用手腕来调节击球的上旋程度。同时，切换到反手切削的握拍方式也很快捷。所以，这种握拍方式更适合攻击性较强的底线进攻型球员使用。半西方式反手握拍有利于向球施加上旋，并能更好地处理上升高度至胸部的来球。此握拍的击球点相对更早，手臂可以更充分地向前伸展，但不利于切换至其他握拍方式。通常防守型球员大多选择这种握拍方式。

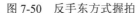

图 7-50　反手东方式握拍　　　　　　图 7-51　反手半西方式握拍

(3) 反手切削握拍：使用大陆式握拍削球(如图 7-52 所示)，在向球施加下旋时，由于拍面的打开幅度较小，手腕有明显的向前下切的轨迹，需要手腕有良好的灵活性。放小球时偶尔也会采用可以产生更多下旋的东方式反手握拍。

图 7-52　大陆式握拍削球

2) 移动与站位

准备姿势的要点与正手击球的相同。由于正、反手击球的握拍方式不同，所以在反手击球前需要进行握拍的转换。建议在两次击球之间，用另一只手握在拍颈，这样可以减轻持拍手的负担，同时方便完成切换握拍的动作，此时辅助手可以感知拍面的大概朝向。

(1) 反手击球的步法与正手击球的相似，当距离来球较近时先迈出同侧脚，与来球形成一条直线。当需要大范围跑动时回撤步是快速启动的基础，使用回撤步的前提是在准备姿势时两脚要分得更开。

(2) 球员经常会采用开放式和关闭式两种站位方式。随着比赛的节奏变快，更多的球员选择开放式站位。开放式站位通常用于双反，偶尔也用于单反，特别是用于接发球这种反应时间很短的情况下，或者是应对对手的大角度来球的情况下。

(3) 无论是单反还是双反击球，关闭式站位都是反手击球的主要站位方式，因为这种站位方式能让球员把身体的重量向击球的相同方向转移，为击球提供最大的平衡和力量。

3) 技术类型

(1) 双手反手击球技术(如图 7-53 所示)：侧身上步采用关闭式站位，上步的同时引拍至体侧，身体侧向，与网约成 45°，挥拍的轨迹由低到高。击球前瞬间由低到高急速增加挥拍。击上旋球时左臂大臂旋内，左腕屈曲。一般来说，因击球点高度和战术等要素的需要，手臂的运动都有所不同。

触球时拍面垂直于地面，由于握拍时左腕在拍柄的后面，所以双反击上旋的击球点比单反击上旋的击球点靠后。双反击上旋的击球点大约在与身体平齐的前方。击球过程中头部保持稳定，双眼注视击球区。击球结束后，两手和拍子通常随挥至右肩上方。

准备姿势　　　　　　　上步引拍　　　　　　　蹬地转体

挥拍击球　　　　　　　　　向上随挥　　　　　　　　　结束

图 7-53　双手反手击球

(2) 单手反手击球技术(如图 7-54 所示)：辅助手扶住拍喉，上步引拍，以向后引拍过程与转肩和以前脚为中心转动作为一个"转动单元"，完成引拍时躯干直立。击球时，以前脚为轴向前转动，并将身体展开，转体和转肩的幅度比正手击球幅度更大。肘关节伸展，击球时膝盖、髋和躯干转动加速，加快右肩的转动。挥拍的轨迹由低到高。

触球时拍面垂直于地面，拍子与地面平行。击球点在右肩前方，击球过程头部保持稳定，双眼注视击球区，随挥动作因人而异，通常在肩部高度上继续挥动。

准备姿势　　　　　　　　　　上步引拍

蹬地转体　　　　　　　　　挥拍击球　　　　　　　　　随挥结束

图 7-54　单手反手击球

3. 发球技术

网球比赛以发球为开端，发球是唯一一项除环境因素的影响外，完全由球员掌控的技术。发球已经发展为进攻的核心武器，球员利用好发球可以直接得分或者在发球局占据主动，很多战术都是围绕着发球展开的。准确稳定的抛球是发球的前提，一个高质量的发球要求必须保持身体的平衡和良好的节奏。发球的基本动作如图 7-55 所示。

动作结构：后摆和抛球—上挥和击球—随挥。

准备　　　　　　　展开　　　　　　　抛球　　　　　　　上步

叠肘垂拍　　　　　高点击球　　　　　　结束

图 7-55　发球基本动作

1) 平击发球技术

平击发球是所有发球类型中力量最大、速度最快的一种，球员通常使用这种发球技术作为第一发球。这种发球很少产生旋转，由于速度非常快且距离短，对手很难及时做出反应。

后摆开始时，双臂朝前脚位置同时向下。重心前移的同时，两手从身体两侧分开上举。左臂在身前上举抛球，右臂在身后上举。双臂上举时可以在时间上"错开"，右臂"跟随"左臂上举，也可以是两臂同时上举。左臂向上向前移动与身体交错，以便增加躯干的转动幅度。球抛出手后，左臂继续向前向上移动，左臂向前向上移动过程中开始屈膝。对于"上步"发球技术，后脚在屈膝前即刻滑动至紧跟前脚的位置。对于"不上步"发球技术，双脚在屈膝时通常维持原站位。上挥前即刻屈膝是发球技术的核心，屈膝、髋的转动幅度超过与球网的垂直线。两肩的转动幅度超过髋部，背部伸展、拉开并弯曲身体形成"背弓"。双臂、双肩与击球点连成一条直线，双臂与持拍肩部成"L"形，两肩"倾斜"使左肩位置高于右肩，左臂完全伸展。一般情况下，抛球的高度应在球拍最高点之上，略微在身体前与前脚成一条直线。

右肩开始上升的同时蹬地伸膝，促使球拍在身后自然下垂。伸膝后开始转髋，转髋后躯干开始向前向上转动。右肩前移的同时躯干向前转动，迫使球拍进一步离开背部。与向前转动相同，躯干和肩也以"换肩"的形式转动。随着双腿完全伸展，拍面垂直于地面，右臂在肩部开始旋外，右肩位置应高于左肩。相应地，左臂低于"发力位置"。大臂向上向前移动并在肩部旋内。球拍侧向与球正对，以便减小球拍上挥时产生的阻力，在击球时更利于小臂的旋内动作。

平击发球的抛球位置(如图 7-56 所示)应在身体准备姿势额状面的一点钟方向，并在前脚前方大约 20 cm 的位置。

图 7-56　平击发球的抛球位置

2) 上旋发球技术

与平击发球相比，上旋发球的成功率更高。上旋球的过网幅度高，球落地后的高弹跳使对手很难在第一时间打出进攻，稳定性也是它的主要优势。

准备姿势与平击发球的区别不大，但抛球位置(如图 7-57 所示)应位于身体的十二点方向左右，击球点略微靠后，或直接在身体上方略微偏向前脚右侧。与平击发球相比，上旋发球时球拍会产生更大的垂直速度，球拍向前速度反而减小，击球时会给予球更多的向上摩擦力。这是产生旋转的重要原因。与平击发球相比，上旋发球大臂旋内的幅度减小，随挥过程中，左臂继续沿着身体左侧移动。

图 7-57　上旋发球的抛球位置

3) 侧旋发球技术

侧旋发球能够向球施加侧旋力，球的飞行轨迹和落地后的弹跳都会出现横向的偏移。此发球技术能使接发球球员的防守面积加大，为发球方的下一拍击球奠定基础。与大力发球相比，侧旋发球有更高的成功率，球被施加了侧旋和身体向前转动时产生的合力，使球高过网。

侧旋发球的抛球位置(如图 7-58 所示)应位于身体的一点钟方向，核心要点在于制造球的旋转，击球时给予球更多的侧上旋力甚至侧旋摩擦力。与平击发球一样，击球点通常略微前于身体。

图 7-58 侧旋发球的抛球位置

4. 接发球技术

接发球对于比赛结果的影响非常大，甚至在某些情况下比发球还要重要。接发球技术特征与底线击球相似，只是对反应速度有更高的要求。接发球的种类根据具体的战术情况分为进攻型和防守型。在大多数情况下，防守型接发球用于回击速度快和落点绝佳的第一发球，或是落点绝佳的第二发球。在这种情况下应该尽可能地把球回进对方球场，同时减小发球球员第二拍进攻的选择范围。进攻型接发球主要用于回击对手的第二发球，特别是用于回击缺乏力量和角度的发球，这种情况下的击球目标是占据比赛的主动。正手接发球动作如图 7-59 所示，反手接发球动作如图 7-60 所示。

动作结构：引拍后摆—前挥击球—随挥。

与底线击球相比，更小的引拍对于接发球来说非常重要。根据战术的不同，进攻型接发球的握拍和后摆的形式与底线击球的相同。引拍的幅度需根据击球的准备情况做出调整。正手手臂绕肘关节转动，能在提高击球时球拍速度的同时最少地转肩。球员可以用进攻型接发球回击速度相对较快的发球。在某些情况下防守型接发球使用大陆式握拍法，在这种情况下，可把球推深至对手底线，或者打到上网截击球员的脚下。后摆的形式与截击的相似，后摆结束时球拍要么略微向上，要么直接正对预期的击球点。

准备　　　　　　　侧身小引拍　　　　　　蹬地击球　　　　　　随挥结束

图 7-59 正手接发球

前挥的主要特征与底线正手击球的相同，区别在于：进攻型接发球在前挥时，由低到高的球拍轨迹与底线击球时的相似；防守型推挡接发球前挥时的球拍轨迹，略微地由低到高或者水平，伸膝伸髋，躯干、肩向前转动适度减少，延长球拍直线前推距离。

当接发球员试图进攻弹跳较高的二发时，进攻型接发球的击球点大多数在肩部高度，防守型接发球的击球点则要更靠近身体，球拍或垂直于地面或略微后仰，躯干和两肩大致保持平行于球网。两脚保持半开放式站位或关闭式站位。

准备　　　　　　侧身小引拍　　　　　　蹬地击球　　　　　　随挥结束

图 7-60　反手接发球

5. 网前截击技术

动作结构：侧身架拍—蹬地上步—迎击来球。

正、反手截击均采用大陆式握拍，截击前分腿垫步进入准备姿势：面对球网两脚开立，拍头置于身体前侧头部高度，并垂直于身体，击球时拍头高于腕部。

1) 正手截击

小幅度引拍，截击路线由后向前下方移动，挥拍的同时左脚向前跨步成半开放式站位，拍面略微打开，击球时腕、肘关节固定(如图 7-61 所示)。

持拍准备　　　　　　架拍对准来球　　　　　　上步截击

图 7-61　正手截击

2) 反手截击

反手截击的动作与正手截击的相似，击球点比正手截击时更靠前，击球转体幅度较小，击球时非持拍手同时向后展开保持身体平衡，遇到网前球等紧急情况时通常也使用反手截击(如图 7-62 所示)。

持拍准备　　　　　　架拍对准来球　　　　　　上步截击

图 7-62　反手截击

6. 网前高压技术

高压球技术是网球一项进攻型击球技术方法，具有击球力量大、飞行速度快和落地时间短的特点。一般来说，打高压球就意味着得势、得分，是在头顶上用扣压动作完成击球的技术动作，属网前球技术。在网球双打比赛中，高压球技术非常重要，这是由于球员上网进行截击时，对方经常会通过挑高球来摆脱被动，只有熟练掌握高压球技术，才能有效制约对方的挑高球，并利用高压球技术直接得分。高压球技术要求球员拥有良好的空间感和时间感。

高压球通常使用大陆式握拍，侧身面对来球，双臂直接抬起，架拍姿势与发球的姿势相似，左手指向来球，击球动作与发球动作相同，但幅度更小。

7. 放小球技术

放小球是一项容易被忽视但非常有效的技术，这种击球技术能使球一过网便下坠，并带有下旋，通常带有很强的隐蔽性。当对手被拉到场外或失去重心时，出其不意地放小球会非常有效。高质量的放小球可能会直接得分，也可以逼迫对手被动来到网前。

站位在场内时可使用放小球技术。使用与底线正反手击球相同的引拍方式，加强放小球的隐蔽性。前挥击球动作与底线削球击球动作相似，触球时球拍减速。减小力量，增加更多控制，使球拍轨迹向下，增加球的下旋力。拍面打开，手腕放松，柔和触球。随挥非常简短，通常在腰部高度结束。手腕和前臂同时转动，拍面上翻。身体必须保持平衡。

8. 挑高球技术

在网球中挑高球可能会被视为低级别、低使用率的技术，但在适当的时候使用却是十分有效和安全的。根据战术需要，挑高球技术可分为进攻型和防守型。正手挑高为进攻型，因为它更主动，多半带有上旋。防守型挑高多为被动的反手挑高球。无论进攻还是防守，挑高球的要点在于出球要深、过顶要高。

9. 单手反拍切削技术

如图 7-63 所示，上步采用关闭式站位，非持拍手扶拍喉保持动作稳定，上体向左(右手持拍)转肩引拍，并抬高非持拍手肘部，重心后移，肘关节屈曲，拍面与地面平行，高于肩部。从上往下削切过程中，非持拍手放开球拍并反向伸展保持身体平衡，通过重心向前转移，肩部转动带动手臂向前削切，触球时拍面角度稍微打开，在右肩的前面击球。与反

| 准备姿势 | 上步引拍 | 盯住来球 | 转肩削切 | 随挥结束 |

图 7-63 单手反拍切削

手击上旋球相比，击球点相对更靠近身体。对于高点球，引拍时小臂向内旋转，可采用半开放式站位或开放式站位。手臂的这些运动差异是切削高点球和低点球的主要不同点。完成随挥时，右臂和拍子大概处在肩部的高度，脚仍然保持前挥时的站位。

四、网球基本战术

1. 单打战术

良好的发球可迫使对手的接发球质量下降，之后再用底线击球连续压迫或者上网截击，往往能取得良好的效果。无论是一发还是二发都要根据当时对手的站位、身体、心理状况进行相应调整。

第一发球：对于一发来说并没有一种固定的方式，一般都会采用更具有攻击性的发球，左手持拍球员大多善于使用侧旋外角发球发向对手反手。右手持拍球员与左手持拍球员相比应该注意侧旋发球的运用，以增加发球的变化。一个身材高大的球员由于在发球的轨迹上占据优势，可以发更多的平击球。比赛的场地类型也会对一发的选择产生影响。

第二发球：很多球员有出色的一发，但是冠军球员往往还有出色的二发。成功发球是比赛的开始，二发通常注重稳定性和成功率，很少使用平击球。

1）双方底线相持

当双方球员都在底线时，战略目标是"控制回合的速度"。高水平球员有能力把球的速度保持在可控范围之内，在加快击球速度的同时不至于失去对球的控制。这类击球主要涉及底线进攻型和底线防守型球员，当出现双方球员都在底线的情况时，球员需要尽快辨别对手回球的速度、轨迹、旋转，以便判断当前的局面是处于相持、进攻好，还是防守好。

相持：比赛中相持被定义为双方球员都没能占据场上主动，此阶段球员需要有足够的耐心，保持击球的稳定性，球员在相持时通常以过网较高的斜线球为主。

进攻：在进攻时球员需要移动到底线内，以减少击球失误的风险，在这种情况下应该尽量使用自己最擅长的击球方式。必须让对手在心理上产生恐惧，一旦出现浅球将非常危险。

防守：在防守时正确的思维方式非常重要，一个有充分准备的球员永远不会轻易地让出一分，会想尽办法保住每一分，这时候高质量的防守性高球会非常有效。

2）网前或随球上网

一个球员想要经常性地来到网前，需要对球场有良好的空间感和预判能力，不能只是一味地等待机会出现，必须有意识地创造机会。

随球上网：想要有随球上网的机会，回球落点必须很深，才能迫使对手出现浅球。优秀的球员将会根据自己上一次的击球质量，判断下一个来球是否有可能出现机会，利用底线击球大角度调动对手后"截击偷袭"，产生出其不意的效果。球员想要成功地运用此战术，必须在靠近底线的位置击球。打直线随球上网在大多数情况下会是一个最为安全的选择，与打斜线随球上网相比更便于球员快速占据网前的有利位置。打斜线后随球上网，经常会遭遇穿越球或上旋球的攻击，所以使用时需谨慎。

中场过渡：决定要上网时，前面的几步需要快而有力，在分腿垫步之前尽可能地靠近网前有利位置，球员的动作看起来要积极主动并充满信心。网前是一个攻击性战术，球员必须根据实际情况采取相应策略。高截击是很好的攻击机会，可以选择打出斜线球得分。相反，低截击应把球直线推深到底线，施加压迫造成对手的失误，或在对手第二次或第三次截击后找到得分的机会。如果球员在网前第三次截击后还是没能得分，就很有可能会丢掉这一分。

网前：很多时候，球员在网前会失去对球的控制，不得不使用预判、本能反应和经验，加上观察对手的拍面角度来发现对手的击球意图。球员在网前丢分的最大问题是他们想要过快地靠近网前。优秀球员在截击前总是先观察对手在场上的位置，如果过快地靠近网前，就可能让对手轻易地挑出过顶高球，一旦出现这样的情况，网前球员得分机会将非常渺茫。

3) 对手在网前

对于很多球员来说，如果出现一个具体的目标，在打穿越球的时候会很顺手。同样，对于击球的选择，应该根据场上的比分、场地条件、对手网前的能力、天气条件和疲劳程度等因素综合考虑。

如果球员的位置在底线后较远处，可以尝试击出带有角度的过网急坠，或是带有隐蔽性的切削球，然后准备下拍穿越。如果球员的位置在底线附近或底线内，则可以尝试直接打出穿越球。

球员应该主要观察对手网前偏好。如果球员击出一个漂亮的穿越球却被对手轻易地回击，那么必须观察对手的网前能力是否是顶尖级水平。这些信息必须储存在球员的脑海中以便关键分时使用，如当遇到一个破发点时，一个上旋高球能让你的对手不知所措。

变化是穿越球成功的关键，球员必须充分地保持平衡并且经常变换穿越球的角度、速度，以及适时地使用高球。另一种对付上网球员的战术是将球快速地打向对手的身体，虽然不一定能直接得分，但可以限制对手的回球角度。

2. 双打战术

成功的双打球员必须是团队作战。但有趣的是，很多优秀的双打组合，两个球员在很多方面完全不同，双打组合是互补型的会更有优势，右手/左手球员配对就是一种明显的优势互补。搭档间优势劣势的平衡往往是成功的关键，球员应该清楚自己的优缺点，知道自己可以为同伴带来什么。与单打比赛的场地相比，双打场地的范围更大，出现的得分机会更多，偶然性变得更大。这些因素让双打比赛变得更加刺激，网前技术强且配合更好的队伍更容易在比赛中获得胜利。

1) 双上网型

发球站位较单打更靠近边线，要求发球具有很高的质量，逼迫对手很难打出高质量的回球。如发球人发外角，其同伴则要向外移动防守直线。接发上网在回球时则需要准备打斜线，发球或接发球后积极上网，在发球线附近给予第一截击，然后再向前占据网前位置，各自防守本区的高球，如果过顶，则要及时回防。

2) 一前一后型

前场选手以横向移动为主，对过顶高球不回追，后场选手防守面积大，负责本区前场和后区全场。后场选手控制比赛节奏，变化球路，逼迫对手回球软弱，为同伴创造截击的机会。相持球时回球要有深度和速度，不给对方向前的机会，球路不可一成不变，留给对手适应球路的机会。一前一后型的站位如图 7-64 所示。

图 7-64　一前一后型站位

还有一种澳式站位(如图 7-65 所示)，即发球球员的站位靠近"T"点，发球人的同伴蹲在网前中央，两人事先商定发球后互相跑动，变换位置，在一发成功时截击对方的回球。

图 7-65　澳式站位

3) 双后场型

一般为初学者使用，由于没有网前，会缺少得分手段，如对方网前较强则很难获胜。两人分别防守左、右两个区，网前小球由本区球员上前抢救，必须防守稳健，不能失误送分，且要及时弥补空当，这样对方失误的可能性就会增大。成功的防守也能赢得比赛。双后场型的站位如图 7-66 所示。

图 7-66　双后场型站位

网球运动的基本规则

在正式比赛前，需要确定比赛的先发球方。整场比赛中，双方球员轮流发球，并在单数局结束后更换场地，即进行1、3、5、7……单数总局数后进行场地更换。发球员在发球前应先站在端线后，中点和边线的假定延长线之间的区域里。发出的球应从网上越过，落在对角的发球区内，每一分发球有两次机会，发球擦网后球落入界内则重新发球，若发球出界则进行下一次发球(压线算有效好球)，两次发球失误则直接失去一分。

每局发球都从一区开始(右区)，网球的计分方式如表盘一般，得一分记为15，得两分记为30，因为英文发音 forty-five 过于累赘，后来就简化为 forty，所以得三分记为40。一方得到第四分时，为赢下一局；在分数为40：40的基础上再得一分记作占先，占先方再得一分赢下此局，若失去此分则回到40：40(若在无占先的比赛中，当双方比分为40平时，接发方挑选接发球区域，拿下这一分的一方便是拿下这一局。在大多数业余比赛中前几轮多采用这种无占先赛制)。

一方在比赛中赢得6局时，记赢得1盘。当双方局数为5：5时，需要赢到7局才可获胜；当局数为6：6时，最后一局采用抢七局的方式进行，这是短盘制，也是目前世界上业余和职业最流行的比赛方式。(长盘制比赛只在温网的决胜盘中才使用，即6：6时无抢七，需要有一方净胜两局才赢得此盘。)

在抢七局，发球方率先在一区发第一球，随后由对方在二区开始进行发球，并在每两分后交换发球权。即抢七的第一球在一区进行，随后每一方的第一分发球都在左区开始。当比分为6：6时需要有一方净胜两分才赢得抢七。

根据赛事章程要求，获得一定盘数就算获得比赛胜利。我国小规模的业余比赛的决赛多采用一盘决胜制，而水平较高的业余比赛与职业比赛多采用三盘两胜制，只有在四大满贯赛事中的男子项目才会采用五盘三胜制。

第五节　课程与职业素养

一、技能主导类隔网对抗性项群课程特点

隔网对抗项群，不需要身体接触，安全、文雅，同时由于其包括集体、个人等众多项目，能满足不同学生个体需求，深受广大学生喜爱。隔网对抗性项群兼具个体和团体项目，体现体育运动技术的精湛性、战术的巧妙性以及团队协作性，是全面发展学生综合能力，提升学生职业素养的良好载体，成为学校体育的重要内容。

二、技能主导类隔网对抗性项群常用体育游戏

1. 模仿追逐

游戏目的：提高学生的奔跑能力和急转、急停以及假动作的能力。培养学生在快速运动中抬头观察周围情况的意识，提高学生用更加全面的视角看待问题的能力。

游戏方法：学生分散站在场地内，选出1～2人做追逐者，追拍其他学生，在追逐中，

如果被追者站着不动，追逐者就不能追拍他，也要模仿他原地不动；如果被追者在原地做各种动作，如拍手、转圈、前滚翻等，追逐者也要模仿其做同样的动作。这时，被追者就可趁机逃跑。在追逐者拍击到被追者时，被追者就成为新的追逐者，再去追拍其他人。

游戏规则：

(1) 追逐者只需模仿被追者在原地做的动作，行进间的动作不必模仿。

(2) 被追者不能在原地持续停留 5 s 以上。追逐者可进行"读秒"，即一边模仿他做动作，一边数秒，数过 5 s 即可去抓人。

(3) 被追者不能做触及追逐者身体的动作，如用手将追逐者推开等。

2. 渔网捕鱼

游戏目的：发展身体的灵活性，培养协同配合能力。培养学生制订计划、团结协作、有效沟通的能力，帮助学生深入理解团队的重要性。

游戏方法：学生分散在场地内，先指定两名学生担任"渔网"，其他人在场内可以任意跑动。游戏开始，担任"渔网"的两名学生手拉手在场内跑动，并设法用手触及其他人，被触到者加入"渔网"队伍，如此"渔网"逐渐扩大，直至将场上的人网完，游戏结束。

游戏规则：

(1) 不得离开场地跑动，被追出界视为触到。

(2) 拉"网"的学生不得松手，如松手触到人则不算。

(3) "渔网"可固定 2 人或 3 人，在规定的时间内当"渔网"次数多者为输。

3. 紧急救援

游戏目的：提高学生的跑动速度和灵敏、反应、躲闪能力。培养学生互帮互助的良好品质，提高纪律性。

游戏方法：制定直径 5 m 的圆为"禁区"，选出 5 人为追逐者，其余人将在场内任意跑动。追逐者把被抓到的被追逐者送到"禁区"内，没有被抓到的被追逐者可设法避开守在"禁区"旁边的追逐者去营救"禁区"内的同伴。直到所有被追逐者全被抓完送进"禁区"，或"禁区"内的被追逐者全被救完为止。另换批追逐者和被追逐者继续游戏。

游戏规则：

(1) 被送到"禁区"内的人不得自行"离开"。

(2) 在"禁区"外的被追逐者用手击"禁区"内的人的手掌为营救成功。若在"禁区"外的人在营救"禁区"内的同伴时被追逐者抓到，同样要到"禁区"内等待营救。

(3) 追逐者只有抓住被追逐者才算有效，仅仅拍到则算无效。

(4) 可采用快跑、竞走或单脚跳等方式进行追逐。还可分成人数相等的两队，双方出同等人数的人为追逐者去追对方，在规定时间内计算某方余下在"禁区"内的人数的多少决定全队胜负，余下多者的队为负。

三、技能主导类隔网对抗性项群与职业体能锻炼

1. 静力引体(如图 7-67 所示)

动作方法：

(1) 起始姿势：两手用宽握距正握(掌心向前)单杠，略宽于肩，两脚离地，两臂自然下垂伸直。

(2) 动作过程：用背阔肌的收缩力量将身体往上拉起，当下巴超过单杠时稍作停顿，静止 1 s，使背阔肌彻底收缩。然后逐渐放松背阔肌，让身体徐徐下降，直到恢复完全下垂，重复再做。可以弯曲膝关节，将两小腿向后交叉，使身体略微后倾，能更好地锻炼背部肌肉。

(3) 呼吸方法：身体上拉时吸气，还原时呼气，不可长时间憋气。

图 7-67　静力引体

动作要领：上拉时意念集中在背阔肌，把身体尽可能地拉高，不要让身体摆动。下垂时脚不能触及地面，可在腰上钩挂杠铃片来加重。

锻炼部位：坐姿职业类人群在工作时，一般呈弓起背部向前倾状态。长时间保持这种姿势工作，很可能对背部及脊椎造成伤害。引体向上是一项主要针对背部和手臂力量练习的动作，对于加强背部肌肉群，矫正与稳固脊椎都有很好的效果，同时提升手臂力量。

适合群体：坐姿、流动变姿类烹饪、机械制造、纺织、化工、建筑等职业人群。

2. 双杠臂屈伸(如图 7-68 所示)

动作方法：

(1) 起始姿势：双手分别握杠，两臂支撑在双杠上，头正挺胸顶肩，躯干、上肢与双杠垂直，屈膝后小腿交叠于两脚的踝关节部位。

(2) 动作过程：慢慢屈肘，同时肩关节伸屈，使身体逐渐下降至最低位置。稍停片刻，两臂用力撑起至还原。下放 2 s 左右，静止 1～2 s，撑起 2 s。

(3) 呼吸方法：均匀呼吸，长时间憋气。

图 7-68　双杠臂屈伸

动作要领：

(1) 握距的选择：窄握对肱三头肌刺激大，宽握对胸肌刺激大。

(2) 上体倾角(侧面观)的选择：着重练肱三头肌上体宜后仰，身体呈反弓形，使手臂在体后完成动作；着重练胸肌则宜前倾。

(3) 上臂与躯干的夹角(背面观)：着重练肱三头肌直夹紧，下放时也不要外张，保持两臂平行；着重练胸肌，下放时则可外张。

　　锻炼部位：双杠臂屈伸是着重练习肱三头肌、辅以练习手臂其他肌肉的动作。加强手臂力量对于隔网对抗类项群来说尤为重要，无论是排球还是乒乓球、羽毛球、网球，都以手部为主要发力部位，因此手臂力量的练习也是这类项群的主要训练目标。

　　适合群体：站姿、坐姿类空乘、车工、铣工、切削工、钻工等职业人群。

3. 健身球支撑俯卧撑(如图 7-69 所示)

　　动作方法：

　　(1) 起始姿势：双腿置于平衡球上，双手撑地。

　　(2) 动作过程：将两腿并拢置于平衡球上，两手撑地，手臂与身体夹角 90°；脊柱保持正常位置，与地面平行；控制身体不改变任何夹角，完全控制身体以后做俯卧撑练习。

　　(3) 呼吸方法：保持均匀的呼吸，不要憋气。

　　动作要领：保持身体从头到脚为一条直线，腹部收紧，不要塌腰。

　　锻炼部位：站姿类职业人群自然站立时，躯干的重量经过腰椎向下传导，这需要腰腹力量的支撑。健身球支撑俯卧撑由两个练习动作组成，起始动作为健身球支撑，这一部分可以帮助练习腰腹力量及脊椎的矫正与加强；第二部分为俯卧撑动作，在练习手臂力量的同时加强核心力量。

　　适合群体：站姿类、无固定姿态类吊车司机、汽车司机、建筑和农业机械驾驶员等职业人群。

图 7-69　健身球支撑俯卧撑

4. 后支撑挺身(后退步走) (如图 7-70 所示)

　　动作方法：两手体后支撑，直臂伸直，两腿开立与肩同宽，小腿与地面垂直支撑。两臀离地面开始，收腹挺身至大腿和躯干呈直线，保持 5 s，依次反复5~8 组；保持身体挺直，大腿与躯干呈直线，向后缓慢移动 10 m。应缓慢移动，切不可移动过快，以免带来安全隐患。

原地后支撑挺身　　　　　行进间后支撑挺身(1)　　　　　行进间后支撑挺身(2)

图 7-70　后支撑挺身(后退步走)

　　动作要领：腰腹保持紧张，动作缓慢。

　　锻炼部位：核心肌群、人体后侧肌肉链和肩关节周边肌群。

适合群体：站姿类、综合类警察、交通运输等职业人群。

5. 直腿仰卧后撑(如图 7-71 所示)

动作方法：双腿伸直，下肢放松，双手撑于长凳边缘，绷紧肩部，手臂后侧发力做屈伸运动，背部沿长凳外侧上下移动。下降吸气，还原呼气，撑起时，上臂后侧有明显的收缩感。为保证安全，板凳位置需固定。

动作要领：手臂伸直时肘关节不要超伸锁死，肩部全程保持紧绷。

锻炼部位：肩背部肌肉。

适合群体：静态站姿类和流动变姿类职业人群，如营业员、酒店前台接待、营销员、导游、记者等。

图 7-71　直腿仰卧后撑

四、技能主导类隔网对抗性项群的课程价值与职业素养

高职教育的人才培养目标是培养高素质知识型、技术型、应用型高技能专门人才，技能主导类隔网对抗性项群是高职体育教育的重要组成部分。有研究表明，当前大学生普遍存在耐挫力弱、职业体能不足、团队意识薄弱以及体育健康知识匮乏等问题，隔网对抗项目十分符合当前教育需要。

1. "思""教"结合，培养爱国精神

我国隔网对抗类运动起步较晚，曾与世界顶尖水平有着巨大差距，1949 年后才逐渐在国际上展露风采。至今以女排、羽毛球和乒乓球为代表的运动项目在国际比赛上占有一席之地。荣誉是一代一代运动健儿们场下艰苦训练，场上众志成城、奋勇拼搏而取得的，不畏强敌、顽强拼搏、永不言弃的"女排精神"已经深深融入了这些项目中，是激发学生爱国情怀，开展课程思政教育的现实题材。

2. 培养学生良好的行为素养

隔网对抗项目安全文雅，以绅士运动著称的网球运动为代表，具有提倡尊重对手、尊重裁判、尊重观众、尊重所有人的礼仪性，充分体现了运动员的行为素养。良好的行为素养有利于维护学生良好的形象，有利于运用礼仪、尊重他人、文明用语、促进与他人绅士般地交流，提高人际交往能力。隔网对抗项目规则规定双方运动员在比赛前后互相致敬，向裁判致敬，向观众致敬，良好的赛场礼仪对学生有着深刻的影响，可以帮助学生养成良好的行为素养，进一步加强道德规范，培养良好的个性品质。

3. 强健身心，提高耐挫力

隔网对抗项目技术要求"快、准、狠、活"，要求队员有良好的耐力素质、协调能力、爆发力、来回奔跑的能力等。研究表明，一场羽毛球比赛下来，运动员要反复起动500次以上，移动距离超3000 m。另一方面，无论集体还是个人隔网对抗项目，都对比赛间歇时间有严格的规定，这就对队员自身临场发现问题、解决问题的能力提出很高的要求。在面对场上的困难局面时，队员需要具有坚强的意志品质、顽强的拼搏精神、坚定必胜的信心，这有利于提高学生的耐挫力，塑造强健的心理素质。

4. 合作与竞争，培养集体荣誉感

合作与竞争是当今社会的主旋律，是高职教育的基本目标之一，隔网对抗性项群有以排球为代表的集体项目，还有乒乓球、羽毛球等的团体项目，其目的都是发挥团队力量、展现团队精神。因此要求队员相互协调、相互配合、相互尊重，展开良性合作与竞争；根据比赛状况、战术安排需要，正确处理个人和集体利益，要有牺牲精神和勇于担当的气魄。这有利于帮助学生树立合作与竞争意识，激发无限潜能，健全人格特征，培养集体荣誉感。

第八章 技能主导类表现难美性项群

在高校开设健美操、啦啦操和瑜伽等技能主导类表现难美性项群运动项目课程，既是高校体育教学改革的需要，也是实现大学生健身价值、审美价值和社会价值的有效途径。高校也是培养学生社会交往能力等综合能力的场所，学生学会了此类运动项目的知识和技能后，不但可以提高自己的社会交往能力，还可以掌握一套受益终身的体育锻炼技巧，同时，他们步入社会后，还可带动全民体育运动的开展，提高全民身体健康素质。总之，通过在高校开设此类课程，有利于扩大教学途径，促进学生树立体育意识、接受现代体育发展的观念、提高体育能力、养成终身进行体育锻炼的习惯。

第一节 啦啦操运动

一、啦啦操运动的起源与发展

啦啦操英文名为 cheer leading，其中 cheer 有振奋精神、提振士气的意思。啦啦操是指在音乐的伴奏下，队员通过徒手或手持道具集体完成复杂高难度的基本手位和舞蹈动作以及特有的过渡配合等动作的新兴体育运动项目。啦啦操同足球、篮球、排球等项目一样具备独立体育运动特征。啦啦操最早起源于美式足球呐喊助威活动，并借助美国职业篮球赛(NBA)逐渐在全球流行，遍布美国的 NBA、橄榄球、棒球、游泳、田径、摔跤等比赛现场，已有一百多年的历史。中国是通过美国职业篮球赛认识和了解啦啦操运动的。啦啦操运动发展到今天已经成为体育与艺术高度结合的产物，已由最初的美式足球呐喊助威的活动发展成为世界范围内的一项体育运动，受到全世界人民的喜爱。

我国于 2002 年引入啦啦操运动，由于其富有激情、充满阳光、凝聚团队精神，同时也适合成长中的学生参与，因此很快受到大学生、中学生和小学生的喜爱。越来越多的学校开始重视啦啦操，把它作为一种校园文化来建设，因为通过啦啦操可以释放和减少学生的学习压力，同时增强学生的体质。随着人们生活水平的提升，具有青春活力和保健功能的啦啦操运动逐渐受到大众的关注和喜爱，越来越多的人参与到啦啦操运动中，使得啦啦操演变为一项普遍化、多元化和竞赛化的体育运动。高职高专院校以培养适应社会需要的应用型人才为教育目标，而啦啦操是一个团体合作项目，在校园开设相关课程能够提升学生的集体荣誉感和团队意识，增强学生之间的协作能力和信任感，提升学生的人际交往能力，促进学生的综合发展，并在啦啦操团队中构建出青春活泼、积极向上的氛围；又可以通过团队活动在校内的传播，来塑造健康的校园文化，调动全校学生参与体育活动的热情，培养校内具有活力的和积极向上的文化环境。

二、啦啦操运动的分类

按照运动目的，啦啦操可分为竞技性啦啦操和表演性啦啦操。竞技性啦啦操又分为舞蹈啦啦操和技巧啦啦操两类。

1. 表演性啦啦操

以团队的形式出现，并结合 Dance(舞蹈)、Cheer (口号)、Partner Stunts(舞伴特技，是指托举的难度动作)、Tumbling(技巧)、Basket Toss(轿子抛)、Pyramid(叠罗汉)、Jump(跳跃)等动作技术，配合音乐、服装、队形变化及标示物品(如彩球、口号板、喇叭与旗帜)等要素，以各种表演为主的啦啦操称为表演性啦啦操。

2. 竞技性啦啦操

严格限定参演者性别、人数，并在规定的时间、安全规则下进行的啦啦操活动称为竞技啦啦操。竞技啦啦操分为舞蹈啦啦操和技巧啦啦操。

1) 舞蹈啦啦操

舞蹈啦啦操是一项在音乐的伴奏下运用多种舞蹈元素进行动作组合的体育项目，它结合转体、跳步、平衡与柔韧等难度动作以及舞蹈的过渡连接技巧，通过空间、方位与队形的变化表现出不同的舞蹈风格特点，强调速度、力度与运动负荷，以此来展示运动舞蹈技能以及团队风采。舞蹈啦啦操包括花球舞蹈啦啦操、爵士舞蹈啦啦操、街舞舞蹈啦啦操和自由舞蹈啦啦操。舞蹈啦啦操的难度点分为三类：转体、跳步、平衡与柔韧。舞蹈啦啦操更加追求对舞蹈的把握与表现。

2) 技巧啦啦操

技巧啦啦操是指在音乐的伴奏下，以托举、叠罗汉、筋斗、抛接和跳跃等技巧性难度动作为主要展现内容的团队竞赛项目，它配合口号、啦啦操基本手位、舞蹈动作及过渡连接等，充分展示运动员高超的技能技巧。其动作比较随意，用力方向向下，音乐节奏要求明快、热情、动感、奔放，并富于震撼力和感染力。技巧啦啦操的难度点分为四类：翻腾、抛接、托举、金字塔。技巧啦啦操更加追求对难度动作的把握与展现。

三、啦啦操运动的特点

啦啦操是一项团体合作项目，其中，技巧啦啦操以运用具有难度的技巧为主，而舞蹈啦啦操则更关注多样化的舞蹈动作，无论是哪种啦啦操，都具有以下几点共同的特性。

1. 团体协作

啦啦操运动是一项多人合作的团体项目，国际全明星拉拉队协会将啦啦操的参赛人数定为 6～30 人。所以，只有在达到相应的人数时才能够完成高难度的动作、复杂的队形以及空间上的变换。队员之间要相互配合，要团结一心、互相鼓励、互相信任，这样才能够将高难度的啦啦操完整地表演完成。

2. 动感活力

啦啦操运动伴随着富有节奏感的音乐，这样的音乐配合啦啦操队员充满活力的动作与洋溢在脸上的笑容，能让人感觉青春的力量与健康向上的心态，也体现着当代青少年的青春与健康。现代啦啦操结合舞蹈、口号、舞伴特技、技巧、轿子抛、叠罗汉和跳跃等技术动作，配合欢快、激昂的音乐，利用多彩的服装和丰富多样的队形变化以及彩球、口号板、旗帜或喇叭等道具，采用多样化的手型和多样的舞蹈动作进行表演，具有青春活力、时尚和朝气蓬勃的气息，极富观赏性和感染力，能够给人奋发向上之感，激发人们参加活动的热情。

3. 风格突出

啦啦操与健美操和舞蹈之间的区别是，啦啦操运动有其独特的技术风格，需要通过自身的控制来实现其独特的肢体力度感，不仅如此，在这个基础上，啦啦操还拥有风格迥异的舞蹈元素与音乐律动，并结合口号、空间、队形的变化得到体现，所有的步伐、手势、跳跃动作都展现出啦啦操与众不同的风格及魅力。

4. 主题明确

啦啦操运动不仅能够为比赛中的队员加油鼓劲，还能传达一种积极向上、勇往直前的精神，并传递给人一种坚持不懈的生活态度。除此之外，啦啦操运动作为一项集体运动十分强调队员之间团结合作、友好互助的精神。

四、啦啦操运动的锻炼价值

啦啦操的锻炼价值包括以下几点。

1. 培养技能、增强体质

啦啦操作为一项体育运动，对培养健康的体魄、健美的体态具有非常好的作用。啦啦操运动融合了音乐、舞蹈和技巧等多种元素，学习者可在日常练习中提升自身各方面的身体素质，培养良好的音乐感，在掌握动作的同时，对自身的速度、力量、耐力、柔韧性、灵敏度等也进行了加强锻炼，同时通过形体训练端正体态，通过舞蹈训练培养舞蹈素质，提高技能，进而增强体质，养成健康的体魄。

2. 磨砺品质、锻炼意志

啦啦操是一项健康向上、激情动人同时又融入了团队协作精神的令人愉悦的体育运动。在校园成立啦啦操团队，一方面能够为学校树立朝气蓬勃的形象，带动在校学生积极向上、充满活力地学习与生活；另一方面啦啦操队员在长期艰苦的训练中培养出了不怕苦不怕累、挑战自我、团结合作的精神，代表着新一代青年勇攀高峰的豪情壮志。

3. 促进积极心态的产生

有研究表明，能够在运动和体育项目中获得愉快感是很多人坚持体育锻炼的原因。首先，啦啦操作为一种有氧运动，有着宣泄、中和和抵制负面情绪的作用。人们能够通过啦啦操运动释放积压已久的消极情绪，促进积极心态的产生。其次，啦啦操运动能使人产生满足感，促进其自信心的产生，通过团队合作和集体运动，人们能在群体中找到自己的位置，性格会因此变得较为温和，更加容易与人交流和沟通，获得良性的心理收益。此外，啦啦操运动还有延缓认知衰退的作用，通过热情活泼的音乐、服装、舞蹈和团体氛围，运动者能保持对外界的感知能力,提高注意力、记忆力、想象力和创造力,保持对信息的获取速度和加工速度,具有保健和延缓认知衰退的功效,而始终保有活力的精神状态又会促进积极心态的产生,保证运动者的身心健康。

五、啦啦操运动的基本技术动作

1.基本手型

啦啦操中常见的基本手型有:拳、烛台、平掌、爵士手、合掌、扣掌等(如图 8-1~图 8-6 所示)。

图 8-1　拳　　　　　图 8-2　烛台　　　　　图 8-3　平掌

图 8-4　爵士手　　　　图 8-5　合掌　　　　　图 8-6　扣掌

2.花球舞蹈啦啦操的 36 个基本手位

花球啦啦操中有 36 个基本手位:下 A、上 A、高 V、倒 V、加油、T、短 T、W、L、倒 L、斜线、K、侧 K、弓箭、小弓箭、短剑、侧上冲拳、侧下冲拳、斜下冲拳、斜上冲拳、高冲拳、R、上 M、下 M、屈臂 X、高 X、前 X、低 X、X、上 H、小 H、屈臂 H、前 H、后 M、O、下 H(如图 8-7~图 8-43 所示)。其中前 H 分为提桶式和持烛式两种。

图 8-7　下 A　　　图 8-8　上 A　　　图 8-9　高 V　　　图 8-10　倒 V

图 8-11　加油　　　图 8-12　T　　　图 8-13　短 T　　　图 8-14　W

图 8-15　L　　　　　图 8-16　倒 L　　　　　图 8-17　斜线　　　　　图 8-18　K

图 8-19　侧 K　　　　　图 8-20　弓箭　　　　　图 8-21　小弓箭　　　　　图 8-22　短剑

图 8-23　侧上冲拳　　　图 8-24　侧下冲拳　　　图 8-25　斜下冲拳　　　图 8-26　斜上冲拳

图 8-27　高冲拳　　　　图 8-28　R　　　　　图 8-29　上 M　　　　　图 8-30　下 M

图 8-31　屈臂 X　　　　图 8-32　高 X　　　　图 8-33　前 X　　　　图 8-34　低 X

图 8-35　X　　　　图 8-36　上 H　　　　图 8-37　小 H　　　　图 8-38　屈臂 H

图 8-39　前 H(提桶式)　　　　图 8-40　前 H(持烛式)　　　　图 8-41　后 M

图 8-42　O　　　　图 8-43　下 H

3. 花球舞蹈啦啦操的下肢动作

花球舞蹈啦啦操中的下肢动作有基本站姿、开腿分立、侧弓步、前弓步、半蹲、单腿跪地、锁步、吸腿、侧点地、侧弹踢、后踢、弹踢等(如图 8-44～图 8-55 所示)。

图 8-44　基本站姿　　图 8-45　开腿分立　　图 8-46　侧弓步　　图 8-47　前弓步

图 8-48　半蹲　　图 8-49　单腿跪地　　图 8-50　锁步　　图 8-51　吸腿

图 8-52　侧点地　　图 8-53　侧弹踢　　图 8-54　后踢　　图 8-55　弹踢

4. 爵士舞蹈啦啦操的基本动作

爵士啦啦操的基本动作有爵士走步、摆腿、滑并步等，如表 8-1 所示。

表 8-1　爵士啦啦操基本动作与要求

动作名称	动作要求
爵士走步(Jazz Walk)	半屈膝姿态做踏步，脚保持平衡向前。做此动作时头和躯干应尽量向上延伸并拉离半屈的腿
摆腿(Battement)	摆动腿的膝关节绷直，从髋关节摆动向上，然后摆回落于地上。支撑腿可屈可直，可以绷直脚尖或勾脚尖。摆腿可向前或向后
滑并步(Chasse/Sashay)	一脚向侧迈出，另一只脚紧接着收于第一脚旁，方向也可向前或向后

续表

动作名称	动 作 要 求
加速拉踢(Hitch Kick)	是在空中完成的踢腿动作，单足起跳，另一腿屈膝向上摆动，同时牵引整个身体向上，起跳的腿随即迅速向前及向上踢，踢出时绷脚尖、直膝
爵士方步(Jazz Square)	用四步行进出一个方形，例如：右脚交叉于左脚前，左脚后踏，右脚侧踏成二位，左脚前踏
小蛇(Snake)	胸部配合头、手、腰、胯的运动，右脚向右迈出保持同肩宽，同时左脚脚后跟往外拧，左手握拳沿胸腰向外穿出，同时向右侧头，下旁腰，依次经胸、腰、胯呈现

5. 技巧啦啦操的成套动作

技巧啦啦操的成套动作分为托举与配合、翻腾、抛接、金字塔四个部分，如表 8-2 所示。

表 8-2　技巧啦啦操的成套动作

动作名称	动 作
托举与配合	包括髋位双脚托举、髋位单脚后搬腿托举、劈叉坐肩托举、肩位单腿吸腿托举、高臂双手双脚托举、坐肩托举、高臂双手单脚后搬腿托举、肩位单腿前控腿托举
翻腾	包括前(后)滚翻、侧手翻、鱼跃前滚翻、后滚翻倒立、前手翻、后软翻、侧空翻、后空翻
抛接	包括仰面摇篮抛接、直体抛接、团身抛接、踢腿抛接、纵叉跳抛接、屈体并/分腿抛接、踢腿转体360°抛接
金字塔	包括髋位站立金字塔、两层一人半高金字塔、双层两人高金字塔、两层两人半高金字塔、三层两人高金字塔、三层两人半高金字塔

第二节　健美操运动

一、健美操运动的起源与发展

健美操运动起源于 2000 多年以前的古希腊，古希腊人对人体美非常重视，为了拥有匀称、和谐、富有生机、完美的人体，他们通常采用奔跑、跳跃、健美、舞蹈等体育运动方式，对人体进行锻炼，这为健美操运动的形成和发展打下了良好的基础。

真正意义上的健美操运动起源于 1968 年，它把体操、音乐、舞蹈等元素融合到了一起。

到 20 世纪 80 年代初期，全球健身及休闲体育快速发展，给健美操运动带来了强大的生命力。美国对健美操运动的发展影响非常大，代表人物有电影明星简·方达。简·方达结合自己的健身经验出版了一本名为《简·方达·健美术》的书，此书推动了全球健美操运动的快速发展。1983 年，美国举行了首届健美操比赛，到 1985 年之后，美国每年都会组织一次健美操锦标赛，从此健美操运动成为竞技体育的一种运动形式。

苏联曾经将健美操运动项目列入小学体育教学大纲中，菲律宾、新加坡等国家设立了许多健美操活动中心和健身俱乐部，越来越多的国家开始重视健美操，全球范围内形成了健美操热潮。

到 20 世纪 70 年代末 80 年代初，健美操开始传入我国。起初只有上海、北京、广州等地区的学校开设了健美操课，之后其他地区的部分高校结合国家教育委员会(现教育部)对高校体育教学的要求，也逐渐开设了健美操课。

二、健美操运动的分类

世界健美操和我国健美操种类繁多，分类方法也各不相同。如根据练习的目的和任务，可分为健身(大众)健美操、竞技健美操和表演健美操；根据练习形式，可分为利用专门健美器械进行练习的健美操、持轻器械健美操和徒手健美操；根据练习者的性别特征，可分为男子健美操和女子健美操；根据练习者的不同年龄阶段的特征，可分为幼儿健美操、儿童健美操、青少年健美操、中老年健美操；根据人体解剖结构特征，按身体部位从上到下可分为颈部健美操、肩部健美操、胸部健美操、腰腹健美操、髋部健美操、腿部健美操和足踝健美操；根据动作的内容特征，还可分为姿态健美操、形体健美操、垫面健美操和跑跳健美操等。这里按练习的目的和任务对健美操进行分类介绍。

1. 健身健美操

健身健美操又称大众健美操，其动作难度低、运动强度不大，适合不同年龄、层次、性别、职业的人练习。健身健美操锻炼的主要目的是娱乐、健身，还可以预防疾病，是一项群众普及性较高的项目。

2. 竞技健美操

竞技健美操是在健身健美操的基础上发展起来的，它的主要目的是比赛。根据竞技健美操的竞赛规则与规程的要求进行动作的编排，并按评分方法进行比赛，比赛要求完成一定难度的动作，因此对人体的身体素质、心肺功能、艺术表现能力和技术技能有较高的要求。竞技健美操比赛共有五个项目：混合六人、混合三人、男女混双、男子单人、女子单人健美操。由于要求较高，竞技健美操适合人群有限。

3. 表演健美操

表演性的健美操是中国健美操发展的特殊形式，在国外没有。表演健美操是为了向人们传播美，展现力量和健康，以达到陶冶情操、净化心灵的作用，满足锻炼者表现自我的需要。表演健美操与健身健美操相比要求较高，强调"演"的环节，此项目除了注重健身外，还注重表演性，因此对锻炼者的表现力、团队动作的一致性、变换队形的多样性都有要求。

三、健美操运动的特点

1. 集健美和健身于一体

健美操运动的目的是健身，它以人体美学、人体解剖学以及运动生理学等多学科为理论基础，健美操动作的编排不仅要考虑健身的因素还要考虑健美的因素，动作讲究健美大方，强调动作的力度和脚上步法的弹性，练习内容既要讲求针对性还要考虑实效性，不仅要使身体的各部位关节、肌肉、韧带得到充分锻炼，还要使人体均衡匀称和谐地全面发展，助力增强体质，培养健美的体形，塑造健美的自我。健美操运动不仅是一种注重外在美的锻炼形式，也是一种注重内在美的运动方式，对人的身心具有全面的影响。

2. 鲜明的节奏感和韵律感

健美操是一种在音乐伴奏下进行的身体练习，其音乐具有节奏鲜明、乐段明显、节拍清晰、旋律优美、活泼轻快、使人情绪激奋的特点，风格大都趋于热烈奔放。健美操在动作编排时，要反复地听音乐，感受音乐的旋律、音乐表达的情感，使健美操动作及情绪表达与音乐风格统一、动作的力度与音乐的强弱一致、动作速度与节奏一致。没有音乐的健美操就好像失去灵魂的人，没有活力，而伴随着音乐的健美操会使人产生跃跃欲试的感觉，在不知不觉的运动过程中忘却疲劳，产生轻松愉快的心情。

3. 动作的多变性和协调性

健美操虽然只有七大步伐，但是同一步伐又有不同的种类、运动形式、手臂动作和节奏快慢，随着步伐数的增加，动作也就愈来愈丰富多变。健美操动作基本上很少出现单个关节的局部动作，大多为多关节的同步或异步运动，如在大幅度的肢体动作时，常伴有腰、膝、髋、踝和头部等部位的动作，所以，健美操是全身性的协调运动。

4. 广泛的群众性

健美操运动对场地、器材要求不高，动作有简单的、复杂的，运动的负荷可高可低，时间可长可短，强度可大可小，练习者可根据自我需要进行合理安排，因此，它可以满足不同年龄、性别、形体、素质、个性、气质的练习者的需要。此外，健美操运动的趣味性，可以给人们带来愉悦的身心体验，符合现代人对健身、健美、自娱自乐的需求。因此，健美操运动深受广大群众的喜爱，具有广泛的群众基础性。

四、健美操运动的基本技术动作

1. 健美操运动基本技术动作

健美操基本动作的划分依据有很多，例如：按其动作的完成形式可分为交替类、点地类、迈步类、吸腿类、双腿类；根据人们运动时对地面的冲击力大小，可分为无冲击力步法、低冲击力步法和高冲击力步法等。这里采用按身体各个关节从上到下的方式进行分类，分为头颈部、肩部、手部、胸部、腰部、髋部、腿部等动作。

1）头、颈部动作

(1) 头、颈屈：指头颈关节弯曲，包括头、颈前屈(头向前低，收下颚，还原，如图 8-56 所示)，头、颈后屈(头抬起后仰，下颚指向上方，还原，如图 8-57 所示)，头、颈左侧屈(头向左侧屈，左耳下压，对准肩部，如图 8-58 所示)，头、颈右侧屈(头向右侧屈，右耳下压，对准肩部，如图 8-59 所示)。

图 8-56 前屈　　　　　图 8-57 后屈　　　　　图 8-58 左侧屈　　　　　图 8-59 右侧屈

(2) 头、颈转：指头颈部绕身体垂直轴的方向转动，包括左转(指下颚向左边转 90°)、右转(指下颚向右边转 90°)。

(3) 头、颈绕和绕环："绕"是指头以颈为轴心的弧形运动，包括左绕、右绕。"绕环"是指头从一侧屈开始，做绕前、左、后、右 360° 环绕，有向左绕环和向右绕环两种(如图 8-60 所示)。

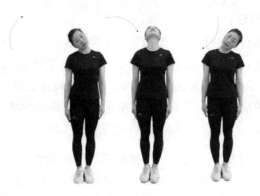

图 8-60 头、颈绕环

头、颈部动作要求：上体保持正直，速度要慢，头颈移动的方向要准确，颈部被调动的肌群要充分伸展。

2) 肩部动作

(1) 提肩：指肩胛骨向上提起的运动，包括提左肩(如图 8-61 所示)、右肩、双肩的同时提起(如图 8-62 所示)和依次落下。

(2) 沉肩：指肩胛骨做向下放落的运动，包括左/右肩、双肩的同时向下沉和依次向下沉(如图 8-63 所示)。

图 8-61 提单肩　　　　　图 8-62 提双肩　　　　　图 8-63 沉肩

(3) 绕肩：指以肩关节为轴做小于 360° 的弧形运动，包括左/右肩向前、向后绕，双肩同时或依次向前、后绕环 (如图 8-64 所示)。

图 8-64　绕肩

(4) 肩绕环：指以肩关节为轴做向前或向后 360° 及 360° 以上的弧形运动，包括左/右肩向前、向后绕环，双肩同时或依次向前、向后绕环，如图 8-65 所示。

图 8-65　双肩绕环

肩部动作的要求：提肩时尽量向上提，沉肩时尽力向下沉，动作幅度大而有力；绕肩时上体不能摆动，两臂放松，头颈不能前探；动作连贯，速度均匀，幅度要大。

3) 手臂动作

(1) 手臂举：指以肩关节为中心轴，手臂的活动范围不超过 180°，而停止在某一部位的手臂动作，包括单臂和双臂的前、后、侧、斜以及不同中间方向的举(如上举、前下举、前上举、前平举、侧上举、侧下举、侧平举等)，如图 8-66 所示。

上举　　　前下举　　　前上举　　　前平举　　　侧上举　　　侧下举　　　侧平举

图 8-66　手臂举

(2) 手臂屈：指手部肘关节弯曲产生一定角度形成的动作。根据弯曲角度的不同，手臂屈分为手臂的头上屈、手臂的头后屈、手臂的肩侧屈、手臂的肩上侧屈、手臂的肩下侧屈、手臂的肩上前屈、手臂的胸前屈、手臂的胸前平屈、手臂的腰间屈、手臂的背后屈等，如图 8-67 所示(只给出其中的三个动作)。

手臂的肩下侧屈　　　　　手臂的肩上侧屈　　　　　手臂的肩上前屈

图 8-67　手臂屈

(3) 手臂绕：指双臂或左/右臂向内、向外、向前、向后做 180° 以上、360° 以下的弧形运动。

(4) 手臂绕环：指以肩关节为中心轴，双臂或左/右臂做向前、向后、向内、向外 360° 绕环，如图 8-68 所示。

图 8-68　手臂绕环

(5) 手臂摆：指以肩关节带动手臂来完成的摆动动作，包括左/右臂和双臂同时或依次向前、后、左、右方向的摆动，如图 8-69 所示。

图 8-69　手臂摆

(6) 手臂振：指以肩膀为中心轴，手臂用力摆至最大幅度，包括上举后振、下举后振、侧举后振，如图 8-70 所示。

图 8-70　手臂振

(7) 手臂旋：指以肩关节或肘关节为中心轴做手臂的旋内或旋外的动作。

手臂动作要求：练习时，手臂要伸直，向外延展，角度要准确，振肩动作要有速度、力度和弹性。

4) 胸部动作

(1) 含胸：指两肩最大限度地向内靠拢，肩膀内合，缩小胸部空间(如图 8-71 所示)。

(2) 展胸：指两肩最大限度地向外展开，扩大胸部空间，抬头、挺胸(如图 8-72 所示)。

(3) 移胸：指髋部固定不动，做胸部向左或向右的水平移动(如图 8-73、图 8-74 所示)。

胸部动作要求：练习时，腹部要收紧，腰杆要立直。含胸、展胸、移胸时动作幅度要大。

图 8-71　含胸　　图 8-72　展胸　　　　图 8-73　左移胸　　　　图 8-74　右移胸

5) 腰部动作

(1) 腰部屈：指下肢固定不动，上体沿水平轴和矢状轴进行的身体运动，包括腰部前屈、腰部后屈、腰部左屈、腰部右屈，如图 8-75 所示。

腰部前屈　　　　腰部后屈　　　　　　腰部右屈　　　　腰部左屈

图 8-75　腰部屈

(2) 腰部转：指下肢固定不动，上体沿垂直轴方向的扭转，包括腰部左转、腰部右转，如图 8-76 所示。

腰部右转　　　　　　　　　腰部左转

图 8-76　腰部转

(3) 腰部绕和绕环：指下肢固定不动，上体沿垂直轴做小于 360° 的绕环运动或大于 360° 的绕环运动，包括左绕、右绕和绕环，如图 8-77 所示。

图 8-77　腰部绕

腰部动作要求：练习腰部动作时，上体保持立直，腰部尽力向外延伸，绕环幅度要大，动作在完成的过程中要充分而连贯，速度要慢。

6) 髋部动作

(1) 顶髋：指髋关节快速地水平移动，包括前顶髋、后顶髋、左顶髋、右顶髋，如图 8-78 所示。

前顶髋　　　　　后顶髋　　　　　左顶髋　　　　　右顶髋

图 8-78　顶髋

(2) 提髋：指髋关节快速向一侧上提的动作，包括左提髋、右提髋，如图 8-79 所示。

右提髋　　　　　　　　　　　　左提髋

图 8-79　提髋

(3) 摆髋：指髋关节做连续的钟摆式移动动作，包括左、右侧摆髋和前、后摆髋。

(4) 绕髋和髋绕环：指髋关节做圆形或弧形的移动，包括向左、右的绕和绕环(如图 8-80 所示)。

图 8-80　绕髋

髋部动作要求：做髋部动作时，上体要放松，髋关节做顶髋、提髋、绕髋和绕环时应保持动作的平稳、柔和、协调和弹性。

7) 腿部动作

(1) 滚动步：有向前和向后的滚动步，两脚依次交替，由前脚尖过渡到全脚掌的动作。

(2) 交叉步：分向左的前交叉步、向右的前交叉步、向左的后交叉步、向右的后交叉步，即一脚向左或向右迈开，另一脚在前或在后交叉，前一脚再迈开，最后并脚(如图 8-81 所示)。

图 8-81　交叉步

(3) 跑跳步：两脚依次交替进行跑，跑后支撑阶段其中一脚有一次跳的过程。

(4) 并腿跳：双腿并拢，身体站直，直膝或屈膝向上跳起。

(5) 侧摆腿跳：单腿跳起的同时，另一腿向侧摆动，分左侧摆腿跳、右侧摆腿跳等(如图 8-82 所示)。

左侧摆腿跳   右侧摆腿跳

图 8-82 侧摆腿跳

腿部动作要求：脚步动作有弹性，注意配合呼吸。

2. 健美操运动基本步法

健美操运动的步法主要分为七大类，分别是踏步、开合跳、弓步跳、吸腿跳、大踢腿跳、弹踢腿跳、后踢腿跑。同一种步法随着运动方向、形式的不同，做出的动作也有很大的不同。相同的两个步法，加上不同的方向、形式，就会呈现不同的动作效果，伴随基本步法叠加的增多，做出的动作也就千变万化，这也是健美操运动吸引人的因素之一。

(1) 踏步：一脚抬起落下时，脚尖先着地再缓慢地过渡到脚后跟，手臂随着身体协调自然地前后摆动(如图 8-83 所示)。踏步可分为脚尖不离地的踏步和腿抬高的大幅度踏步。运动的形式有原地不移动的踏步，有向前或向后移动、斜线移动、左右移动的踏步，不同角度的转体移动踏步等。

踏步技术要求：落地柔软，有控制，有弹性。

图 8-83 踏步

(2) 开合跳：两腿用力跳起落地成开立，两脚分开的距离大于肩膀宽度，膝关节沿脚尖方向微微弯曲；并腿时，两脚并拢。整个动作过程中上体保持自然直立，起跳动作控制有力，脚尖过渡至全脚(如图 8-84 所示)。开合跳可分为双脚向上跳起双脚向下落的开合跳(双脚两次开开合合、连续开合) 和单脚跳起双脚落的开合跳。开合跳还可以有向前、向后、向左、向右的方向变化。

开合跳技术要求：脚尖、膝盖方向相同，落地时膝关节缓冲。

图 8-84　开合跳

(3) 弓步跳：一腿屈膝，大小腿夹角约 130°，脚尖与膝垂直，另一腿伸直，重心落于两腿之间(如图 8-85 所示)。由于弓步的形式很多，因此在做法上也有所不同。弓步跳可分为静力性的弓步跳和动力性的弓步跳，方向上分为向前一步的弓步跳、向后撤一步的弓步跳、重心在右脚的右弓步跳和重心在左脚的左弓步跳。

弓步跳技术要求：上体保持正直、挺拔，眼睛目视前方。

图 8-85　弓步跳

(4) 吸腿跳：上体保持正直吸腿，大腿用力向上提起，膝关节最大限度地弯曲，关节角度不小于 90°，达到最高点时小腿垂直地面，脚尖绷直、朝下(如图 8-86 所示)。吸腿跳可分为转体的吸腿跳、原地的吸腿跳和移动的吸腿跳，以及各个空间、角度、高或低强度的吸腿跳。

吸腿跳技术要求：落地缓冲，有控制。

图 8-86　吸腿跳

(5) 大踢腿跳：屈髋做直腿高踢的动作，踢起的腿在髋部前面或侧方，踢起的腿的高度不低于肩，支撑腿膝关节伸直，动作过程中上体直立，同时要注重脚背和膝盖的绷直，落下时，脚尖先着地再缓慢地过渡到脚后跟，手臂随着身体协调自然地摆动(如图 8-87 所示)。大踢腿跳可以有各个平面、高度、高或低强度与方向的变化。

大踢腿跳技术要求：落地柔软，有控制，有弹性。

图 8-87　大踢腿跳

(6) 弹踢腿跳：左脚抬起向后屈，右脚起跳同时将左膝伸直向前踢出；然后左脚落地，同时右腿后屈，接反方向或下一个动作。做弹踢腿跳时大腿先发力，再小腿弹伸，做动作时膝关节不要直，要有控制地向前下方伸(如图 8-88 所示)。弹踢腿跳有原地的弹踢腿跳、移动中的弹踢腿跳和转体中的弹踢腿跳，方向上可分为向前的弹踢腿跳、向侧的弹踢腿跳和向后的弹踢腿跳。

弹踢腿跳技术要求：均衡发展。

图 8-88　弹踢腿跳

(7) 后踢腿跑：两腿依次向后抬起、落下，交替进行。屈腿时膝向前，落地时从脚尖过渡到全脚掌，膝、踝关节放松，保持上体自然直立和腰腹的控制力量，整个过程动作感觉不沉不坠(如图 8-89 所示)。后踢腿跑有各种角度和方向的形式变化。

后踢腿跑技术要领：上体正直或稍前倾，手臂自然摆动。

图 8-89　后踢腿跑

3. 健美操运动基本手型

健美操运动的手型来源于武术、芭蕾舞、现代舞、迪斯科等。手型的不同与变化在健美操运动中有不同的意义。从美学角度上看，兰花指展示的是柔美、秀气；撑指则展示的是力量；西班牙舞手型则体现了洒脱、刚健的美感。从运动生理学的角度看，手型的不同变化，对身体各个部位的刺激作用也不同。因此，掌握不同手型的特点，对表现动作、增进健康、展现身体都是有益的。

健美操运动的基本手型包括：

(1) 并拢式：五指伸直，相互并拢，并使其在一个平面上，同时大拇指微屈，指关节贴于食指旁。

(2) 分开式：五指用力伸直，充分张开。

(3) 芭蕾舞手式：五指微屈，后三指并拢，中指稍内收，拇指内扣。

(4) 拳式：四指并拢，由指端往里卷成拳，大拇指紧扣手指第二关节处并在同一水平面上。

(5) 立掌式：五指伸直，手掌用力上翘，手掌推出，掌与手臂成90°。

(6) 西班牙舞手式：五指用力，中指、无名指、小指自掌指关节处依次减小屈度地"层次屈"，拇指稍内扣。

(7) 花式：五指用力充分张开、伸直，小指最大限度伸直向掌心回弯，无名指会随小指回弯。

第三节　瑜　伽　运　动

一、瑜伽运动的起源与发展

瑜伽运动最早起源于印度，距今大概有 5000 多年的历史，被人们称为"世界的瑰宝"。经过几千年无数瑜伽修行者的钻研，瑜伽逐渐形成了一套理论完整、确切实用的养生健身体系。从广义上讲，瑜伽是一种哲学；从狭义上讲，瑜伽是一种精神和肉体结合的运动。现在所说的瑜伽一般是指瑜伽的练习方法。

二、瑜伽运动的分类

瑜伽作为一种专业的健身方式，有很多的专业分类。根据出现时间，可交瑜伽分为古典瑜伽和现代瑜伽。古典瑜伽又可分为昆达利尼瑜伽、业瑜伽、智瑜伽、哈他瑜伽、王瑜伽等五大体系；现代瑜伽又可分为养生瑜伽、热瑜伽和高温瑜伽等。根据功能，可将瑜伽分为以基础练习为目的的入门瑜伽，以开胯为主要目的的阴瑜伽，以纤体塑形为主要目的的瘦身瑜伽，将力量与柔美相结合的哈他瑜伽，利用球的不稳定性来建立平衡与核心力量的球瑜伽，以练习精准持久力为目的的艾扬格瑜伽，以排肠毒为目的的排毒瑜伽，以力量练习为目的的阿斯汤加瑜伽，以建立力量与平衡为目的的轮瑜伽，以去除恐惧、展现力量与柔美为目的的空中瑜伽，以培养默契与平衡为目的的双人瑜伽，以加强盆底肌力、有利于顺产为目的的孕产瑜伽，以在乐趣中增进亲子关系为目的亲子瑜伽，以开发智力、增强体能为目的的少儿瑜伽，以减肥塑形为目的的普拉提等。

1. 入门瑜伽(基础练习)

从呼吸开始,以轻松的心态进入瑜伽练习。呼吸是练习瑜伽的开始,合理的呼吸可以调节人的气息,顺畅经络,排出废气。瑜伽休息术也是瑜伽入门练习必不可少的一部分,它有利于练习者恢复身体机能,为下次练习做好准备。

2. 阴瑜伽(以开胯为主)

阴瑜伽强调身体的放松,摒弃一切思想杂念,配合缓慢自然的呼吸,结合中国道教和武术思想的精髓进行修习。

每个动作持续3~5分钟,在完全放松的状态下锻炼骨骼及其连接组织,增强柔韧性,调节神经系统,增强人体耐力,达到身心合一的境界。

3. 瘦身瑜伽(纤体塑形)

通过瑜伽练习消耗能量,加速体内物质新陈代谢,使皮下多余的脂肪得到燃烧,加强肌肉周围的组织和力量,从而缓解皮肤的衰老,使皮肤和机体可以较长时间保持张力与活力,在瘦身的同时还锻炼了肌肉的线条。

4. 哈他瑜伽(力量与柔美相结合)

哈他瑜伽主要通过合适的身体姿势、合理的呼吸和放松等方法达到锻炼的目的。合理的呼吸,适当的放松,合适的身体姿势,对神经系统、消化系统及内脏器官都有很大的好处。平时比较常见的如头疼、肠胃不适等症状,通过哈他瑜伽练习,可以得到改善。哈他瑜伽练习的节奏缓慢、动作随意、难度较低,几乎人人都可以练习。

"哈"在这里代表太阳,象征阳性的事物,如男性的力量。"他"代表月亮,象征八卦里面阴性的事物,如女性的柔美等。哈他瑜伽的思想与阴阳学说非常相似。

5. 球瑜伽(利用球的不稳定性来建立平衡与核心力量)

瑜伽球也称为健身球,是一种配合瑜伽运动的健身工具。大多数的瑜伽球都是由PVC材料制成的。瑜伽球具有弹性,在练习的过程中,接触球的身体部位的血液循环会加速,促进人体的新陈代谢。球具有弹性和滚动性,要想在练习中保持身体的稳定,腹部、背部、腰部等主要部位就要配合发力。练习时,动作的伸展、挤压及呼吸要缓慢。通过练习,肌肉可以得到有效的按摩、放松并且能够消耗脂肪。因为球的不稳定性,所以在练习的时候要求练习者精神高度集中,从而减轻精神压力,增强四肢和脊柱的力量并提高耐力。利用瑜伽球进行健身功效非常明显。

6. 艾扬格瑜伽(精准持久)

艾扬格瑜伽在练习的时候讲究动作的精准与协调,练习体位时讲究先后的顺序,经过长久的练习,身体姿势将更加稳定。在练习艾扬格瑜伽的过程中也可以借助工具,如木板、长椅、座椅、袋子、绳子等,辅助练习不同的体式。在练习的过程中,逐渐克服恐惧心理,从而获得信心。

7. 排毒瑜伽(排肠毒)

瑜伽练习中的呼与吸,看似简单的动作,对人体也有益处。吸入充足的氧气,呼出浊气、废气、毒素等诸多代谢的垃圾，这不仅会使身体更加健康，皮肤更具有弹性，也会使人体从内到外变得更加美丽。

8. 阿斯汤加瑜伽(力量练习)

阿斯汤加瑜伽分为初级、中级、高级三种级别，每种级别的动作编排都是固定的模式，先从 5 遍的太阳祈祷式开始，接着进行大量的体位姿势练习，最后多以倒立和休息术为结束动作。练习的过程要求非常严格，每个动作都会消耗大量的热量和体液，在体液排出的同时，也排出身体的毒素。阿斯汤加瑜伽全面地锻炼了身体的力量、柔韧度和耐力，也被称作"力量瑜伽"，被许多欧美健身爱好者喜爱。

9. 轮瑜伽(建立力量与平衡)

瑜伽轮是瑜伽练习的一种工具，它的形状是圆形的。人体躺在瑜伽轮上可以使脊柱得到充分的按摩、拉伸，通过练习可以提高人体后背的柔韧性。由于轮的不稳定性，练习者要想在动作中保持稳定，腰腹就需要有一定的力量。通过练习可以使腰腹力量得到加强，因此，此练习方法对核心力量的训练效果较好。瑜伽轮的使用使瑜伽练习更加丰富有趣。

10. 空中瑜伽(去除恐惧，展现力量与柔美)

空中瑜伽依靠物理学的原理，利用绳索、吊床作为铺具，结合瑜伽的体位，融合普拉提、舞蹈进行练习。空中瑜伽完成难度较大，对身体素质有一定的要求，因此，练习的人群有限。

11. 双人瑜伽(默契与平衡)

双人瑜伽不仅是力与美的体现，更是寻找默契、共同达到平衡的过程。双人瑜伽比单人瑜伽能做的动作更加丰富、更加有趣，对机体肌肉、内脏、神经各部分的刺激也更加明显，同时通过同伴的帮助，能更好地修正偏歪的姿势，矫正脊柱，激活整个身体系统，达到平衡身体的目的。双人瑜伽练习要比单人瑜伽练习复杂、难度要大，在练习时除了要注意自己的动作和呼吸，还要考虑到对方的感受和要求，随时调节自己的动作、位置及力量。为达到彼此之间相互的适应，配合是练习的关键，找到彼此的适合点，共同舒适有效地进行练习。

12. 孕产瑜伽(加强盆底肌力，有利于顺产)

孕期瑜伽要尽量避免脊柱扭转、折叠、腹部挤压等动作，主要练习腹式呼吸、上下肢肌肉力量训练、平衡感训练，以及姿势的纠正等。孕产瑜伽练习可以缓解孕期所造成的腰、背部酸痛，还可以稳定孕期孕妇的情绪，使其精神状态放松，心情愉悦，还可以放松肌肉，缓解怀孕后期腿部水肿的状况，有助于日后的顺产。

13. 亲子瑜伽(在乐趣中增进亲子关系)

通过与孩子的肌肤接触、目光交流、相互配合，共同完成瑜伽动作，在完成动作的过程中，促进宝宝大脑的发育，使其健康快乐成长，增进亲子之间的感情。

14. 少儿瑜伽(开发智力，增强体能)

随着社会经济的发展和科学技术的进步，人们的生活水平越来越高，物质条件越来越优越，生活方式越来越便捷，但人们的压力却越来越大，越来越多的少年儿童出现了不同程度的驼背、塌腰等问题。这时通过瑜伽柔韧性、平衡性和灵活性的脊柱伸展练习有助于纠正少年儿童的不良姿态，缓解长期伏案造成的颈椎和背部疲劳。

15. 普拉提(减肥塑形)

普拉提是一种集瑜伽、体操和舞蹈于一体的身体训练，能有效地放松人体全身肌肉，提高人体的控制力。瑜伽是静态的，普拉提是动态的。因为普拉提具有良好的减肥瘦身的作用，所以被广大大学生喜爱。

三、瑜伽运动的技术部分

瑜伽运动的技术部分主要包括瑜伽坐立的姿势、呼吸的方式及身体的各种体式。瑜伽的坐姿有很多种，主要包括简易坐姿、雷电坐姿、平常坐姿、半莲花坐姿、全莲花坐姿等。瑜伽呼吸法有三种，即完全式呼吸、腹式呼吸、胸式呼吸。瑜伽的体式主要包括前屈式、狮身人面式、坐姿转体、山岳式、八体投地式、展臂式等。

正确的瑜伽姿势、合理的呼吸节奏、合适的拉伸程度，可以舒展身体，放松紧张的肌肉和僵硬的关节，增加肌肉的柔韧性和力量，从而保护运动中各身体部位免受伤害，降低意外事故发生的概率。

1. 前屈式

双脚站立，脚尖朝前，膝关节微屈，双臂自然下垂，掌心贴近体侧(如图 8-90 所示)。

吸气时慢慢地抬起手臂，掌心向上举到头顶。呼气时，手臂随着膝盖慢慢地向下拉伸，接触小腿，也可以根据个人情况，接触双脚或者地板，这个动作坚持 15 s 左右。

图 8-90　前屈式

2. 狮身人面式

人体趴在瑜伽垫上，双手放于体侧，手指向前(如图 8-91 所示)。

吸气时手掌用力向下推，前臂向下用力，慢慢地伸直手臂，同时抬起头，挺胸，颈部向上挺直，保持手肘在肩部的下方。根据个人情况保持这个动作 15～30 s。呼气时放松身体，还原。

图 8-91　狮身人面式

3. 坐姿转体

一条腿放于另一条腿的膝关节处，盘腿而坐，上肢慢慢地向后转体，手臂置于体侧(如图 8-92 所示)。

每次吸气时，手臂上举拉伸脊柱，呼气时左手放下，身体慢慢向右转，放于大腿外侧，眼睛向右侧的肩膀或向远处看，每次大概坚持 15～30 s。

每次吸气时都尽量拉伸脊柱，每次呼吸时都要努力地转动更大一点，持续几秒钟以后可以还原到中心位置，然后换方向重复练习。

图 8-92　坐姿转体

4. 山岳式

吸气、呼气时身体慢慢前压，双手接触地面，手臂伸直，使躯干与下肢形成倒"V"形，双脚并拢，双腿伸直，头低下，臀部翘在半空(如图 8-93 所示)。

图 8-93　山岳式

5. 八体投地式

身体慢慢地放低接触地面，最后只有脚趾、双膝、胸部、双手和下巴触地，其余身体部位离开地面，再慢慢地呼出所有气体，最后屏气(如图 8-94 所示)。

图 8-94　八体投地式

6. 展臂式

双臂分开与肩同宽，然后慢慢上举过头，再慢慢地挺胯、抬头、挺胸，全身伸展(如图 8-95 所示)。

图 8-95　展臂式

四、瑜伽练习的注意事项

1. 练习前空腹

在瑜伽练习之前最好保持空腹，时间最好在餐后 3～4 小时，如果不能达到，至少应在餐后 1～2 小时。空腹是为了减轻胃部的负担，瑜伽的体位动作主要以人体的脊柱为中心轴，并向左或向右拉伸、挤压身体，如果胃部负担过重，会使练习者在练习中产生不适，严重的甚至会出现恶心、头昏、胸闷等现象。

2. 练习后不要马上大量进食

瑜伽动作练习完之后，我们的肠胃一般都处于放松休息的状态，如果此时立即进食就会使肠胃负担过重。除此之外，人体在练习完瑜伽动作之后，全身的血液会分布在身体的各个部位，如果此时锻炼者开始大量进食，血液就会回流到胃部，心脏负担加重，不利于身体健康。

3. 洗浴、桑拿之后 30 分钟内不宜做瑜伽

洗浴或是桑拿之后会使人体的血液循环加快，瑜伽练习也会促使人体血液充分循环，这样势必会加快心率，加重心脏负担，使人体出现不适感。瑜伽发源地的修炼者还会在练习瑜伽前进行冷水浴，除了清洁身体，最主要的目的就是减缓身体的血液循环速度，降低瑜伽练习时心脏的负担。

4. 练习之后不要马上洗浴

人体进行瑜伽练习，通常会伴随汗液的排出，排出的汗液会与皮脂形成皮脂膜，皮脂膜对皮肤有很好的滋养作用，这也是瑜伽锻炼具有美容功效的原因之一。

如果立即洗澡，人的汗液被冲掉，不能与皮质形成皮脂膜，就白白浪费了天然美容护肤的机会，因此建议瑜伽运动后不要立即洗澡，最好半个小时以后再洗。但是不是所有的瑜伽练习都如此，如高温瑜伽和力量瑜伽，此类瑜伽练习将会大量地排汗，带出毒素，因此需要立即洗澡，以便把排出的毒素清理掉，而且浑身的汗渍也会使人感觉到非常不舒服。总之，最好是在呼吸和心跳恢复正常之后再洗澡，这样有利于身体健康。

5. 练习时不宜穿紧身衣服

瑜伽不同于健美操和形体练习，练习瑜伽时，上身应穿着宽松、棉质、吸汗的衣服，下身应穿着带有弹性且贴身的裤子。

6. 练习场地不宜太硬或太软

练习时最好使用专业的瑜伽垫，如果没有条件，也可以在地板上铺一块毛毯或是大浴巾。练习时的地面太软，会导致完成动作时，起不到应有的支撑，容易发生伤害事故，伤到骨骼。相反，如果地面过硬，就起不到保护和缓冲的作用，轻的情况下会产生炎症，重的情况下会伤害到关节、骨骼的正常功能，使身体受损。

7. 体位练习时动作要缓慢

体位练习时动作要缓慢，配合自然的呼吸，一般体位练习时的呼吸采用的都是鼻孔进行的自然呼吸，也有部分动作会采用腹式呼吸来缓解胸腔的压力。体位练习多是伸展性运动，不需要屏着呼吸，练习动作时需要慢慢伸长，呼吸要配合动作。特别是保持动作时，更要自然地呼吸。

8. 体位练习时要量力而为

学生在做动作时，应循序渐进、量力而为，不可操之过急，不需要跟老师的动作保持一致，做到自己的极限就是最安全、最有效的锻炼。

9. 避免穿/佩戴饰物(如皮带、手表、项链、耳环等)

在练习中佩戴首饰，不仅有可能会伤到自己，还有可能伤害到同伴，发生不可挽回的伤害事故。

10. 瑜伽练习的频率

瑜伽练习最好每周保证 3～4 次，如果不能保证至少也应为每周 2 次。如果条件允许，最好天天进行练习。如果没有大量的整段时间练习，那利用碎片化的时间也是可以的。最重要的是要养成瑜伽练习的习惯。瑜伽练习的场地要求不高，有条件的在瑜伽馆或健身中心上课，没有条件的在家跟着视频学习也是可以的。每天坚持 15 分钟的练习，同样可以达到令人满意的效果。

11. 练习过程应急处理

练习者在练习过程中应该全神贯注，这样才能够获得较好的效果。若出现任何不适或不舒服都应立即停止练习，以免受到伤害。严重者应及时就医。

12. 练习时应赤脚

不穿鞋和袜子，可以使锻炼者更加放松，双脚的附着力更好，动作姿势更加稳定，感觉更直接，也会对脚起到更好按摩的作用。

13. 练习之前先排便

在进行瑜伽练习之前，最好先大小便，这样可以使注意力更加集中，更专注于瑜伽练习。

第四节　形体健身与健美运动

一、健身健美运动的起源与发展

广义的健身是指为促进人体健康，达到理想的生活状态的一种行为方式。健身运动是通过不同的运动形式和各种方式练习，以达到增强身体素质、提高生活质量、延长生命为目的的体育运动。它不是某一个体育项目，它涵盖了所有有益于身心的运动项目，包括健美、体能训练、形体修塑及娱乐与休闲健身等。随着社会的发展和人类文明的进步，体育健身已成为增强体质、健美形体、延缓衰老以及提高生活品质的重要手段。

狭义的健身运动一般是指把有氧训练和器械训练结合起来进行的运动，有氧训练的运动量一般不小于器械训练。通过有氧代谢锻炼和无氧代谢锻炼的有机结合，能够增强人体内脏器官的功能，特别是心血管系统和呼吸系统的功能，提高身体的力量、速度、柔韧、耐力、灵敏度等素质，改善身体的形态。

何谓健美？顾名思义就是健康而优美、健壮、美观。它是根据健康原则、美学原则，以及年龄和性别特征，对人体毛发、肤色、体形、姿态、动作和风度等进行的综合评价。

"健美运动"的英文为 body-building，翻译成中文是身体建设的意思，它是一项徒手或使用哑铃、杠铃、壶铃及其他特制器材，采用各种动作方式和有效的方法来锻炼身体、增强体力、发达肌肉、改善体形和陶冶情操为目的的体育运动。

健美运动可以说是在健身和健康基础上的升华与提高，它是以健身运动为基础，为增加身体的美感而进行的建设性的身体锻炼。它不仅强调"健"，而且强调"美"，是"健、力、美"的统一，是健身运动的升华和提高。

二、健身健美运动锻炼原则

健身健美运动锻炼的原则是实践经验的总结和概括，它能更好地指导锻炼者遵循科学合理的锻炼方法，为锻炼者找到最佳锻炼途径，增强体质，提高锻炼者的运动水平。了解和熟练运用锻炼的原则，是健身健美锻炼必不可少的课题。

1. 目标性原则

锻炼者在进行健身健美运动时，要给自己提出明确的目标，如强壮我们的体魄、提高自我免疫系统功能、愉悦身心、治疗生理和心理疾病等。明确目标是健身健美运动精神上和生理上的动力源泉，它可以一直伴随锻炼者终身，激励锻炼者，克服困难、挑战自我，完善自我心理和生理功能。建议制定的初期目标不宜过高，这样有助于锻炼者实现目标，提升自我信心。

2. 循序渐进原则

在健身健美训练中，很多人急功近利，盲目加大运动量，想短期内迅速提高成绩或增强自我体质。但这样做容易使用身体的生理机能受到一定程度的损伤，甚至由轻微运动损伤转变为严重运动损伤，最后停止训练。这违背了体育锻炼的最终目的。所以，我们在运动训练中要严格遵守循序渐进原则，由浅入深、由简到繁、由低到高，科学合理地进行体育运动训练。

3. 超量负荷原则

"超量恢复"虽然给超量负荷提供了理论依据，但是超量恢复不是短时期就能实现的。每次超负荷训练，负荷越大，超量恢复期就越长。所以，建议每次超量负荷量不能超过上一次训练量的 10%。同时，人体生理恢复功能是有一定极限的，多次或长期超负荷训练会使人体产生运动损伤。当然，在训练中身体要有一定的疲劳程度，人体生理机能才会自我适应、自我修复，甚至超量恢复。因此，在训练中应合理安排训练计划，合理安排超量负荷训练量。

4. 个体差异原则

在体育运动训练中，由于年龄、性别、个人体质、兴趣爱好等多种原因，在制订训练计划时，不能千篇一律或者生搬硬套别人的训练计划，否则很可能完不成训练计划或者训练计划运动强度不够，如果训练强度过大，还可能造成运动伤害。可以根据个体的差异性制订适合自我体育训练的计划，即"因人而异，量力而行"。

5. 长期系统性原则

健全我们的体质，完善自我生理机能是一个长期系统锻炼的结果。体育锻炼的时间顺序不分先后，注重的是长期有效的系统锻炼。体育锻炼最忌讳的是"三天打鱼，两天晒网"的训练方法。我们在锻炼的过程中必须坚持长期性，有计划、有步骤、不间断，短期训练计划与长期训练计划有机结合，科学系统地安排锻炼，这样才能达到体育锻炼的目的。

6. 全面性发展原则

人体体能包括力量、灵敏度、速度、耐力、柔韧性、平衡感、协调性等，它们是构成人体生理健康的主要部分。在健身健美训练中不能片面地追求某一方面的发展，良好的身体形态、良好的身体和心理素质都是健身健美运动的追求目标。

大肌群训练与小肌群训练的结合、有氧运动与无氧运动的结合、速度与耐力的结合、力量与柔韧性的结合等，都是提高和发展体能的有效途径。全面发展体能不仅有利于身体健康，更能促进运动水平的提高。

健身健美运动锻炼原则是实践总结出来的普遍规律，只有掌握和运用这些规律，才能达到增强体质、塑造健美体形的目的。当然在锻炼中还应该遵循健身和健美特有的锻炼准则，因为它们二者既有共同之处，也有不同特点。

三、健身健美运动的基本动作练习

1. 腹部练习

(1) 卷腹(如图 8-96 所示)：平躺在瑜伽垫上，屈膝，双脚可以踩实或者悬空。双手扶于两耳旁，用腹肌的力量将肩部和上背部卷离地面，在最高点略作停顿后，缓慢回到起始位置。卷腹时，手肘保持向外打开。卷腹时呼气，下落时吸气。

图 8-96　卷腹

(2) 绳索卷腹(如图 8-97 所示)：在一个带有绳索的高位滑轮前双膝跪地。抓住绳索，向下拉直到双手位于脸颊两侧。轻轻收臀，使重量转移到下背。臀部不动，弯腰收腹，使胳膊肘移动到大腿中部。在进行该动作时呼气并保持 1 s。缓慢回到开始姿势并吸气。提示：确保在卷腹过程中保持收腹，同时不要负重太多，使下背承受过多压力。重复该动作至推荐重复的次数。

图 8-97　绳索卷腹

(3) 悬垂举腿(如图 8-98 所示)：双手分开比肩略宽，正握抓住单杠，双脚着地，躯干伸直，用力收缩腹肌将双腿尽可能抬高，然后慢慢放下，身体回到悬垂位置后再开始下一次动作。应当缓慢而有力地控制速度。动作做得越快，惯性的成分越大，效果越差，因为惯性会减轻腹肌的紧张程度。

图 8-98　悬垂举腿

2. 胸部练习

(1) 杠铃平板卧推(如图 8-99 所示)：双手以宽于肩的握距正握杠铃，拇指扣在食指上。合适的握距应该使小臂在动作最低点时基本垂直于地面。握距太窄，肱三头肌会过多参与，从而减弱对胸肌的刺激；握距太宽只能锻炼胸肌外侧。伸展胸肌，然后慢慢将杠铃下降至中胸处乳头偏上的位置，下降的同时用鼻子吸气。杠铃在最低点不接触胸肌而是保持一个微小的距离。在下降的过程中一直保持胸肌的紧张，用胸肌控制杠铃而不是胳膊。想象胸肌用力的方向是向上推起杠铃但主动向下退让使杠铃下降。在最低点不要停顿，直接把杠铃推起至肩部正上方，同时用嘴呼气，也可以在推起时屏住呼吸度过停滞点(推起过程中难度最大时)后再呼气。推起到最高点时停顿约 1 s，做顶峰收缩(在动作定点用力收缩目标肌)。然后下放杠铃开始下一次动作。

图 8-99　杠铃平板卧推

(2) 哑铃平板卧推(如图 8-100 所示)：仰卧在平凳上，两脚平踏在地上；两肘弯曲，握住哑铃，拳眼相对，手心朝腿部的方向，哑铃的轴线位于乳头上方(胸肌中部)，抵住胸部。向上推起，两肘内收，夹肘的同时夹胸。哑铃向上的同时略向前偏，呈抛物线的运动轨迹。两臂伸直时，哑铃重心接近处于肩关节的支撑点上，但不要正好位于肩关节的支撑点上，否则会使骨骼支撑住哑铃的重量(这种由骨骼而不是肌肉支撑重量的情况称为"锁定")，使得胸肌放松，影响锻炼效果。然后，两臂向两侧张开，再慢慢弯曲，哑铃垂直落下，下降至最低处时，即做上推动作。

图 8-100　哑铃平板卧推

(3) 哑铃飞鸟(如图 8-101 所示)：身体放松平躺在窄凳上，双脚平稳地踩在地面上，保证肩部自由活动，手持哑铃，双臂向上伸直，保持略微弯曲。吸气，两臂张开平稳下滑，使肘与肩同高。呼气的同时推举哑铃至初始位置，要找到一种环抱水桶的感觉。

图 8-101 哑铃飞鸟

(4) 绳索夹胸(如图 8-102 所示):立于拉力器架中央,调节好拉索长度,挺胸,身体略前倾 45°,两脚分立与肩同宽,双手持环,微微屈肘,手臂向身体前下方伸展,手掌相对。打开时注意控制动作,感受胸肌被拉伸,合拢时尽力挤压胸肌,略做停顿进行顶峰收缩。不要为了拉起更大的重量而身体前倾得厉害。此动作的要点是使胸部肌肉较充分地拉伸与尽可能地挤压,采用的重量是次要的。

图 8-102 绳索夹胸

3. 背部练习

(1) 引体向上(如图 8-103 所示):两手用宽握距正握(掌心向前)单杠,略宽于肩,两脚离地,两臂自然下垂伸直。用背阔肌的收缩力量将身体往上拉起,当下巴超过单杠时稍作停顿,静止 1 s,使背阔肌彻底收缩。然后逐渐放松背阔肌,让身体徐徐下降,直到恢复至完全下垂,重复再做。可以弯曲膝关节,将两小腿向后交叉,使身体略微后倾,能更好地锻炼背部肌肉。身体上拉时吸气,还原时呼气,不可长时间憋气。

(2) 杠铃划船(如图 8-104 所示):吸气,直臂向后将横杠拉引至小腿前下端,以背阔肌收缩的力量,屈肘将横杠沿小腿提至膝上,继续以背阔肌之力将横杠提至大腿上部,同时胸部稍挺。最后还原,呼气。在还原过程中,一定要用背阔肌的控制力将杠铃原路慢速放下,直至臂、肩完全放松,背阔肌充分伸展。在提铃发力过程中,有三点请初练者注意:一是上体始终保持挺胸、收腹、紧腰,不得弓背松腰;二是杠铃上提路线不是垂直的;三是提铃时不要借助惯性。当横杠提至小腹前需拉至胸位,然后再垂直放下。

图 8-103　引体向上

图 8-104　杠铃划船

(3) 高位下拉(如图 8-105 所示)：坐在拉背练习机的固定座位上，采用宽握握住横杠，可以正握也可以反握。挺胸沉肩，身体微微后倾，吸气，背阔肌收缩，从头上方位置垂直下拉横杠至胸前，收紧肩胛骨紧缩背阔肌；稍停 2～3 s 做顶峰收缩，呼气，有控制地还原。沿原路伸展背阔肌，直到背阔肌得到最充分的拉伸。

图 8-105　高位下拉

(4) 硬拉(如图 8-106 所示)：双脚分开站立，杠铃放体前，屈膝俯身，双手正握杠铃，握距约为肩宽，头稍抬起，挺胸，腰背绷紧，翘臀，上体前倾约 45°。腿肌用力伸膝提铃，稍停。然后屈膝缓慢下降还原。为提高锻炼效果，屈膝下降杠铃时不让其触及地面，双肩尽量外展，抬头挺胸，停滞 3 s。还原，重复。

图 8-106　硬拉

4. 肩部练习

(1) 哑铃推举(如图 8-107 所示)：坐在平凳上，双脚自然打开，双腿稳定住身体，臀部尽量向靠背上贴紧，腰部收紧不要贴住靠背，收腹挺胸，双手持铃握于头部两侧。双手握住哑铃中间的位置，从身体两侧举起，保持大臂和小臂的夹角为 90°，手心朝向正前方，然后深吸气将哑铃分别从身体的两侧推起，拳眼相对，相交于头的正上方，但是不要将哑铃彼此触碰到。下落时吸气。反复进行练习。

图 8-107　哑铃推举

(2) 哑铃侧平举(如图 8-108 所示)：两脚开立，与肩同宽，自然站立，收腹挺胸，背部挺直，保持身体的稳定，双手抓握哑铃垂于身体两侧，肘微屈，拳眼向前。两手持铃同时向两侧举起，举到上臂与地面平行即可(这样能保持三角肌持续紧张，而超过此位置哑铃重量不再落在三角肌肉上)；然后慢慢地循原路落下回原位，再重复做。

图 8-108　哑铃侧平举

(3) 杠铃推举(如图 8-109 所示)：首先，躯干打直，膝盖微弯让重心稳固，抬头挺胸，核心肌群用力。人的中心点对齐杠铃的中间，两手抓握杠铃，握距比肩膀略宽，手肘微微向前，角度要固定。上举时，感受前三角肌收缩，举至手肘伸直但不锁死。过程中保持身体稳定，避免左右晃动，形成代偿。下放时，感受重量压在前三角肌，速度微微放慢，对抗地心引力，直至手肘呈 90°即可。

图 8-109　杠铃推举

(4) 俯身飞鸟(如图 8-110 所示)：两脚分开站立与肩同宽，两手掌心相对，目标锻炼部位是三角肌后束和上背肌群。持哑铃，上体向前屈至与地面平行，两腿稍屈，使下背部没有拉紧感。两手持铃向两侧举起，直至上臂与背部平齐(或略为超过)，稍停，然后放下哑铃还原，重复做。肩、肘、腕三关节要伸中有缩，直中有曲，放中有收，发劲含蕴。在整个动作过程中，思想要集中在目标收缩的肌肉群上，不要借力。开臂时吸气，合臂时呼气。

图 8-110　俯身飞鸟

5. 手臂练习

(1) 杠铃弯举(如图 8-111 所示):双脚分开自然站立,两手反握杠铃,臂伸直,保持身体稳定。用力将杠铃弯举到最高点,稍停,然后缓慢还原。臂充分伸展,动作要慢。在杠铃降到最低点时肘关节应微屈,用力控制住杠铃,但不要完全伸展。

图 8-111 杠铃弯举

(2) 哑铃弯举(如图 8-112 所示):两手各握一哑铃,手臂自然下垂。肘部贴近身躯,转动手掌朝向躯干。保持上臂固定,双手弯举哑铃,如果哑铃高于大腿,就扭转手腕并在动作末尾时掌心向上。继续运动,直到肱二头肌完全收缩,哑铃与肩水平。挤压肱二头肌并做顶峰收缩 1 s 后,慢慢地将哑铃放回到起始位置。

图 8-112 哑铃弯举

(3) 绳索下压(如图 8-113 所示):双脚分开站立,膝盖微屈,挺胸收腹,腰杆挺直,身体略向前倾,上臂夹紧肋部并保持不动。抓紧绳索,腕关节放松,肩胛骨下沉,双手握住绳索根部,慢慢向下压至双臂将近伸直,然后向两侧分开至体侧,同时前臂内旋,把绳索拉直。稍微停顿,做顶峰紧缩 1～2 s,缓慢还原。

图 8-113　绳索下压

(4) 仰卧哑铃臂屈伸(如图 8-114 所示)：身体平躺在长凳上，双手窄握哑铃，两臂伸直，保持垂直于身体。动作开始时吸气，此时上臂不动，弯曲肘关节，使前臂缓慢向头部上方下落，到离后脑勺 10 cm 的位置时，运用肱三头肌的力量将小臂挺直，同时呼气，手臂再次垂直于身体时，停顿 1 s 再次下落，反复。

图 8-114　仰卧哑铃臂屈伸

(5) 俯身臂屈伸(如图 8-115 所示)：俯身，双脚略微分开站立，双手持哑铃，上臂紧贴体侧，前臂自然下垂。肱三头肌用力向后上方伸臂，直到臂部完全伸直，使肱三头肌极限收缩，稍停，然后控制还原到初始状态。

图 8-115　俯身臂屈伸

6. 腿部练习

(1) 深蹲(如图 8-116 所示)：练习者两脚开立，可以选择与肩同宽或宽于肩的站姿，挺胸收紧腰腹部，双手握住杠铃放于颈后或颈前。练习者收紧腰腹部，膝盖慢慢弯曲，让人体重心下降至膝盖成 90°角或者小于 90°角，然后稍停，再集中腿部和臀部肌肉的力量，快速还原到起始位置。动作过程中要收紧腰腹部，下蹲时吸气，起立时呼气。深蹲大重量杠铃的时候，建议同伴在一侧进行保护，因为大重量杠铃深蹲属于比较危险的练习动作。

图 8-116　深蹲

(2) 哑铃箭步蹲(如图 8-117 所示)：单手持铃，置于体侧，挺胸收腹。向前跨出一步，并且下蹲，前腿、后腿膝盖均成 90°，然后还原站姿，同时换另一侧腿完成。

图 8-117　哑铃箭步蹲

(3) 坐姿翘腿(如图 8-118 所示)：坐在腿屈伸机上，腰背靠紧靠板，两手握扶把，两腿屈膝下垂，双脚勾住横杠。股四头肌收缩用力伸小腿举起重量，在最高点时充分收缩股四头肌，稍停。然后慢慢下放重量，至最低点前接着做下次动作。股四头肌用力收缩时背部不能离开靠板，臀大肌不宜抬起借力，否则会使主动肌受力减小，锻炼效果欠佳。因此练习负荷要适当，以动作标准为前提。动作过程始终勾起脚尖，如果没有勾起脚尖，股四头肌得不到彻底收缩。

每次练完深蹲后,再进行坐姿翘腿的练习,可以把孤立动作(坐姿翘腿)和综合性动作(杠铃深蹲)搭配起来,锻炼股四头肌效果更好。

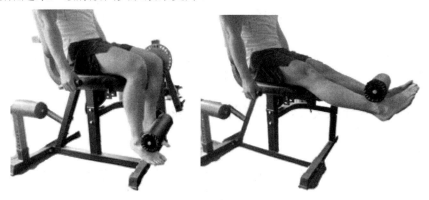

图 8-118 坐姿翘腿

(4) 站姿提踵(如图 8-119 所示):需要在站姿提踵训练器械上锻炼,如果没有,可以找一些东西把脚下垫高,然后站在上面。要负重的话可以尝试用史密斯器做站姿提踵。脚趾放在站姿提踵训练器上,脚后跟悬空,站距大概与肩同宽,肩膀放在垫板下面(用史密斯器的话就和深蹲一样扛着杠铃),先伸直双腿,将重量举起,向下尽可能低地放下脚后跟,直到感觉小腿肌肉已经得到最大程度的拉伸为止。在动作的最低点,用脚趾向上撑起身体,一直撑到完全踮起脚尖了为止,再接着下放,如此反复。

图 8-119 站姿提踵

第五节 课程与职业素养

一、技能主导类表现难美性项群特点

技能主导类表现难美性项群运动项目对学生的身体形态有良好的锻炼作用,其动作敏捷而灵巧，可锻炼均衡性和灵活性，使视、听、触觉及本体感觉更准确、灵敏。

该类运动的技能主要表现为时空判断准确，对身体姿态控制的能力强，能够熟练掌握各种专门器械，以及与同伴的协调配合。在战术运用上，主要体现在动作编排上的扬长避短、动作的合理布局等方面。

开设此类项群的课程，可提高学生的感知灵敏度及自我调节能力，培养学生的果敢精神，使学生在智能上具有丰富的想象力和创造力，善于分析和判断动作。

二、技能主导类表现难美性项群常用体育游戏

1. 听口令

游戏目的：将集中注意力练习和原地转法练习相结合，提高学生的练习兴趣。培养学生集中注意力、观察力和快速反应能力。

游戏方法：学生成两列或多列横队站立，从1到2报数，当教师喊"1"时，1数的学生向左转，2数的学生向右转；当教师喊"2"时，1数的学生向右转，2数的学生向左转；喊"3"时1数的学生向后转，2数学生原地不动；喊"4"时与"3"动作相反。

游戏规则：

(1) 教师发出口令后，学生应迅速完成动作，否则与做错同学一起受"惩罚"。

(2) 教师可以用击掌代替口令。可用徒手操动作代替转法练习。

(3) 可在课堂的开始部分用作集中注意力练习，也可在原地及行进间转法教学及练习时进行，以避免学生产生枯燥的感觉。

2. 照镜子

游戏目的：提高学生的动作模仿能力和徒手操动作的编排能力，培养学生在运动中思考的习惯以及自主创新的能力。

游戏方法：组织学生呈两列横队体操队形面对面站立。相对两人为一组，第一列学生先做5个自编的上、下肢配合的徒手操动作，第二列配对学生按镜面正确模仿对应同学的动作，模仿错一个动作即为失败，惩罚俯卧撑若干次，然后两人交换。

游戏规则：

(1) 教师可在游戏前与体委示范一次，同时鼓励学生创编上、下肢不对称的动作，给对手"出难题"。

(2) 示范组的学生可以做集体的统一的动作，也可以做个人编排的动作。

(3) 根据学生的年龄和水平要求在5 s内完成动作模仿，超过时间也将受到惩罚。

3. 包围圈

游戏目的：发展学生的反应能力，使其更加机智灵敏。培养学生迎难而上、战胜困难的品质以及团结协作、集体配合的意识。

游戏方法：将学生围成一个圆圈，两手放在背后做"围墙"，选一名队员在圆圈内随意穿行，在规定的时间内，"围墙"的队员将中间穿梭的队员围困起来，即获得胜利。如果到了规定时间尚未把穿梭队员围困起来，则穿梭队员为优胜者。

游戏规则：

(1) 统一发令后即可围困。

(2) 做"围墙"的队员手必须背在身后。

(3) 被围困者可向外突围，但不准硬挤撞。

4. 喊数抱团

游戏目的：发展学生的反应能力，培养学生在运动中观察周围情况的能力，让学生理解个人融入集体的重要性。

游戏方法：学生沿圆圈跑进，教师突然喊出一个数字，如"2""3""4"……，学生听到数字后，立即与邻近的同伴按教师喊出的数字抱成一团。最后没有抱成团的同学表演节目。

游戏规则：

(1) 不能用推、拉等动作挤出已抱团的人。

(2) 只能相邻的学生结组抱团。

(3) 教师喊数时尽量要突然，一个数字可以重复喊出。可以用加、减等方法，按运算的结果抱团。

三、技能主导类表现难美性项群与职业体能锻炼

1. 屈伸腕动态练习

动作方法：双脚开立与肩同宽站位。一手持哑铃，拳心朝上，另一手微托持哑铃手肘关节，靠于腰腹部，手紧握哑铃以 2 s 一次的频率做屈伸腕运动(如图 8-120 所示)。

动作要领：手臂由屈到伸直时，动作要慢；手臂由伸直到屈时，动作要快。

锻炼部位：前臂的伸肌和屈肌、手腕周边的力量。

适合群体：文秘专业、家电专业、维修计算机专业等伏案型职业人群。

图 8-120　屈伸腕动态练习

2. 小哑铃侧平举

动作方法：两脚开立，双手持哑铃，分别置于两侧，膝盖微屈，身体微微前倾。收缩三角肌使大臂抬起，肘关节始终保持微屈，直到大臂水平即可。如果没有哑铃也可以用沙袋、矿泉水瓶等有一定重量的物体代替(如图 8-121 所示)。

动作要领：上体稳定直立稍前倾，两臂抬平，下落缓慢。

锻炼部位：肩三角肌、斜方肌、冈上肌、菱形肌和肩胛提肌。

适合群体：财务专业、会计管理专业、行政办事员等伏案型职业人群。

图 8-121 小哑铃侧平举

3. 瑜伽球山羊挺身

动作方法：腹部压在瑜伽球上，背部保持平直，手臂尽力向斜前方伸展，拇指朝上，身体用力向上挺起(如图 8-122 所示)。

动作要领：全程保持均匀呼吸，下背部持续紧绷。

锻炼部位：脊柱及腰背肌肉。

适合群体：坐姿、站姿类文员、空乘、财务等职业人群。

图 8-122 瑜伽球山羊挺身

4. L 字伸展

动作方法：手肘夹紧身体，小臂处于水平位置，双手握拳，拳心向上，拇指指向外。手臂向外侧旋转，不要耸肩，至后背收紧，稍作停留后还原。外展时呼气，还原时吸气。

向后旋时,肩后侧及上臂与背相连部位有明显收缩感,在最大位置时会有挤压感(如图 8-123 所示)。

动作要领:稳定肩膀,不要耸肩。

锻炼部位:肩关节。

适合群体:静态站姿类和流动变姿类职业人群,如营业员、酒店前台接待、营销员、导游、记者等。

图 8-123 L 字伸展

5. 支撑抬臀

动作方法:俯卧撑于垫上,从侧面看身体成一条直线,重心后移,臀部上抬,腰背挺直,至手臂与躯干成一条直线,稍作停留后还原。随着重复次数的增加,肩部有酸胀感。

动作要领:肘关节要伸直,但不要超伸锁死(如图 8-124 所示)。

锻炼部位:腹部肌群、屈髋肌群。

适合群体:静态站姿类和流动变姿类职业人群,如营业员、酒店前台接待、营销员、导游、记者等。

图 8-124 支撑抬臀

6. 动态平板支撑

动作方法:双手撑地,收紧核心,背部挺直,全身保持稳定状态,尽力减小左右晃动的幅度,双脚分开可以降低难度,左右手与小臂先后依次着地,直至完成完整平板支撑。俯身时吸气,推起时呼气,腹部始终有紧绷感(如图 8-125 所示)。

动作要领:推起时,肩、臂收缩发力明显,同时侧腹紧绷感加强。

锻炼部位:肩背部肌肉、前侧核心肌群。

适合群体：静态站姿类和流动变姿类职业人群，如营业员、酒店前台接待、营销员、导游、记者等。

图 8-125　动态平板支撑

四、技能主导类表现难美性项群的课程价值与职业素养

1. 提高身体素质

技能主导类表现难美性项群运动项目多为新兴的体育项目，具有运动与艺术的双重性，动作丰富，变化多样，可以根据锻炼者不同的年龄、性别、身体条件和训练水平等特点全面地安排训练内容，并随时调整运动量，同时也可以根据音乐节奏的快慢来控制运动速度。作为血液循环的发动机——心脏，在身体锻炼的过程中要为肌肉输送大量的血液，它在运动时的搏动频率超过了安静状态时的频率，使心脏的功能提高，促进体质增强。

2. 形成良好的身体形态

良好的身体形态是形成一个人气质风度的重要因素。在技能主导类表现难美性项群运动项目训练中，要求参加者保持舒展、挺拔、优雅、大方的姿态，通过一段时间的练习，使身体形态得到改善，从而在生活中表现出一种良好的气质与修养，给人以朝气蓬勃的感觉。在此类运动项目的练习当中，每个定位动作的控制和柔韧协调的控制，都可以纠正人体的不良姿态，发展人体动作的对称性、协调性和控制能力等。

3. 保持健康的心理

技能主导类表现难美性项群运动项目多为中等运动强度的有氧运动，这类有氧运动对焦虑、抑郁等情绪障碍有显著的调节作用。此类运动多配有音乐，不仅能使锻炼者在完成单个或成套动作时把握每一个节拍，而且可以激发锻炼者的精神，对人体的内环境有良好的影响。在锻炼的过程中，人的大脑皮层细胞得到放松，获得最佳休息，而音乐的节律往往作用于锻炼者的生物节律，使之恢复平衡，以利于身心健康。

4. 创造良好的人际关系

技能主导类表现难美性项群运动项目既有运动性又有艺术性的这一特征，决定了其在人际交往中的重要位置。不同年龄、不同文化层次的人们可以根据自己的需求选择练习的内容。习者在学习之余，通过项目的练习既可消除疲劳，松弛紧张的神经，又可建立良好的人际关系。总之，在全面实施《全民健身计划纲要》的今天，要推广和普及健美操、啦啦操等新型体育运动项目，使其在进一步提高中华民族的整体素质，促进社会主义精神文明和物质文明的建设方面充分发挥积极作用。

5. 培养创造性思维

体育运动大多是在劳动生产中形成的，因此，此类课程体育教师可以有意识地启发学生运用自己的肢体，用定格与流动造型的方式，加上节奏与动态的变化和连接，结合自己对音乐的理解，编排出许多富有创意的动作造型，培养和训练学生的创造性思维，使其更积极和灵活。学生不仅可以运用此类技能参加本校的艺术表演，而且还促进了此类项目的发展，提高了学生的舞蹈技术和自编自演的能力，陶冶了学生的情操。

6. 陶冶情操，提高艺术修养

技能主导类表现难美性项群融动作美、力之美、音乐美于一体，将心理感受和生理运动紧密融合在一起，起到表达美、塑造美、弘扬美的作用。人们在愉快的气氛中进行锻炼，心灵和情操都将得到陶冶和净化。

第九章　民族传统体育运动

民族传统体育是中华传统体育文化的符号，但在近代西方体育文化及学校体育模式的冲击下，校园民族传统体育活动一度陷入了艰难境地。近年来，全国范围内重塑民族文化的呼声日趋高涨，在此背景下，国家先后出台了《关于实施中华优秀传统文化传承发展工程的意见》《推动社会主义文化大发展大繁荣若干重大问题的决定》。习近平总书记在党的十九大报告中明确提出了"坚定文化自信，推动社会主义文化繁荣兴盛"等举措，民族传统体育运动在各地高校如火如荼地开展起来，民族传统体育运动由此得到了极大的发展。

第一节　武 术 运 动

一、武术运动的起源与发展

武术是以中国传统文化为理论基础，以功法、套路和搏斗为运动形式，以踢、打、摔、拿等技击技术动作为主要内容，注重内外兼修的中华民族传统体育项目。技击是核心，强身健体、防身自卫是主要目的。武术运动经过漫长的发展历程，形成了内容丰富、思想深邃、社会价值广泛、文化内涵浓厚的具有民族文化特色的体育形态，成为我国传统文化的重要组成部分。其内容、方法和表现形式，处处体现着中国古典的哲学理念、兵法思想、医学精髓、健身理论、伦理道德以及审美情趣等。

武术的起源最早可以追溯到远古时期，人类在恶劣的自然环境中逐渐学会了徒手和使用木棒、石头等器具与野兽搏斗。在商周时期，"田猎"和"武舞"是武技训练的主要手段；到了春秋战国，练兵习武传统得到了空前的重视和发展，该时期作战形式和兵器的改进，为武技的发展创造了有利的条件。

汉代由于受到北方匈奴的侵扰，因此十分重视武备和军事训练，甚至民兵合一，劳武结合，全民尚武之风盛极一时，极大地促进了武技运动的发展。魏晋南北朝时期，武术与民族文化交融，在儒家、佛道、道教文化影响下逐渐形成了武术文化。唐朝建立了武举制，这种用考试选拔武勇人才的办法，使得武技的发展达到了巅峰。但到了热兵器时代，武术的技击内容出现弱化，而其健身功能得到进一步提高和强化。

二、武术运动的特点与分类

1. 武术运动的特点

(1) 寓技击于体育之中。

(2) 内外合一，形神兼备的民族风格。

(3) 广泛的适应性：武术的练习形式、内容丰富多样，有竞技对抗性的散手、推手、短兵，有适合演练的各种拳术、器械和对练，还有与其相适应的各种练功方法。

2. 武术运动的内容与分类

我国地域幅员辽阔，文化历史悠久，在长期的生活实践中发展起来的中国武术博大精深、内容庞杂。其中就包括具有地方特色的南拳、北腿；内外拳如太极拳、八卦拳、少林拳、形意拳等。按运动形式，武术可分为套路运动、搏斗运动、功法运动三类。

1) 套路运动

套路运动以技击动作为主要内容，以攻防进退、动静疾徐、刚柔虚实等运动变化规律为依据编排的较固定组合及整套练习，套路的基本组成单位是武术动作，即常说的招式。一个套路有几个到几十个招式不等。这些招式有着固定的顺序，是设想在特定的情境下用招式防身克敌。按照练习时参与人数多少，套路运动又分为单列队列和集体演练。

2) 搏斗运动

搏斗运动是两个人在一定条件下按照一定的规则进行斗智，较力较技的实战攻防格斗。武术的本质是攻防技击，搏斗是武术最本质、最基础的功用。作为一项运动，为保证运动者的安全，必须制定一定的比赛规则，对搏斗双方进行限制。搏斗运动与套路对练最大的区别是搏斗运动是在一定规则限制下的实战，双方互以战胜对方为目的；套路对练则是事先编排好的攻防动作演练，其最初的目的是熟练招式运用，在竞赛中则是展示攻防的巧妙与惊险。武术搏斗运动有散打、推手、短兵和长兵四种。

3) 功法运动

功法运动是为掌握和提高武术套路和格斗技术，诱发武技所需的人体潜能，围绕提高身体某一运动素质或锻炼某一特殊技能而编组的专门练习。武术功法具有养生、健身、自卫以及提高攻击能力等作用，传统功法运动内容丰富多彩，俗话说的"内练一口气、外练筋骨皮"等都属于功法练习。

三、武德修养

1. 武德

武德修养是武术的重要内容，即武术道德，是从事武术活动的人在社会活动中所应遵循的道德规范和所应有的道德品质。"武德"一词 3000 多年前就已出现，自古就有"文有文风，武有武德"一说，可见武德修养是武术文化的重要内容，受到人们的高度重视，贯穿于拜师学艺、切磋技艺等环节，强调练武修身、尚武崇德的协调统一。

2. 武德的内涵

武术是民族传统文化的重要组成部分。武德作为中国传统伦理的一个组成部分，其道德精神表现实质上是中国传统伦理精神在武术领域内的体现。其内容虽然随着各个不同时期的发展而不断地补充和丰富，但其本质仍表现为仁、义、礼、智、信、勇。

仁：在一定程度上概括了人的全部道德意识，这也是习武者最高层次的品德追求和德性的最高境界。仁的基本含义就是用广博的爱心去爱一切人。仁的核心是孝悌，要求武林中人具有师慈徒孝、兄贤弟恭、朋亲友爱。忠则是为仁之方，要求习武者忠于师门。广义的理解就是要忠于事业、民族和社稷，要与人为善，以爱人之心宽恕他人，求心的安宁与祥和。

义：为行善之本，在武德中还可以理解为"仁"是通过"义"的环节过渡到人的道德行为。"义"是依"仁"而行的方法、途径和标准，"义"在武德中还可理解为秩序、等级。"义者，宜也"，就是习武者的言行举止要与自己的身份相称。君臣父子，师徒兄弟的纲常不能乱，这是武林中人心目中神圣不可侵犯的人伦。

礼：来自人的恭敬辞让之心，是仁义道德的节度及由此产生的待人接物的礼节仪容。武林界对"礼"有着严格的标准和规定，并由此而衍生出一系列具体的、形式化的礼仪。

智：根源于人们的是非判断之心，其功用在于体人生，知人伦，明是非，辨善恶，只有如此才能"穷不失义，达不离道"，做一个"富贵不能淫，贫贱不能移，威武不能屈"的侠义之人。

信："信，诚也"，就是说做人要诚实，守信用，信守承诺是武林的传统。"一言既出，驷马难追"说的就是重承诺，讲诚信的态度。

勇：武德中的"勇"既是道德标准又是行为实践。但"勇"又有"大勇"和"小勇"之分。武德中提倡的是"大勇"，指的是通晓仁义道德、明辨是非善恶，果断行动。为国为民、匡扶正义、除暴安良、惩恶扬善、扶弱济贫等，即为"大勇"之举，在武林中是被极力推崇和效仿的。为私利或意气用事而逞强斗狠，则被视为"小勇"，也称"匹夫之勇"，为武林中人所不屑。

3. 武礼

(1) 抱拳礼：是由中国传统作揖礼和少林拳的抱拳礼(四指礼)加以提炼、规范、统一得来的，并赋予其新的含义。

行礼的方法：并步站立，左手四指并拢伸直成掌，拇指屈拢；右手成拳，左掌掌心掩贴右拳面，左指尖与下颏平齐。右拳眼斜对胸窝，置于胸前屈臂成圆，肘尖略下垂，拳掌与胸相距 20～30 cm。头正、身直，目视受礼者，面容举止自然大方。

抱拳礼的具体含义：左掌表示德、智、体、美"四育"齐备，象征高尚情操。屈指表示不自大，不骄傲，不以"老大"自居。右拳表示勇猛习武。左掌掩右拳相抱，表示"勇不滋乱""武不犯禁"，以此来约束、节制勇武之意。左掌右拳拢屈，两臂弯曲成圆，表示五湖四海，天下武林是一家，谦虚团结，以武会友。左掌为文，右拳为武，文武兼学，虚心、渴望求知，恭候师友、前辈指教。

(2) 鞠躬礼：行礼的方法为并步站立，两手垂于体侧，手心向内贴于大腿外侧，上体向前倾斜 15°。

四、武术运动的基本技术动作

1. 基本手型

1) 拳

动作方法：大拇指以外的四指并拢卷握，大拇指紧扣食指中间关节(拳面、拳心、拳眼、拳轮)(如图 9-1 所示)。

动作要领：手指紧握，大拇指紧扣，手腕挺直。

2) 掌

动作方法：大拇指外四指并拢，大拇指紧扣于食指指根关节，掌心向前(掌心、掌根、掌轮等)(如图 9-2 所示)。

动作要领：立掌背伸与小臂垂直，掌指绷紧。

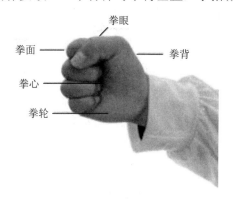

图 9-1　拳

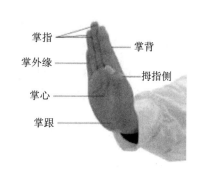

图 9-2　掌

3) 勾

动作方法：五指指尖捏拢、屈腕(如图 9-3 所示)。

动作要领：指尖捏紧，屈腕。

图 9-3　勾

2. 基本步型

1) 弓步

动作方法：两脚前后开立站位，前脚脚尖微内扣，大腿与地面平行，小腿与地面垂直；后腿挺膝伸直，脚尖内扣，脚跟紧蹬地面；上肢头正颈直、挺胸立腰。左腿在前左弓步，右腿在前右弓步(如图 9-4 所示)。

动作要领：前弓后绷、挺胸立腰。

2) 马步

动作方法：两脚平行开立站位(约为本人脚长的 3 倍)，屈膝半蹲，两脚平行脚尖向正前方，两脚前脚掌蹬地发力，大腿接近水平，身体重心放在两脚之间。上肢挺胸、塌腰(如图 9-5 所示)。

动作要领：挺胸塌腰，脚跟外蹬，前脚掌内拨地面。

图 9-4　弓步　　　　　　　　　图 9-5　马步

3) 虚步

动作方法：两脚前后开立。重心放在后腿，屈膝半蹲，脚尖外展约 45°；前腿屈膝，脚尖绷直虚点地，上体正直挺胸立腰。左脚在前，为左虚步；右脚在前，为右虚步(如图 9-6 所示)。

动作要领：虚实分明。

4) 仆步

动作方法：两脚开立，一腿全蹲，膝关节外展，全脚掌着地；另一腿侧仆伸直，脚尖内扣，全脚掌着地；上肢挺胸立腰，微倾(如图 9-7 所示)。仆左腿为左仆步，仆右腿为右仆步。

动作要领：两脚掌撑地，仆步腿膝关节伸直。

5) 歇步

动作方法：一腿后插步，两腿交叉屈膝全蹲，前脚全脚掌着地，脚尖外展；后脚脚跟离地，膝盖顶到身体异侧，臀部外侧紧贴后小腿(如图 9-8 所示)。

动作要领：挺胸，立腰，两腿贴紧。

图 9-6　虚步　　　　　　图 9-7　仆步　　　　　　图 9-8　歇步

五、五步拳

五步拳是由武术五大基本步型、三大手型结合武术步法和手法组合的一套基础性动作。通过五步拳的练习可以全面发展学生身体素质，提高武术运动基础能力，为进一步学习武术打下基础。

1. 预备式(并步抱拳)

两脚并拢，双手握拳抱于腰间，拳心向上，两大臂夹紧肘后顶，同时快速向左摆头，目视左前方(如图 9-9 所示)。

2. 弓步搂手冲拳

左脚向左横跨一大步成半马步，同时左拳变掌向左搂出，掌指朝上，虎口撑开，目视左方。左掌变拳收回腰间，拳心朝上；随后拧腰转胯右腿快速蹬地成左弓步，右拳同时内旋击出，拳心向下，力达拳面，目视前方(如图 9-10 所示)。

图 9-9　预备式　　　　　　　　图 9-10　弓步搂手冲拳

3. 弹踢冲拳

右拳外旋收回腰间，拳心向上收在腰间，左拳拧旋击出，成平拳状；同时右脚向前弹出，脚面绷平，力达脚尖，冲拳弹腿，一气呵成。上身直立，目视前方(如图 9-11 所示)。

4. 马步架打

右脚前落地向左转身 90° 成马步，左拳变掌向上撩架，右拳自腰间向右侧拧旋击出成平拳。眼看右方，上体正直(如图 9-12 所示)。

图 9-11　弹踢冲拳　　　　　　　图 9-12　马步架打

5. 歇步擒打

向左转身，左掌变拳收回腰间，提左膝同时右拳变掌向左前方盖掌，上动不停左脚后插步落于右脚后方，下蹲成右歇步同时收右拳向前冲左拳(如图 9-13 所示)。

6. 提膝穿掌

起身左转同时左拳变掌向右胸前盖掌，右腿直立，左脚提膝，上动不停，右拳变掌从腰间向右上方穿出，目视右掌(如图 9-14 所示)。

图 9-13　歇步擒打　　　　　　　图 9-14　提膝穿掌

7. 仆步穿掌

右腿屈膝下蹲，左脚向左落步成左仆步，左掌沿左腿向左下方穿出与右掌呈斜直线，掌心向前，目视左掌(如图 9-15 所示)。

8. 虚步挑掌

右脚向前上步成右虚步，左掌顺势向上向后画弧线成下勾手(低不过肩，高不过耳端)；同时右掌自右后向前向上画弧挑出，掌指向上，右肘微屈，目视前方(如图 9-16 所示)。

9. 收势(并步抱拳)

左脚向右脚并拢，双手变拳收回腰间；向左摆头，目视左前方，还原成预备姿势(如图 9-17 所示)。

图 9-15　仆步穿掌　　　　　　图 9-16　虚步挑掌　　　　图 9-17　收势

六、太极拳

1. 太极拳的起源与发展

太极拳是以中国传统儒、道哲学中的太极、阴阳辩证理念为核心思想，集颐养性情、强身健体、技击对抗等多种功能于一体，结合易学的阴阳五行之变化，中医经络学，古代的导引术和吐纳术形成的一种内外兼修、柔和、缓慢、轻灵、刚柔相济的民族传统拳术。太极拳是高层次的人体文化，作为一种饱含东方包容理念的运动形式，是对练习者的意、气、形、神的锻炼，非常符合人体生理和心理的发展要求，对人类个体身心健康以及人类群体的和谐共处有着极为重要的促进作用。

1949 年后，为促进太极拳运动发展，国家体委根据用途将太极拳运动改编为强身健体的体操运动、表演和体育比赛三种运动方式。改革开放后，太极拳运动被部分还原了本来面貌，进而再细分为比武用的太极拳、体操运动用的太极操和太极推手。

传统太极拳门派众多，常见的太极拳流派有陈式、杨式、武式、吴式、孙式等派别，各派既有传承关系，相互借鉴，也各有自己的特点，呈百花齐放之态。由于太极拳是近代形成的拳种，流派众多，群众基础广泛，因此成为中国武术拳种中非常具有生命力的一支。2006 年，太极拳被列入中国首批国家非物质文化遗产名录。

2. 太极拳的运动特点

太极拳含蓄内敛、后发而先至的技击思想，连绵不断、以柔克刚、急缓相间、行云流水的拳术风格使练习者的意、气、形、神逐渐趋于圆融一体的至高境界，而其对武德修养的要求也使得练习者在增强体质的同时提高自身素养，促进人与自然、人与社会的融洽与和谐。同时，太极拳也不排斥对身体素质的训练，讲究刚柔并济，而非只柔无刚的表演。

(1) 体松心静：心静体松是太极拳运动区别于其他体育项目的重要特点之一。打太极拳要求思想集中，全神贯注于动作，做到"神聚、心静、意专、体松"。"体松""心静"是太极拳练习的重要原则，集中思想，做到以意导引，形意相随，切忌焦躁或心猿意马。

(2) 柔和缓慢：动作柔和缓慢是练习太极拳的前提，在平稳中保持身体中正舒缓，运行力求轻盈以达消除疲劳、调节情绪的目的。

(3) 动作连贯圆活、拳形圆润松静：动如行云流水，连绵不断、一气呵成，上下相随、左右相随、内外相随，粘连相随、衔接自然；定势成弧形，运行走弧线，时时体现太极圆活、圆润的特点。

(4) 身法中正安舒：太极拳的身法主要是"中正安舒""不偏不倚"，体现出太极拳运动中正、大方、舒展、和顺的状态，符合心静用意的静态要求。脊椎为中正垂直状，腰、胯、胸的运转和协调运动，同时也体现了民族文化立身中正的君子形象。

(5) 呼吸自然：呼吸是太极养生的重要基石，太极拳运动提倡呼吸、开合、阴阳虚实，练意、练气、练身三结合的整体性和内外统一性，促进内外兼修。

(6) 形意相随：人体的任何动作(除反射性的动作外)，包括各种体育锻炼的动作，都需要经过意识的指挥。练习太极拳的全部过程，也要求用意识(指想象力)引导动作，把注意力贯注到动作中去。《太极拳论》所说的"神为主帅，身为驱使"就是意动身随的意思。

3. 简化二十四式太极拳

简化二十四式太极拳的动作柔和均匀，姿势中正平稳，内容精炼，练习时间为 4～6 分钟。

1) 起势

(1) 开步站立：身体自然直立，两脚开立，与肩同宽，膝关节微屈，脚尖向前；两臂自然下垂，两手放在大腿外侧；两眼向前平视(见图 9-18)。

动作要领：头颈正直，下颌微向后收，不要故意挺胸或收腹；精神要集中(起势由立正姿势开始，然后左脚向左分开，成开立步)。

(2) 两臂前举：两臂慢慢向前平举，两手高与肩平，与肩同宽，手指张开微屈，指尖向前，手心向下，眼看两手方向(见图 9-19)。

(3) 屈膝按掌：上体保持正直，两腿屈膝下蹲，同时两掌轻轻下按，两肘下垂与两膝相对；两眼平视前方(见图 9-20)。

动作要领：两手下按时，先动肘，再动手，手指自然张开微屈。下蹲时，屈膝松腰，臀部不可凸出，身体重心落于两腿中间。两臂下落和身体下蹲的动作要协调一致。

图 9-18　开步站立　　　图 9-19　两臂前举　　　图 9-20　屈膝按掌

2) 左右野马分鬃

(1) 丁步抱球：上体微向右转，身体重心移至右腿上；同时右臂收在胸前平屈，手心向下，左手经体前向右下划弧放在右手下，手心向上，两手成抱球状；左脚随即收到右脚内侧，脚尖点地，眼看右手(见图 9-21)。

动作要领：抱球时，上手离身体约一肘(前臂)距离；上体右转时，以腰带动。

(2) 弓步分掌：上体微向左转，左脚向左前方迈出，右脚跟后蹬，右腿自然伸直，成左弓步；同时上体继续向左转，左右手随转体慢慢分别向左上右下分开，左手高与眼平(手心斜向上)，肘微屈；右手落在右胯旁，肘也微屈，手心向下，指尖向前；眼看左手(见图 9-22)。

图 9-21　丁步抱球　　　　图 9-22　弓步分掌

动作要领：双手随转腰沿身体中线上下分掌，上手由下手内侧下按，两臂要保持弧形。上体不可前倾，也不可挺胸倒肩，胸部要宽松舒展。转身时，以腰为轴带动身体，同时后脚脚跟后蹬或脚尖前转使身体转正。分手与弓步动作应同时完成，且速度均匀。做弓步时，迈出的脚应该是脚跟先着地，然后脚掌慢慢踏实，脚尖向前，膝盖不超过脚尖；后腿自然伸直；前后脚沿线的夹角约成 45°～60°，两脚的脚跟要在中轴线两侧，它们之间的横向距离(以动作行进的中线为纵轴，其两侧的垂直距离为横轴)应该保持在 10～30 cm 之间。

(3) 后坐抱球：上体慢慢后坐，身体重心移至右腿，左脚尖翘起，上肢动作保持不变；身体左转，左脚尖随转腰向外撇(约 45°～60°)，随后脚掌慢慢踏实，左腿慢慢前弓，身体重心再移至左腿；同时左手翻转向下，左臂收在胸前平屈，右手向左上划弧放在左手下，两手心相对成抱球状；右脚随即收到左脚内侧，脚尖点地；眼看左手(见图 9-23)。

动作要领：后坐时，上体保持正直，命门处如同有人用绳后拉，双手相对于身体不动。

(4) 弓步分掌：右腿向右前方迈出，左腿自然伸直，成右弓步；同时上体右转，左右手随转体分别慢慢向左下、右上分开，右手高与眼平(手心斜向上)，肘微屈；左手落在左胯旁，肘微屈，手心向下，指尖向前；眼看右手(见图 9-24)。

动作要领：同"左野马分鬃"式，唯方向相反。

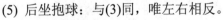
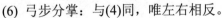

图 9-23　后坐抱球　　　　图 9-24　弓步分掌

(5) 后坐抱球：与(3)同，唯左右相反。

(6) 弓步分掌：与(4)同，唯左右相反。

3) 白鹤亮翅

(1) 转体抱球：上体微向左转，左手翻掌向下，左臂平屈胸前，右手向左上划弧，手心转向上，与左手成抱球状；眼看左手（见图 9-25）。

(2) 虚步亮掌：右脚跟进半步，上体后坐，身体重心移至右腿，上体先向右转，面向右前方，眼看右手；然后左脚稍向前移，脚尖点地，成左虚步；同时上体再微向左转，面向前方，两手随转体慢慢向右上、左下分开，右手上提，停于右额前，手心向左后方；左手落于左胯前，手心向下，指尖向前；眼平看前方（见图 9-26）。

动作要领：完成姿势时，胸部不要挺出，两臂上下都要保持半圆形，左膝要微屈。身体重心后移和两手下按要协调一致。

图 9-25　转体抱球　　　　　图 9-26　虚步亮掌

4) 左右搂膝拗步

(1) 转体侧抱：上体先微向左再向右转；同时右手从体前下落，由下向后上方划弧至右肩外侧，肘微屈，手与耳同高，手心斜向上；左手由左下向上、向右下方划弧至右胸前，手心斜向下；左脚收至右脚内侧，脚尖点地，眼看右手（见图 9-27）。

(2) 搂膝推掌：左脚向左前方迈出，上体左转成左弓步；同时右手屈回由耳侧向前推出，高与鼻尖平，左手向下由左膝前搂过落于左胯旁，指尖向前；眼看右手手指（见图 9-28）。

动作要领：两手动作与转腰成弓步协调一致，右手经耳侧前推时，手腕由直逐渐坐腕，上体端正，要松腰松胯，沉肩坠肘。成弓步时，两脚跟横向距离保持在 30 cm 左右。

(3) 后坐侧抱：右腿屈膝，上体后坐，身体重心移至右腿，左脚尖翘起随转腰微向外撇，身体左转，重心移至左腿；右脚收到左脚内侧，脚尖点地；同时左手向外翻掌，由左后向上划弧至左肩外侧，肘微屈，手与耳同高，手心斜向上；右手随转体向上、向左下划弧落于左胸前，手心斜向上；眼看左手（见图 9-29）。

动作要领：后坐时，上肢动作保持不变，命门处好像有人用绳子后拽。转腰时，左脚同时外撇，上手与头由身体带动左转。

图 9-27　转体侧抱　　　图 9-28　搂膝推掌　　　　图 9-29　后坐侧抱

(4) 搂膝推掌：与(2)同，唯左右相反。

(5) 后坐侧抱：与(3)同，唯左右相反。

(6) 搂膝推掌：与(2)同。

5) 手挥琵琶

右脚跟进半步，身体后坐，重心转至右腿上；上体半面向右转，左脚略提起稍向前移，变成左虚步，脚跟着地，脚尖翘起，膝部微屈；同时左手由左下向上挑举，高与鼻尖平，掌心向右，臂微屈；右手收回放在左臂肘部里侧，掌心向左；眼看左手食指(见图 9-30)。

图 9-30　手挥琵琶

动作要领：身体要平稳自然，沉肩坠肘，胸部放松。左手上起时不要直向上挑，要由左向上、向前，微带弧形。右脚跟进时，脚掌先着地，再全脚踏实。身体重心后移和左手上起、右手回收要协调一致。

6) 左右倒卷肱(又名倒撵猴)

(1) 转体举臂：上体右转，右手翻掌(手心向上)经腹前由下向后上方划弧平举，臂微屈；左手同时翻掌向上；眼的视线随着向右转体先向右看，再转向前方看左手(见图 9-31)。

图 9-31　转体举臂

动作要领：右手经腰侧向侧后 45° 方向上举，两手不要在一条线上，应与身体一起成圆弧状。

(2) 退步推掌：右臂屈肘折向前，右手由耳侧向前推出，手心向前；左臂屈肘后撤，手心向上，撤至腰侧；同时左腿轻轻提起向后(偏左)退一步，脚掌先着地，然后全脚慢慢踏实，身体重心移到左腿上，成右虚步；右脚随转体以脚掌为轴扭正；眼看右手(见图 9-32)。

动作要领：左脚后撤与右手前推同时进行，两手在体前有一交错的过程。左手撤到腰侧时，成高虚步，且右手推到位。前推时，要转腰松胯，两手的速度要一致，避免僵硬。退左脚时略向左后斜伸，退右脚时略向右后斜伸，避免使两脚落在一条直线上。做最后一个倒卷肱时，右脚脚尖外撇的角度略大些，便于接做"左揽雀尾"的动作。左右四个倒卷肱的要点相同，唯方向相反。

(3) 转体举臂：上体微向左转，左手随转体向后上方划弧平举，手心向上；同时右手翻掌，掌心向上；眼随转体先向左看，再转向前方看右手(见图 9-33)。

动作要领：后手由腰侧上举的同时，前手随前手臂向外旋转而翻掌，前后手心都朝上，眼睛随转体动作看后手。

图 9-32　退步推掌

图 9-33　转体举臂

(4) 退步推掌：与(2)同，唯左右相反。

(5) 转体举臂：与(3)同，唯左右相反。

(6) 退步推掌：与(2)同。

(7) 转体举臂：与(3)同。

(8) 退步推掌：与(2)同，唯左右相反。

7) 左揽雀尾

(1) 右臂上举：上体微向右转，同时右手随转体向后上方划弧平举，手心向上；左手放松，手心向下；眼看右手(见图 9-34)。

(2) 收脚抱球：身体继续向右转，左手自然下落逐渐翻掌经腹前划弧至右肋前，手心向上；右臂屈肘，手心转向下，收至右胸前，两手相对成抱球状；同时身体重心落在右腿上，左脚收到右脚内侧，脚尖点地；眼看右手(见图 9-35)。

(3) 弓步拥臂：上体微向左转，左脚向左前方迈出；上体继续向左转，右腿自然蹬直；左腿屈膝，成左弓步；同时左臂向左前方拥出(即左臂平屈成弓形，用前臂外侧和手背向前方推出)，高与肩平，手心向后；右手向右下落放于右胯旁，手心向下，指尖向前；眼看左前臂(见图 9-36)。

图 9-34　右臂上举

图 9-35　收脚抱球

图 9-36　弓步拥臂

动作要领：拥出时，两臂前后均保持弧形。分手、松腰、弓腿三者必须协调一致。揽雀尾弓步时，两脚跟横向距离不超过 10 cm。

(4) 转身下将：身体微向左转，左手随即翻掌前伸，掌心向下；同时右手翻掌，掌心向上，经腹前向上、向前伸至左前臂下方；然后上体向右转，两手下将，两手经腹前向右后上方划弧，直至右手手心向上，高与肩齐，左臂平屈于胸前，手心向后；同时身体重心移至右腿；眼看右手(见图 9-37)。

动作要领：双手前伸时，身体只做微微左转，上体不可前倾。下将时，臀部不要凸出，两臂随腰旋转走弧线，不可直线回拉双手。左脚全掌着地。

(5) 弓步前挤：上体微向左转，右臂屈肘折回，右手附于左手腕里侧(相距约 5 cm)，上体继续向左转，双手同时向前慢慢挤出，左手心向后，右手心向前，左前臂要保持半圆；同时身体重心逐渐前移变成左弓步；眼看左手腕部(见图 9-38)。

动作要领：向前挤时，上体要正直。挤的动作要与松腰、弓腿相一致。

图 9-37　转身下将

图 9-38　弓步前挤

(6) 后坐下按：左手翻掌，手心向下，右手经左腕上方向前、向右伸出，高与左手齐，手心向下，两手左右分开，与肩同宽；然后右腿屈膝，上体慢慢后坐，身体重心移至右腿上，左脚尖翘起；同时两手屈肘回收至腹前，手心均向前下方，眼看前方(见图9-39)。

动作要领：后坐时，身体不要后仰，两臂打开在体前曲肘。下按时，身体微微前倾，同时降低重心。

(7) 弓步按掌：上动不停，身体重心慢慢前移成左弓步；同时两手向前、向上按出，掌心向前，眼平看前方(见图9-40)。

图9-39 后坐下按　　　图9-40 弓步按掌

动作要领：向前按时，两臂保持弧度，轻轻向上顶肘，手腕部高与肩平。

8) 右揽雀尾

(1) 转身抱球：上体后坐并向右转，身体重心移至右腿，左脚尖里扣；右手向右平行划弧至右侧，然后由右下经腹前向左上划弧至左肋前，手心向上；左臂平屈胸前，左手掌向下与右手成抱球状；同时身体重心再移至左腿上，右脚收至左脚内侧，脚尖点地；眼看左手(见图9-41)。

(2) 弓步掤臂：同"左揽雀尾"中的(3)，唯左右相反。

图9-41 转身抱球

(3) 转身下捋：同"左揽雀尾"中的(4)，唯左右相反。

(4) 弓步前挤：同"左揽雀尾"中的(5)，唯左右相反。

(5) 后坐下按：同"左揽雀尾"中的(6)，唯左右相反。

(6) 弓步按掌：同"左揽雀尾"中的(7)，唯左右相反。

动作要领和运用方法：同"左揽雀尾"，唯左右相反。

9) 单鞭

(1) 转身侧抱：上体后坐，身体重心逐渐移至左腿上，右脚尖里扣；同时上体左转，两手(左高右低)向左弧形运转，直至左臂平举，伸于身体左侧，手心向左，右手经腹前运至左肋前，手心向后上方；眼看左手(见图9-42)。

(2) 丁步勾手：身体重心再渐渐移至右腿上，上体右转，左脚向右脚靠拢，脚尖点地；同时右手向右上方划弧(手心由里转向外)，至右侧方时变勾手，臂与肩平；左手向下经腹前向右上划弧停于右肩前，手心向里；眼看左手(见图 9-43)。

(3) 弓步推掌：上体微向左转，左脚向左前侧方迈出，右脚跟后蹬，成左弓步；在身体重心移向左腿的同时，左掌随上体的继续左转慢慢翻转向前推出，手心向前，手指与眼齐平，臂微屈；眼看左手(见图 9-44)。

图 9-42　转身侧抱　　　　　图 9-43　丁步勾手　　图 9-44　弓步推掌

动作要领：上体保持正直，松腰。完成式时，右臂肘部稍下垂，左肘与左膝上下相对，两肩下沉。左手向外翻掌前推时，要随转体边翻边推出，不要翻掌太快或最后突然翻掌。全部过渡动作上下要协调一致。如面向南起势，单鞭的方向(左脚尖)应向东偏北(约 15°)。

10) 云手

(1) 转身扣脚：身体重心移至右腿上，身体渐向右转，左脚尖里扣；左手经腹前向右上划弧至右肩前，手心斜向后，同时右手变掌，手心向右前；眼看左手(见图 9-45)。

(2) 左转云手：上体慢慢左转，身体重心随之逐渐左移；左手由脸前向左侧运转，手心渐渐转向左方；右手由右下经腹前向左上划弧，至左肩前，手心斜向后；同时右脚靠近左脚，成小开立步(两脚距离约 10～20 cm)；眼看右手(见图 9-46)。

(3) 右转云手：上体再向右转，同时左手经腹前向右上划弧至右肩前，手心斜向后；右手向右侧运转，手心翻转向右，随之左腿向左横跨一步；眼看左手(见图 9-47)。

图 9-45　转身扣脚　　　图 9-46　左转云手　　　　图 9-47　右转云手

(4) 左转云手：同(2)。

(5) 右转云手：同(3)。

(6) 左转云手：同(2)。

动作要领：身体转动要以腰脊为轴，松腰、松胯，不可忽高忽低。两臂随腰的转动而运转时要自然圆活，速度要缓慢均匀。下肢移动时，身体重心要稳定，两脚掌先着地再踏实，脚尖向前。眼的视线随左/右手而移动。第三个"云手"，右脚最后跟步时，脚尖微向里扣，便于接"单鞭"动作。

11) 单鞭

(1) 丁步勾手：上体向右转，右手随之向右运转，至右侧方时变成勾手；左手经腹前向右上划弧至右肩前，手心向内；身体重心落在右腿上，左脚尖点地；眼看左手(见图 9-48)。

(2) 弓步推掌：左脚向左侧前方迈出，成左弓步；随转腰移动重心，左掌慢慢翻转向前推出，成"单鞭"式(见图 9-49)。

动作要领：与前"单鞭"式相同。

图 9-48　丁步勾手　　　　　　　图 9-49　弓步推掌

12) 高探马

(1) 跟步翻掌：右脚跟进半步，身体重心逐渐后移至右腿上；右勾手变成掌，两手心翻转向上，两肘微屈；同时身体微向右转，左脚跟渐渐离地；眼看左前方(见图 9-50)。

(2) 虚步推掌：上体微向左转，面向前方；右掌经右耳旁向前推出，手心向前，手指与眼同高；左手收至左侧腰前，手心向上；同时左脚微向前移，脚尖点地，成左虚步；眼看右手(见图 9-51)。

动作要领：上体自然正直，双肩下沉，右肘微下垂。跟步移换重心时，身体不要有起伏。

图 9-50　跟步翻掌　　　　　　　图 9-51　虚步推掌

13) 右蹬脚

(1) 弓步分掌：左手手心向上，前伸至右手腕背面，两手相互交叉，随即向两侧分开并向下划弧，手心斜向下；同时左脚提起向左前侧方进步(脚尖略外撇)；身体重心前移，右腿自然蹬直，成左弓步；眼看前方(见图 9-52)。

(2) 收脚合抱：两手由外圈向里圈划弧，两手交叉合抱于胸前，右手在外，手心均向后；同时右脚向左脚靠拢，脚尖点地；眼平看右前方(见图 9-53)。

(3) 蹬脚撑掌：两臂左右划弧分开平举，肘部微屈，手心均向外；同时右腿屈膝提起，右脚向右前方慢慢蹬出；眼看右手(见图 9-54)。

图 9-52　弓步分掌　　　　图 9-53　收脚合抱　　　　图 9-54　蹬脚撑掌

动作要领：身体要稳定，不可前俯后仰。两手分开时，腕部与肩齐平。蹬脚时，左腿微屈，右脚尖回勾，劲使在脚跟。分手和蹬脚须协调一致。右臂和右腿上下相对。如面向南起势，蹬脚方向应为正东偏南(约 30°)。

14) 双峰贯耳

(1) 屈膝合掌：右腿收回，屈膝平举，左手由后向上、向前下落至体前，两手心均翻转向上，两手同时向下划弧分落于右膝盖两侧；眼看前方(见图 9-55)。

(2) 弓步贯拳：右脚向右前方落下，身体重心渐渐前移，成右弓步，面向右前方；同时两手下落，慢慢变拳，分别从两侧向上、向前划弧至面部前方，成钳状，两拳相对，高与耳齐，拳眼都斜向内下(两拳中间距离约为 10~20 cm)；眼看右拳(见图 9-56)。

图 9-55　屈膝合掌

图 9-56　弓步贯拳

动作要领：完成动作时，头颈正直，松腰、松胯，两拳松握，沉肩坠肘，两臂均要保持弧形。双峰贯耳式的弓步和身体方向与右蹬脚方向相同。弓步的两脚跟横向距离同"揽雀尾"式。

15) 转身左蹬脚

(1) 转身扣脚：左腿屈膝后坐，身体重心移至左腿，上体左转，右脚尖里扣；同时两拳变掌，由上向左右划弧分开平举，手心向前；眼看左手(见图 9-57)。

(2) 收脚合抱：身体重心再移至右腿，左脚收到右脚内侧，脚尖点地；同时两手由外圈向里圈划弧合抱于胸前，左手在外，手心均向后；眼平看左方(见图 9-58)。

(3) 蹬脚撑掌：两臂左右划弧分开平举，肘部微屈，手心均向外；同时左腿屈膝提起，左脚向左前方慢慢蹬出；眼看左手(见图 9-59)。

图 9-57　转身扣脚

图 9-58　收脚合抱

图 9-59　蹬脚撑掌

动作要领：与"右蹬脚式"相同，方向相反。左蹬脚方向与右蹬脚成 180°。

16) 左下势独立

(1) 勾手收脚：左腿收回平屈，上体右转；右掌变成勾手，左掌向上、向右划弧下落，立于右肩前，掌心斜向后；眼看右手(见图 9-60)。

(2) 仆步穿掌：右腿慢慢屈膝下蹲，左腿由内向左侧(偏后)伸出，成左仆步；左手下落(掌心向外)向左下顺左腿内侧向前穿出；眼看左手(见图 9-61)。

动作要领：右腿全蹲时，上体不可过于前倾。左腿要伸直，左脚尖须向里扣，两脚脚掌全部着地，左脚尖与右脚跟踏在中轴线上。

图 9-60　勾手收脚

图 9-61　仆步穿掌

(3) 弓步挑掌：身体重心前移，左脚跟为轴，脚尖尽量向外撇，左腿前弓，右腿后蹬，右脚尖里扣，上体微向左转并向前起身；同时左臂继续向前伸出(立掌)，掌心向右，右勾手下落，勾尖向后；眼看左手(见图 9-62)。

(4) 提膝挑掌：右腿慢慢提起平屈，成左独立式；同时右勾手变掌，并由后下方顺右腿外侧向前弧形摆出，屈臂立于右腿上方，肘与膝相对，手心向左；左手落于左胯旁，手心向下，指尖向前；眼看右手(见图 9-63)。

图 9-62　弓步挑掌

图 9-63　提膝挑掌

动作要领：上体正直，独立的腿微屈，右腿提起时脚尖自然下垂。

17) 右下势独立

(1) 落脚转体：右脚下落在左脚前，脚掌着地，然后以左脚前掌为轴向左转动身体，同时左手向后平举抓勾，右掌随转体向左侧划弧，立于左肩前，掌心斜向后；眼看左手(见图 9-64)。

(2) 仆步穿掌：同"左下势独立"中的(2)，唯左右相反。

(3) 弓步挑掌：同"左下势独立"中的(3)，唯左右相反。

(4) 提膝挑掌：同"左下势独立"中的(4)，唯左右相反。

图 9-64　落脚转体

动作要领：右脚落地转体后，脚尖必须稍微提起，然后再向下仆腿。

18) 左右穿梭

(1) 丁步抱球：身体微向左转，左脚向左前落地，脚尖外撇，右脚跟离地，两腿屈膝成半坐盘式；同时两手在胸前成抱球状(左上右下)；然后右脚收到左脚的内侧，脚尖点地；眼看左前臂(见图 9-65)。

(2) 弓步架推：身体右转，右脚向右前方迈出，屈膝弓腿，成右弓步；同时右手由脸前向上举并翻掌停在右额前，手心斜向上；左手先向左下再经体前向前推出，高与鼻尖平，手心向前；眼看左手(见图 9-66)。

动作要领：完成姿势面向斜前方(与行进方向成约 30°)。手推出后，上体不可前俯。手向上举时，防止引肩上耸；一手上举、一手前推要与弓腿松腰上下协调一致。做弓步时，两脚跟的横向距离同"左右搂膝拗步"式，保持在 30 cm 左右。

(3) 丁步抱球：身体重心略向后移，右脚尖稍向外撇，随即身体重心再移至右腿，左脚跟进，停于右脚内侧，脚尖点地；同时两手在右胸前成抱球状(右上左下)；目视右前臂(见图 9-67)。

(4) 弓步架推：同(2)，唯左右相反。

图 9-65　丁步抱球　　　　图 9-66　弓步架推　　　　图 9-67　丁步抱球

19) 海底针

右脚向前跟进半步，身体顺势微微左转；然后身体边后坐边向右转腰，重心移至右腿，左脚尖稍稍点地；同时右手随后坐转体下落，经体前向后、向上提抽至肩上耳旁；左手也随转腰自然向右下落至胸腹前；眼看右手；重心微微下沉，上体向左转正，左脚稍向前落，脚尖点地，成左虚步；随身体左转，右手由右耳旁斜向前下方插出，掌心向左，指尖斜向下；左手向下、向左划弧落于左胯旁，手心向下，指尖向前；眼看前下方(见图 9-68)。

图 9-68　海底针

动作要领：右脚向前跟进半步时，上肢保持动作不变。后坐、转腰、动手要同时进行，上体向左一回转便插右掌。插掌时上体不可太前倾，避免低头和臀部外凸。

20) 闪通臂

上体稍向右转，左脚提起；右手由体前上提，屈臂上举，停于右额前上方，拇指向上，左手自然上提至胸前；然后左脚向前迈出，屈膝弓腿成左弓步；同时右手翻转，掌心斜向上，拇指朝下，架于右额前上方；左手由胸前向前推出，高与鼻尖平，手心向前；眼看左手(见图 9-69)。

图 9-69　闪通臂

动作要领：完成姿势时上体自然正直，松腰、松胯；左臂不要完全伸直，背部肌肉要伸展开。推掌、举掌和弓腿动作要协调一致。弓步时，两脚跟横向距离同"揽雀尾"式(不超过 10 cm)。

21) 转身搬拦捶

(1) 转身握拳：上体后坐，身体重心移至右腿，左脚尖里扣，身体向右后转，右手随着转体向右划弧至头上方，左手亦随身体移动上举，眼看右方；然后身体重心再移至左腿，同时右手握拳随着转体向下经腹前划弧至左肋旁，拳心向下，左掌上举于头前，掌心斜向上；眼看前方(见图 9-70)。

(2) 上步搬拳：向右转体，右拳经胸前向前翻转撇出，拳心向上，左手落于左胯旁，掌心向下，指尖向前；同时右脚收回后即向前迈出，脚尖外撇；眼看右拳(见图 9-71)。

动作要领：右拳与右脚同时提放。右脚起落时，不要停顿或脚尖点地。

(3) 上步左拦：身体重心移至右腿上，左脚向前迈一步；左手上起，经左侧向前上划弧拦出，掌心向前下方；同时右拳向右划弧收到右腰旁，拳心向上；眼看左手(见图 9-72)。

动作要领：右拳不要握得太紧。右拳收回时，前臂要慢慢内旋划弧。

(4) 弓步冲拳：右腿蹬伸，重心前移，左腿前弓成左弓步；同时右拳向前打出，拳眼向上，高与胸平；左手附于右前臂里侧；眼看右拳(见图 9-73)。

图 9-70　转身握拳　　　　图 9-71　上步搬拳　　　　图 9-72　上步左拦　　　图 9-73　弓步冲拳

动作要领：向前打拳时，右肩随拳略微向前伸。沉肩坠肘，右臂要微屈。弓步时，两脚横向距离同"揽雀尾"式。

22) 如封似闭

(1) 分掌后坐：左手由右腕下向前伸出，右拳变掌，两手手心逐渐翻转向上并慢慢分开回收，与肩同宽；同时身体后坐，左脚尖翘起，身体重心移至右腿；眼看前方(见图 9-74)。

动作要领：先动左掌，向右臂下穿出，待两手翻转时再后坐。身体后坐时，避免后仰，臀部不可凸出。左手向前伸出时，应从右肘下方沿小臂向前抹出。两臂随身体回收时，肩、肘部略向外松开，不要直着抽回双手，两手分开微微收回即可。

(2) 弓步推掌：两手在胸前翻掌，向下至腹前，再向上、向前推出，两臂保持弧度；腕部与肩平，手心向前；同时左腿前弓成左弓步；眼看前方(见图 9-75)。

动作要领：两手向下、向前时都要有轻按的感觉。前推时，肘关节伴随蹬腿轻轻向前方用力。收掌至腹前的动作不可直线收回，两手推出的宽度不要超过两肩。

图 9-74　分掌后坐　　　　　　　图 9-75　弓步推掌

23) 十字手

(1) 转身分掌：身体后坐，重心移向右腿，左脚尖翘起，身体微向右转，双手随身体移动，眼看右手。身体继续右转，右脚尖随着转体稍向外撇，左脚尖内扣，成右侧弓步；同时右手随着转体动作向右平摆划弧，与左手成两臂侧平举，掌心向前，肘部微屈；眼看右手(见图9-76)。

动作要领：以腰带手从脸前向右摆动，眼看右手；重心平移，不要有起伏；脚尖扣转后，均向前。

(2) 收脚合抱：身体重心慢慢移至左腿，右脚尖里扣，向左收回，两脚间距离与肩同宽，两腿微屈；同时两手向下经腹前向上划弧交叉合抱于胸前，两臂撑圆，腕高与肩平；右手在外，成十字手，手心均向后；眼看前方(见图9-77)。

动作要领：两手分开和合抱时，上体不要前俯。站起后，身体自然正直，头要微向上顶，下颌稍向后收。两臂环抱时须圆满舒适，沉肩坠肘。

图9-76　转身分掌　　　　　　　　图9-77　收脚合抱

24) 收势

两手向外翻掌，手心向下，两臂慢慢下落，停于身体两侧；眼看前方(见图9-78)。

动作要领：两手左右分开下落时，要注意全身放松，同时气也徐徐下沉(呼气略加长)。呼吸平稳后，把左脚收到右脚旁，再走动休息。

图9-78　收势

第二节　自卫防身术

一、自卫防身术概述

1. 自卫防身术的起源

自卫防身术是人们在长期的生活实践中，把民族传统武术技击技术精华进行摘编、加工、提炼和完善而成的一门综合性较强的斗智、斗勇、斗力的搏击格斗技术，具备技术动作简单、实用的特点。自卫防身术汲取了中国传统武术中的格斗技巧及擒拿术的精华，是一种以弱胜强、以小制大、以巧取胜的防身技术，在学习时不用拘泥于一招一式的格局和定势。

追根溯源，自卫防身术与我国传统武术相伴而生，在我国有着悠久的历史，且在不同的历史时期得到了相应的发展。武术运动从萌芽状态开始就是人类自卫生存的手段和方法，其根本功能为自卫防身，强身健体。

随着人类文明社会的发展以及冷兵器时代结束，武术的格斗功能愈发弱化。但武术的技击格斗功能和实用性特点又十分适合自卫防身，因此，人们结合社会实践需要对武术的招式进行摘编、提炼与完善，形成更加贴近大众需求的防身技巧动作，极大丰富了自卫防身内容。

2. 自卫防身术的概念

1) 广泛的概念

自卫防身术是在个体人身或财产利益正在遭受侵害或威胁时，利用肢体和适当的器物对侵犯者采取合理的武力打击或回避，以使自己或他人生命和财产受到有效保护的实用性防身策略、防身技术、防身技能及防身心理的总称。

自卫防身包括防身原则方法、犯罪心理学、防身法律依据等综合性较强的课程，从高校体育技能目标出发，本书主要从自卫防身术的运动属性进行探讨。

2) 自卫防身术体育属性概念

自卫防身术集拳击、武术、散打、擒拿格斗等防身武技动作于一体，是人身安全受到各种非法暴力侵害时，运用手、脚、膝、肘等或就地取材进行防卫和攻击的一种以制服对方或回避犯罪行为，使自己和他人的生命或财产受到有效保护为目的的专门技术。

二、自卫防身术的练习原则

1. 树立"生命至上，健康第一"的理念

对每个人来说，生命只有一次，生命承载着亲人的寄托、生活的希望，存在即能创造无限可能。"生命在于运动"。毛主席曾说过："文明其精神，野蛮其体魄"。健康强健的精神一定存在于健康强健的身体。强健的体魄建立强大的生命体。热爱生命，尊重生命，树立"生命至上、健康第一"理念尤为重要。

2. 强化防身意识，形成良好的防身习惯

在面临侵害时我们自身的力量往往是弱小的，尤其是在面临有组织的犯罪行为时。因此防患于未然，时刻提高防身意识，不给犯罪分子可乘之机，是自卫防身的最好方法。

据统计，我国犯罪案件中80%以上是非预谋犯罪，这就意味着有许多侵害事件是完全可以避免或者减轻受害程度的。人们常说一句话：不要出现在不该出现的时间、出现在不该出现的场所。即避免深夜单独出行，避免出现在舞厅、酒吧、人烟稀少的郊外等容易发生侵害事件的地方。

3. 掌握必要的行之有效的自卫防身技术和手段

自卫防身不是搏击互殴，而是以生命财产得到有效保障为目标。掌握必要的自卫技术、常备必要的防身器械等手段回避侵害，并制止侵害行为，为自己的逃生创造时间、空间尤为重要。

4. 沉着冷静、随机应变原则

自卫防身目的是以生命安全为前提，沉着冷静面对当前的处境，把握时机，采取适当的行动攻其不备，一击命中，尽快安全地逃离危险。如果对处境了解不清、盲目采取不当手段，往往会适得其反，使自己深陷危机。

三、自卫防身术的技术特点

防身术的典型特点是预防为主。在面对侵害时，首先应将自身置于弱势状况以便进行

防身，而非采取暴力对抗的手段进行激烈冲突。防身技术不同于搏击、对抗等运动技术，因而明确自卫防身的技术特点十分必要。

1. 简单实用性

以快速摆脱危险为目的，尽量做到一招制敌，技术简单实用。打击要稳、准、狠，从而使侵害者短时间失去进一步实施犯罪的能力，为自己迅速脱离险境创造机会。

2. 隐蔽、突然性

掩饰自己的防卫自卫动机，甚至利用假动作、虚假的表情，解除对方的防范意识，然后抓住时机采用合理有效的方法，乘其不备克敌制胜。

3. 以小博大，以巧制胜，一招制敌

实施侵害行为一方往往处在主动强势位置，此时防身自卫应避免和对方正面交锋，讲求技巧性，用较小的力量击打对方身体薄弱部位，如插眼、踢裆、顶腹等，一击必中，以弱胜强，以柔克刚，达到合适的击打效果。

4. 随机应变性

自卫防身的目的是保护自我生命、财产安全，在搏斗过程中要做到"不择手段"，要运用一切可以用到的技术或身边的器物进行自我保护行为。

四、人体要害部位与关节

1. 人体要害部位

人体有些神经分布丰富、痛觉非常敏感的部位，在受到打击或压迫时会疼痛难忍，甚至出现昏迷、休克、死亡的严重后果。了解并熟悉这些部位，防身会获得事半功倍的效果。图 9-79 所示是人体的要害部位。

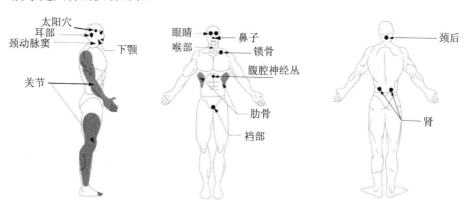

图 9-79　人体要害部位

1) 头颈部

头部是人体中枢神经之所在，听、视、嗅觉和思维等器官都集中在这里，要害部位有太阳穴、眼睛、鼻子、下颚、耳部等。

太阳穴：属头部颞区，有颞浅动脉、静脉及颞神经穿过。而且此部位骨质脆弱，向内击打可引起颞骨骨折，损伤脑膜中动脉，致使血流不畅，造成大脑缺血缺氧。

眼睛：眼睛具有视觉功能，眼睛遭暴力打击，可以轻易使人致盲。因为视觉功能对人的日常生活起着举足轻重的作用，所以眼睛常常被列为人体的要害部位之一。

鼻子：外鼻位于颜面中央，是由骨和软骨构成的骨性结构。面三角区是指面部鼻根以下，鼻尖以上，鼻两侧至嘴角外的三角区域。打击鼻、面三角区，不仅可以直接损伤鼻骨，而且常常潜伏着生命危险。鼻骨被击碎，可使鼻内大量出血，疼痛异常，并使两眼泪流不止，造成暂时性视力障碍。

下颚：下颚所处位置易受攻击，且受击打后易引起颅底骨折、颅内出血，因此受击打后轻则剧痛难忍，重则使其昏迷或休克。

耳部：耳郭神经离大脑较近，受到击打或挤压后可损伤通往脑膜中的动脉、静脉分支，使血液循环受阻。而且耳部在下颌骨的上缘，下耳郭的后面有一个完骨穴，打击耳和耳后完骨穴，轻则击穿耳膜或耳内出血，重则脑震荡或死亡。

颈两侧布满致命的血管、神经。颈动脉、迷走神经亦均沿颈两侧分布。如用手掌外缘猛砍颈外侧或后侧，可压迫颈动脉窦，产生严重的心律失常，严重者可导致心力衰竭，甚至在短时间内毙命。

2）胸部

胸部有 12 对肋骨，保护胸腔内的心肺等重要的器官，心窝、剑突下方是胸部最薄弱的地方。此处系心血管的主要出入路径，且无骨骼保护。若受到猛烈打击可使血液流通不畅，影响心脏的搏动，或使心脏受伤失去功能，甚至可能导致死亡。此外，肋骨细长，如受到拳、脚、肘等重力打击或压迫，甚至可能会导致内脏器官的受伤。

3）腹部

腹腔内有肝、胃、肾等重要器官。腹膜神经末梢丰富，感觉非常灵敏，如受到拳、膝等重力打击或压迫，可导致剧痛或昏迷。

4）腰部

腰部是连接上下体，维持身体平衡姿势的重要部位，具有承上启下、传导重力的作用，如受到拳、膝的猛烈撞击。腰椎、肾脏受损会失去正常的功能。

5）裆部

裆部包括耻骨、阴部及髋关节。裆部是男子的要害，也是人体神经末梢最丰富的地方，攻击裆部可以轻易使人失去抵抗能力。防身术中进攻裆部是使用最多也是最有效的方法之一。

2. 人体要害关节

人体的关节部位繁多，最易遭到打击。若人体关节承受超过生理功能限度的打击或压迫，就会发生脱臼和韧带撕裂，乃至丧失正常生理功能。因此，这些部位在技击中便有特殊的意义，被称为要害关节。

了解和熟悉这些遭到击打会造成严重后果的部位，有两个方面的意义：一是当自身和他人生命受到威胁时，可以利用强有力的手段攻击敌方要害部位一击制胜，迅速制止犯罪行为，还可以在竞技比赛中击打对方薄弱环节从而快速制胜；二是在体育活动和日常生活中加强自我保护，尽量避免遭到伤害。

1）肩关节

肩关节是人体中活动范围最大的关节。它是由肱骨、肩胛骨、关节盂、韧带和锁骨联结而成，能进行内收、外展、前屈和旋转运动，是连接手臂的重要关节。格斗中如用暴力向左、右拧拉或向后扳至极点，就会使其脱臼，或韧带、肌肉撕裂，削弱战斗力。

2）肘关节

肘关节是由尺骨、桡骨、肱骨联结而成，活动范围较小，能前屈、伸直，可随肩关节上下拨动。当伸直时，向后或向两侧猛折、踢打，就会脱臼或骨折。

3）膝关节

它是人体中最大、结构最复杂的下肢主要关节。由股骨下端、髌骨和胫骨上端组成。由于此部位暴露在外，且皮下脂肪较少，因此如遭受重击可使韧带撕裂或髌骨碎裂，从而使其站立不稳或无法移动。

4）腕关节

腕关节是臂部主要关节，是由桡骨和腕部 8 块小骨组成。腕关节主要靠韧带联结，活动范围较大，可进行前屈、后伸、内收、外展各旋转运动。如果超过它的活动范围，内卷、后折或向两侧反拧、缠丝等，轻则会脱臼、韧带撕裂，重则骨折。

5）指关节

指关节由两个短小的指骨联结而成，它仅能弯曲和伸直，活动范围较小，易于前屈，如果使其伸直，再用力向后扳或左右拧动，很容易脱臼或骨折。

五、自卫防身术的基本技法

1. 手法

预备式(以正架为例，如图 9-80 所示)：左脚在前，右脚在后，前后开立站位，重心在两腿之间、前移至两脚前掌；两手半握拳，左臂屈臂夹角 90°～100°，右臂屈臂夹角小于90°，大小臂贴近肋部，下颌微收，目视前方。反架同，方向相反。

(1) 直拳：分右直拳和左直拳。

右直拳：预备式站位，右腿蹬地，重心移至左脚，转右髋，顶右胯，送肩右拳随之内旋前冲，力达拳面(如图 9-81 所示)。

左直拳：与右直拳动作相反。

注意：蹬地转髋顶胯动作协调，肩部放松前送，蹬地转髋顶胯的力量通过肩协调传递到拳面；稳重心。

(2) 摆拳：分右摆拳和左摆拳。

右摆拳：右脚蹬地转右髋，合胯向左转腰，右臂大小臂夹角固定，小臂稍内旋，拳心向下，右拳向左横贯出，力达拳面或靠近拳眼侧(如图 9-82 所示)。

左摆拳：与右摆拳动作相反。

图 9-80 预备式   图 9-81 右直拳   图 9-82 右摆拳

(3) 插掌：大拇指外四指并拢，中指指尖正对攻击目标，直线向前发力，攻击喉部等薄弱部位(如图 9-83 所示)。

(4) 砍掌：大拇指外四指并拢，以掌外延为着力点，击打对方的颈动脉或肘关节等要害或薄弱部位(如图 9-84 所示)。

(5) 推掌：大拇指外四指并拢，掌根为着力点，向前迅速推出，动作短促顺达，击打下颚或者鼻子(如图 9-85 所示)。

图 9-83 插掌   图 9-84 砍掌   图 9-85 推掌

2. 肘法

肘法属于近距离打击技法，具有强大的威力。肘部的生理结构决定了其击打力量可以产生最佳的效果。

(1) 顶肘：以肘尖攻击对方心窝、腋下，转腰抬臂顶肘一气呵成(如图 9-86 所示)。

(2) 扫肘(摆肘)：以右式为例，抬起右臂，弯曲肘关节，使上臂与上体成 90°夹角，上臂与前臂成 30°夹角，右脚蹬地转髋；右肘向左前、上方摆出，击打对方胸腹部或面部(如图 9-87 所示)。

(3) 砸肘：自上向下发力，上下协调发力，力达肘尖(如图 9-88 所示)。可以击打对方后脑，颈椎或者腰部。

图 9-86 顶肘   图 9-87 扫肘   图 9-88 砸肘顶膝

3. 膝法

膝法指利用膝关节攻击对方的方法，主要攻击部位是头部、胸腹部、肋部、裆部等，主要动作为正顶膝。

动作要领：自然式或实战预备式站立，屈膝松胯，往膝盖处目标部位顶去，形成一个顶膝动作。

(1) 启动速度要快，动作要狠。着力点为膝盖部位。

(2) 腰部带动胯部向前送，配合大腿和小腿肌肉的收缩发力，蹬地送胯顶膝配合协调。

(3) 不论前腿膝顶裆还是后腿膝顶裆攻击，双手一定要在面前保护自己的头部，做到攻防兼备。

4. 腿法

(1) 弹踢腿：大腿上抬，小腿快速向上弹踢，脚面绷紧，脚背着力，主要用于攻击对方裆部等部位(如图 9-89 所示)。

动作要领：抬腿弹踢动作协调，上体平稳，做到隐蔽突然。

提膝　　　弹腿

图 9-89　弹踢腿

(2) 正蹬腿：自然式或实战预备式站立，屈膝上抬，后腿蹬地，脚尖勾起迅速向前蹬出，力达脚后跟。蹬出后快速收回。多用于攻击对方心脏、小腹、裆部等薄弱部位(如图 9-90 所示)。

动作要领：屈膝上提要充分，且与蹬腿要连贯、不可脱节，要运用送髋之力使腿放长击远。要注意收腿的迅速，膝关节放松。

(3) 侧踹腿：自然式或实战预备式站立，重心稍后移，上体保持原来姿势，前腿屈膝提起，与脚胯同高。小腿外摆，脚尖勾起微向外翻出。身体继续向侧后仰，同时展髋伸膝向前踹出，力达脚掌外侧，此时支撑腿的脚后跟斜向前方。前手置于踹腿的大腿上方，后手置于下额前方处于保护状态(如图 9-91 所示)。用于攻击对方腹部，头部或膝盖等部位。

图 9-90　正蹬腿　　　　　　　　　　　　图 9-91　侧踹腿

六、常用脱身与擒拿技法

1. 扣手别肘法

扣住对方手腕，随即快速上步。同时另一手臂穿掌至对方肘关节处，上动不停，经同侧向异侧转腰发力(如图 9-92 所示)。

动作要领：上步穿掌转腰发力一气呵成，不得拖泥带水。

图 9-92　扣手别肘

2. 抓颈(搂肩)顶腹

两手抓住对方的肩或者脖颈部，用力回带，同时抬膝顶击对方裆部或腹部(如图 9-93 所示)。

动作要领：抓要突然迅速，发力顶裆要准、狠，上下肢动作协调。

3. 踢裆

这是弹踢腿动作，在对方疏于防范时采用，隐蔽、突然、快速，做到稳准狠(如图 9-94 所示)。

图 9-93　抓颈(搂肩)顶腹　　　　　　　图 9-94　踢裆

4. 顶(下颌)、砸(鼻梁)法

两掌合掌成抱拳状，自下向上快速冲击对方下颌，迫使对方松开双臂，第一时间没有达到效果可立即变化为向下砸击对方鼻梁骨(如图 9-95 所示)。

动作要领：向上冲击快速、迅猛，以挣脱为主，击打为辅。

图 9-95　顶(下颌)、砸(鼻梁)

5. 抄腿别腿摔

针对高鞭腿(右腿为例)，同侧手臂(左臂)格挡防守，随即右腿快速前插至对方支撑脚后，同时右手自下向上抄抱对方的鞭腿小腿或膝关节处，顺势向左侧前下方发力(如图 9-96 所示)。

动作要领：格挡防守要稳准，上步、抄抱、发力动作一气呵成。

抄腿　　　　　别腿摔

图 9-96　抄腿别腿摔

6. 接腿别腿摔

针对对方低鞭腿或较低的腿(右腿为例)，左手顺势接住，随即右腿快速前插至对方支撑脚后，同时右手按压对方膝关节处，顺势向左侧前下方发力(如图 9-97 所示)。

接腿　　　　　别腿摔

图 9-97　接腿别腿摔

> 防身小贴士：
> 防身动作千千万，保命防身一两样，提高安全意识避免抢。
> 精通三招两式安全又无恙，每天锻炼一小时，保你健康前程亮。

第三节　"健身气功·五禽戏"

一、五禽戏的起源与发展

五禽戏是中国传统文化中导引养生的一个重要功法。其创编者华佗出生在东汉末沛国谯县(今安徽亳州)，其一生著述颇丰，但均亡佚，今传《中藏经》《华佗神医秘传》等皆托名之作。华佗弟子中著名者有吴普、樊阿、李当之等人。其中，吴普著有《吴普本草》，李当之著有《李当之药录》，而樊阿则擅长针灸及养生。

华佗在《庄子》"二禽戏"("熊经鸟伸")的基础上创编了"五禽戏"。其名称及功效据《后汉书·方术列传·华佗传》记载："吾有一术，名五禽之戏：一曰虎，二曰鹿，三曰熊，四曰猿，五曰鸟。亦以除疾，兼利蹄足，以当导引。体有不快，起作一禽之戏，怡而汗出，因以著粉，身体轻便而欲食。普施行之，年九十余，耳目聪明，齿牙完坚。"

南北朝时陶弘景在其《养性延命录》中对五禽戏有比较详细的记载："虎戏者，四肢距地，前三掷，却二掷，长引腰，侧脚仰天，即返距行，前、却各七过也。鹿戏者，四肢距地，引项反顾，左三右二，左右伸脚，伸缩亦三亦二也。熊戏者，正仰以两手抱膝下，举头，左擗地七，右亦七，蹲地，以手左右托地。猿戏者，攀物自悬，伸缩身体，上下一七，以脚拘物自悬，左右七，手钩却立，按头各七。鸟戏者，双立手，翘一足，伸两臂，扬眉鼓力，各二七，坐伸脚，手挽足距各七，缩伸二臂各七也。夫五禽戏法，任力为之，以汗出为度，有汗以粉涂身，消谷食，益气力，除百病，能存行之者，必得延年。"陶弘景在该书中不但对五禽戏的具体操作步骤进行了描述，而且提出了五禽戏的锻炼原则——"任力为之，以汗出为度"。

二、"健身气功·五禽戏"的功法特点

2001 年，国家体育总局健身气功管理中心成立，委托上海体育学院迅速展开了对五禽戏的挖掘、整理与研究，并编写出版了《健身气功·五禽戏》，2003 年由人民体育出版社出版发行。"健身气功·五禽戏"的动作编排按照《三国志》的虎、鹿、熊、猿、鸟的顺序，动作数量按照陶弘景《养性延命录》的描述，每戏两动，共十个动作，分别仿效虎之威猛、鹿之安舒、熊之沉稳、猿之灵巧、鸟之轻捷，力求蕴涵"五禽"的神韵。

2006 年，华佗五禽戏被安徽省人民政府批准为省级非物质文化遗产项目，2011 年又被国务院命名为第三批国家级非物质文化遗产项目。

1. 动静结合，练养兼容

新编五禽戏的动作和姿势起到舒展肢体、活络筋骨的作用；同时在功法的起势、收势以及每一戏结束后，配以短暂的静功站桩，诱导习练者进入相对平稳的状态和"五禽"的意境，以此来调整气息、宁心安神，起到"外静内动"的功效。运动中要求形显示于外，但意识、神韵贯注于动作中，排除杂念，思想达到相对的"入静"状态；进行静功站桩时，虽然形体处于安静状态，但是必须体会到体内的气息运行以及"五禽"意境的转换。动与静的有机结合，两个阶段相互交替出现，起到练养相兼的互补作用，可进一步提高练功效果。

2. 外导内引，形松气和

习练过程在保持功法要求的正确姿势前提下，各部分肌肉应尽量保持放松，做到舒适自然，不僵硬、不拿劲、不软塌。只有肢体松沉自然，才能做到以意引气，气贯全身；做到以气养神，气血通畅，从而增强体质。

古人将"导引"解释为"导气令和，引体令柔"。所谓"导气令和"，主要指疏通调畅体内气血和调顺呼吸之气；所谓"引体令柔"，就是指活利关节、韧带、肌肉的肢体运动。"健身气功·五禽戏"是模仿动物姿势、以动为主的功法，根据动作的升降开合，以形引气。虽然"形"显示于外，但为内在的"意""神"所系。外形动作既要仿效虎之威猛、鹿之安舒、熊之沉稳、猿之灵巧、鸟之轻捷，还要力求蕴含"五禽"的神韵，意气相随，内外合一。如"熊运"，外形动作为两手在腹前划弧，腰、腹部同步摇晃，实则要求丹田内气也要随之运行，呼吸之气也要按照起吸落呼的规律去运行，以达到心息相依的要求。

3. 左右对称，安全易学

"健身气功·五禽戏"是在对传统五禽戏进行挖掘整理的基础上编创的，便于广大群众习练。因此，动作力求简捷，左右对称，平衡发展，既可全套连贯习练，也可侧重多练某戏，还可只练某戏，运动量较为适中，属有氧训练，各人可根据自身情况调节每个动作的运动幅度和强度，安全可靠。

整套功法虽然动作相对简单，但每一动作无论是动姿或静态，都有细化、精化的余地。如"虎举"，手型的变化，就可细化为撑掌、屈指、拧拳三个过程；两臂的举起和下落，又可分为提、举、拉、按四个阶段，并将内劲贯注于动作的变化之中，眼神要随手而动，带动头部的仰俯变化。待动作熟练后，还可按照起吸落呼的规律以及虎的神韵要求，内外合一地进行锻炼。习练者可根据自己的身体条件和健康状况，循序渐进，逐步提高。

4. 引伸肢体，动诸关节

本功法动作体现了身体躯干的全方位运动，包括前俯、后仰、侧屈、拧转、折叠、提落、开合、缩放等各种不同的姿势，对颈椎、胸椎、腰椎等部位进行了有效的锻炼。总的来看，新功法以腰为主轴和枢纽，带动上、下肢向各个方向运动，以增大脊柱的活动幅度，增强健身功效。

三、"健身气功·五禽戏"的习练要领

1. 形

即练功时的姿势。开始练功时，头身正直，含胸垂肩，体态自然，使身体各部位放松、舒适。不仅肌肉放松，而且精神上也要放松，呼吸要调匀，逐步进入练功状态。开始习练每戏时，要根据动作的名称含义做出与之相适应的动作造型，动作到位，合乎规范，努力做到"演虎像虎""学熊似熊"。特别是对动作的起落、高低、轻重、缓急、虚实要分辨清楚，不僵不滞，柔和灵活，以达到"引挽腰体，动诸关节，以求难老"的功效。

2. 神

神，即神态、神韵。养生之道在于形神合一。习练健身气功应当做到"唯神是守"。只有"神"守于"中"，而后才能"形"全于"外"。所谓"戏"，有玩耍、游戏之意，这也是"健身气功·五禽戏"与其他健身气功功法不同之处。只有掌握五禽的神态，进入玩耍、游戏的意境，神韵方能显现出来，动作形象才可能逼真。虎戏要仿效虎的威猛气势、虎视眈眈；鹿戏要仿效鹿的轻捷舒展、自由奔放；熊戏要仿效熊的憨厚刚直、步履沉稳；猿戏要仿效猿的灵活敏捷、轻松活泼；鸟戏要仿效鹤的昂首挺立、轻盈潇洒。

3. 意

即意念、意境。《黄帝内经》指出：心为五脏六腑之大主，心动五脏六腑皆摇。因此，在习练中，要尽可能排除不利于身体健康的情绪和思想，创造一个美好的内环境。开始练功时，可以通过微想腹部下丹田处，使思想集中，排除杂念，做到心静神凝。习练每戏时，逐步进入五禽的意境，模仿不同动物的不同动作。练虎戏时，要意想自己是深山中的猛虎，伸展肢体，抓捕食物；练鹿戏时，要意想自己是原野上的梅花鹿，众鹿戏抵，伸足迈步；

练熊戏时，要意想自己是山林中的黑熊，转腰运腹，自由漫行；练猿戏时，要意想自己是置于花果山中的灵猴，活泼灵巧，摘桃献果；练鸟戏时，要意想自己是江边仙鹤，抻筋拔骨，展翅飞翔。意随形动，气随意行，达到意、气、形合一，以此来疏通经络，调畅气血。

4. 气

即指练功时对呼吸的锻炼，也称调息。就是习练者有意识地注意呼吸调整，不断去体会、掌握、运用与自己身体状况或与动作变化相适应的呼吸方法。对于初学者，应先学会动作，明确其含义，使姿势达到舒适准确的状态。待身体放松、情绪安宁后，逐渐注意调整呼吸。古人说"使气则竭，屏气则伤"，应引以为戒。习练"健身气功·五禽戏"时，呼吸和动作的配合有以下规律：起吸落呼，开吸合呼，先吸后呼，蓄吸发呼。其主要呼吸形式有自然呼吸、腹式呼吸、提肛呼吸等，可根据姿势变化或劲力要求而选用。但是，不管选用何种呼吸形式，都要求松静自然，不能憋气。同时，呼吸的"量"和"劲"都不能太过、太大，以不疾不徐为宜，逐步达到缓慢、细匀、深长的程度，以利于身体健康。

四、习练"健身气功·五禽戏"的注意事项

1. 由浅入深

"健身气功·五禽戏"包括起势、收功，共 12 个动作。虽然动作相对简单，容易学会，但要练得纯熟，动作细化、精化，必须经过一段时间的认真习练。因此，初学者必须先掌握动作的姿势变化和运行路线，搞清来龙去脉，跟随他人一起边模仿边练习，尽快融入集体习练中，初步做到"摇筋骨，动肢节"即可。随后，在习练中要注意动作的细节，可采取上、下肢分解练习，再过渡到以腰为轴的完整动作习练，最后进行逐动、逐戏和完整功法的习练，使动作符合规范，并达到熟练的程度。此时，就要注意动作和呼吸、意识、神韵的结合，充分理解动作的内涵和意境，真正达到形神兼备、内外合一。特别需要指出的是，不要动作还没真正搞清，就想追求内在的体验，这是不可能的，甚至会出现不良后果。练功必须由简到繁，由浅入深，循序渐进，逐步掌握。只有这样，才能保证把基础打好，防止出现偏差。

2. 因人而异

习练时，中老年人，尤其是患有各种慢性疾病者，需要根据自身体质状况来进行。动作的速度、步姿的高低、幅度的大小、锻炼的时间、习练的遍数、运动量的大小都应因人而异。其原则是练功后感到精神愉快，心情舒畅，肌肉略感酸胀，但不感到太疲劳，不妨碍正常的工作和生活。切忌急于求成，贪多求快。

五、"健身气功·五禽戏"的基本技术动作

1. 基本手型

(1) 虎爪：五指张开，虎口撑圆，第一、二指关节弯曲内扣(如图 9-98 所示)。

(2) 鹿角：拇指伸直外张，食指、小指伸直，中指、无名指弯曲内扣(如图 9-99 所示)。

图 9-98 虎爪　　　　　　　　图 9-99 鹿角

(3) 熊掌：拇指压在食指指端上，其余四指并拢弯曲，虎口撑圆(如图 9-100 所示)。

(4) 猿钩：五指指腹捏拢，屈腕(如图 9-101 所示)。

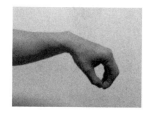

图 9-100 熊掌　　　　　　　图 9-101 猿钩

(5) 鸟翅：五指伸直，拇指、食指、小指向上翘起，无名指、中指并拢向下(如图 9-102 所示)。

(6) 握固：拇指抵掐无名指根节内侧，其余四指屈拢收于掌心(如图 9-103 所示)。

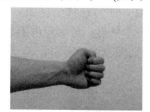

图 9-102 鸟翅　　　　　　　图 9-103 握固

2. 基本步型

(1) 弓步：两腿前后分开一大步，横向之间保持一定宽度，右(左)腿屈膝前弓，大腿斜向地面，膝与脚尖上下相对，脚尖微内扣；左(右)腿自然伸直，脚跟蹬地，脚尖稍内扣，全脚掌着地(如图 9-104 所示)。

(2) 虚步：右(左)脚向前迈出，脚跟着地，脚尖上翘，膝微屈；左(右)腿屈膝下蹲，全脚掌着地，脚尖斜向前方，臀部与脚跟上下相对，身体重心落于左(右)腿(如图 9-105 所示)。

(3) 丁步：两脚左右分开，间距 10～20 cm；两腿屈膝下蹲，左(右)脚脚跟提起，脚尖着地，虚点地面，置于右(左)脚脚弓处，右(左)腿全脚掌着地踏实(如图 9-106 所示)。

图 9-104 弓步　　　　　图 9-105 虚步　　　　　图 9-106 丁步

3. 提膝平衡

左(右)腿直立站稳，上体正直；右(左)腿在体前屈膝。上提，小腿自然下垂，脚尖向下(如图 9-107 所示)。

4. 后举腿平衡

右(左)腿蹬直站稳，左(右)腿伸直，向体后举起，脚面绷平，脚尖向下(如图 9-108 所示)。

图 9-107 提膝平衡   图 9-108 后举腿平衡

六、"健身气功·五禽戏"套路动作

1. 预备势，起势调息

动作一：左脚向左平开一步，稍宽于肩，两膝微屈，松静站立；调息数次，意守丹田(如图 9-109 所示)。

动作二：肘微屈，两臂在体前向上、向前平托，与胸同高(如图 9-109 所示)。

动作三：两肘下垂外展，两掌向内翻转，并缓慢下按于腹前；目视前方重复 3～4 遍后，两手自然垂于体侧(如图 9-110 所示)。

图 9-109 预备势(一)(二)   图 9-110 预备势(三)

2. 虎戏

虎戏的手型是虎爪，五指张开，虎口撑圆，第一、二指关节弯曲内扣，模拟老虎的利爪。练习虎戏时要表现出虎的威猛气势。

1) 虎举(如图 9-111 所示)

动作方法：掌心朝下，十指张开、弯曲，由小指起依次屈指握拳，向上提起，高与胸平时，拳慢慢松开、上举、撑掌，再屈指握拳，下拉至胸前，再变掌下按。两掌上举时要充分向上拉长身体，提胸收腹，扶托举重，下落含胸松腹，如下拉双环，气沉丹田；两掌上举时，吸入清气，下按时呼出浊气，可以提高呼吸功能；屈指握拳，能增强掌指微循环功能。

图 9-111　虎举

动作要领：撑开十指、弯曲"虎爪"及外旋握拳劲贯其中；气沉丹田，手眼相随。

功法作用：疏通三焦气机，调理三焦功能；增强握力，改善上肢远端关节的血液循环。

2）虎扑(如图 9-112、图 9-113、图 9-114 所示)

动作方法：两手经体侧上提，前伸，上体前俯，变虎爪，再下按至膝部两侧，经体侧上提，向前下扑；换做右势，两手前伸时上体前扑，下按上提时，膝部先前顶，再髋部前送，身体后仰，形成躯干的蠕动。虎扑要注意手型的变化，上提时握空拳，前伸、下按时变成虎爪，上提时再变成空拳，下扑时又成虎爪，速度由慢到快，劲力由柔缓刚。

图 9-112　虎扑(一)

图 9-113　虎扑(二)　　　　　　　　　　　　图 9-114　虎扑(三)

动作要领：虎扑动作注意下扑时配合呼气，以气推力，力贯指尖，虎扑使脊柱伸展折叠。

功法作用：锻炼了脊柱各关节的柔韧性和伸展度，起到疏通经络、行气活血的作用。

3. 鹿戏

鹿戏的手形是鹿角，中指、无名指弯曲，其余三指伸直张开。练习鹿戏时，要模仿鹿轻灵安闲、自由奔放神态。

鹿戏是由鹿抵和鹿奔两个动作组成。

1）鹿抵(如图 9-115 所示)

动作方法：练习时以腰部转动带动上下肢动作，配合协调。先练习上肢动作，握空拳，两臂向右侧摆起，与肩等高时，拳变鹿角，随身体左转，两手向左后方伸出；再练习下肢动作，两腿微屈，重心右移，左脚提起向左前方着地，屈膝，右腿蹬直，收回。

图 9-115　鹿抵

动作要领：上体充分牵引、腰腹拧转加大促运转尾闾，动作与呼吸协调。

功法作用：鹿抵主要是运动腰部，经常练习能增加腰部肌肉力量和运动幅度，具有强腰固肾的作用。

2) 鹿奔(如图 9-116 所示)

动作方法：左脚向前迈步，两臂前伸，收腹弓背，重心前移，两手握空拳向前划弧，最后屈腕，重心后坐时，两手变鹿角，内旋前伸，手背相对，还要含胸低头，使肩背部形成横弓，同时尾闾前扣，收腹，腰背部形成竖弓。鹿奔动作使肩关节充分内旋，伸展背部肌肉，运动了脊柱关节。

图 9-116　鹿奔

动作要领：提腿前跨有弧度，落步要轻灵；腰背充分伸展拔长；动作与呼吸协调配合。

功法作用：两臂内旋前伸防止颈肩综合征、肩周炎等；躯干弓背收腹能矫正脊柱畸形；气运命门、内夹尾闾、后突命门，具有疏通督脉经气、振奋周身阳气的作用。

4. 熊戏

熊戏的手型是熊掌，五指弯曲，大拇指压在食指、中指的指节上，虎口撑圆。大自然的熊表面上笨拙缓慢，其实内在充满了稳健、厚实的劲力。熊戏是由熊运和熊晃两个动作组成。

1) 熊运(如图 9-117 所示)

动作方法：两手成熊掌，置于腹下，上体前俯，随身体顺时针划弧，向右、向上、向左、向下，再逆时针划弧，向左、向上、向右、向下，开始练习时要体会腰腹部的压紧和放松。

图 9-117 熊运

动作要领：腰腹摇晃带动两拳划弧，协调自然；内引外导，意守丹田。

功法作用：熊运动作可以配合呼吸，手上提时吸气，向下时呼气，再逆时针摇转。熊运可以调理脾胃，促进消化功能，对腰背部也有锻炼作用。

2) 熊晃(如图 9-118、图 9-119 所示)

动作方法：提髋落步，屈腿后坐，前靠，换做右势，提髋屈腿，落步后坐，前靠，上下肢动作要配合协调。初学时，提髋动作可以单独原地练习，两肩不动，收紧腰侧，以髋带腿，左右交替，反复练习。

图 9-118 熊晃(一)

图 9-119 熊晃(二)

动作要领：用脚特意踏步，应该用身体自然下压，膝踝关节放松，全脚掌着地，使震动传到髋部，重心转移时腰部两侧交替压紧，放松。熊戏结束，两手侧前上提，内合下按，做一次调息。

功法作用：熊晃能起到调理中焦气血，锻炼肩部、髋关节的作用。

5. 猿戏

猿戏有两个手形，猿钩，五指撮拢，屈挽；握固，大拇指压在无名指指根内侧，其余四指握拢。猿猴生性活泼，机灵敏捷，猿戏要模仿猿猴东张西望，攀树摘果的动作。猿戏由猿提和猿摘两个动作组成。

1) 猿提(如图 9-120 所示)

动作方法：两手置于体前，十指撑开，快速捏拢成猿钩，肩上耸，缩脖，手上提，收腹提肛，头向左转，头转回，肩放松，再做右势。注意动作步骤，重心上提时，先提肩，再收腹提肛，重心下落时，先松肩，再松腹落肛，含胸收腹，缩脖提肛，两臂内夹，形成上下左右的向内合力，然后再放松还原。重心上提时，要保持身体平衡，意念中百会上领，身体随之向上。

图 9-120 猿提

动作要领：掌指变化迅速，耸肩、收腹、提肛、转头动作协调有序；形意相随。

功法作用：猿提可以起到按摩胸腔内脏，提高心肺功能的作用。

2) 猿摘(如图 9-121 所示)

动作方法：退步划弧，丁步下按，上步摘果。猿摘模拟猿猴攀树摘果，手型和眼神的变化较多，眼先随右手，然后下蹲向前跃步，攀树摘果，变勾手要快，落步收回，变掌捧桃，左手下托；要注意上下肢协调配合。

图 9-121 猿摘

动作要领：形神兼备，动作敏捷，舒展大方。猿戏结束，两手侧前上提，内合下按，做一次调息。

功法作用：猿摘可以改善神经系统功能，提高机体反应的敏捷性。

6. 鸟戏

鸟戏的手型是鸟翅，中指和无名指向下，其余三指上翘。练习鸟戏时，意想自己是湖中仙鹤，昂首挺立，抻筋拔骨，展翅翱翔。鸟戏由鸟伸和鸟飞两个动作组成。

1) 鸟伸(如图 9-122 所示)

动作方法：两手腹前相叠，下按时身体放松，重心右移，再后伸左腿，展开上体，身体稍前倾，再向后成人字形分开后伸，两膝伸直，保持身体稳定。

动作要领：动作舒展、松紧有度。

功法作用：鸟伸动作借助两臂上举、下按，身体松紧交替，起到吐故纳新、疏通任督二脉的作用。

图 9-122　鸟伸

2) 鸟飞(如图 9-123 所示)

动作方法：两手在腹前相合，侧平举，提腿独立，立腿下落，再上举提腿，下落。换做右势。提举时，手腕比肩略高，下落时掌心相对，上举时手背相对，形成一个向上的喇叭口。可以单独练习上肢动作，先沉肩，再起肘，最后提腕，下落时先松肩，再沉肘，按掌，使肩部手臂形成一个波浪蠕动，有利于气血运行。再练习下肢动作，一腿提膝时，支撑腿伸直，下落时支撑腿随之弯曲，脚尖点地，再提膝。

图 9-123　鸟飞

动作要领：练习鸟飞时要上下肢协调配合，身体保持平衡；上提吸气下落呼气，呼吸与动作协调。鸟戏结束，两手侧前上提，内合下按，做一次调息。

功法作用：可锻炼心肺功能，灵活四肢关节，提高平衡能力。

7. 收势：引气归元

动作方法：引气归元是收功动作，可以调和气息。两手侧举向上，配合吸气；体前下落，配合呼气。两手侧举，掌心向上举至头顶上方，掌心向下沿体前自然下落。意念可随两手而行，上举时如捧气至头顶上方；下落时外导内引，身体放松，意念下行，两手在腹前划弧合拢，虎口交叉，叠于腹前，闭目静养，调匀呼吸，意守丹田。引气归元的动作图示如图 9-124 所示。

图 9-124　收势

动作要领：呼吸均匀意守丹田，动作衔接自然圆活。

功法作用：引气归元气息逐渐平和，意将所得体内、体外之气导引归入丹田，身体舒泰安康，具有和气血、通经脉、理脏腑的功效。

第四节　易筋经(十二式)

一、易筋经的起源与发展

易筋经源于我国古代中医导引术，具有强健体魄、预防疾病的效果，长期以来在佛家及民间习武人士之间广为流传。《易筋经》是一部介绍强身健体导引法的专著，至清道光间始有刻本。此前抄本虽多，却无本得同，不明其源。通过考订日本藏"沈校本"，发现此本当为清康熙前半期所抄，早于西谛本，很有可能就是《易筋经》的原始祖本。抄本的年代与成书年代非常接近，其成书可能在清顺治年间，下限肯定在清康熙中期以前。

"易"是变通、改换、脱换之意，"筋"指筋骨、筋膜，"经"则带有指南、法典之意。近代流传的《易筋经》多只取导引内容且与原有功法多有不同，派生出多种样式。仅少林寺《易筋经》版本就有六十多种。而流传较广的是清代潘蔚整理编辑的《卫生要术》中的易筋经十二式。

二、易筋经的习练原则

1. 精神放松，形意合一

习练本功法要求精神放松、意识平静，不做任何附加的意念引导。通常不意守身体某个点或部位，而是要求意随形体动作的运动而变化。即在习练中，以调身为主，通过动作变化导引气的运行，做到意随形走，意气相随，起到健体养生的作用。同时，在某些动作中需要适当地配合意识活动。如第三式掌托天门中双手上托时，要求用意念关注两掌；摘星换斗中要求目视上掌，意存腰间命门处；青龙探爪中要求意存掌心。而另一些动作虽然不要求配合意存，但却要求配合形象的意识思维活动。如三盘落地中下按、上托时，两掌有如拿重物；出爪亮翅中伸肩、撑掌时，两掌有排山之感；倒拽九牛尾中拽拉时，两膀如拽牛尾；打躬中脊椎屈伸时，应体会上体如钩一样地卷曲。这些都要求意随形走，用意要轻，似有似无，切忌刻意、执着于意识。

2. 呼吸自然，贯穿始终

习练本功法时，要求呼吸自然、柔和、流畅，不喘不滞，以利于身心放松、心平气和及身体的协调运动。相反，若不采用自然呼吸，而执着于呼吸的深长绵绵、细柔缓缓，则会在与导引动作的匹配过程中产生"风""喘""气"三相，即呼吸中有声(风相)，无声而鼻中涩滞(喘相)，不声不滞而鼻翼翕动(气相)。这样，习练者不但不会受益，反而会导致心烦意乱，动作难以松缓协调，从而影响健身效果。因此，习练本功法时，要以自然呼吸为主，动作与呼吸始终保持柔和、协调的关系。此外，在功法的某些环节中也要主动配合动作进行自然呼或自然吸。如掌托天门中双掌上托时自然吸气；倒拽九牛尾中收臂拽拉时自然呼气；九鬼拔马刀中展臂扩胸时自然吸气，松肩收臂时自然呼气，含胸合臂时自然呼气，起身开臂时自然吸气；出爪亮翅中两掌前推时自然呼气；等等。因为人体胸廓会随着这些动作的变化而扩张或缩小，吸气时胸廓会扩张，呼气时胸廓会缩小。因此，习练本功法时，应配合动作，随胸廓的扩张或缩小而自然吸气或呼气。

3. 刚柔相济，虚实相兼

本功法动作有刚有柔且刚与柔是在不断相互转化的；有张有弛，有沉有轻，是阴阳对立统一的辩证关系。如倒拽九牛尾中，双臂内收旋转逐渐拽拉至止点是刚，为实；随后身体以腰转动带动两臂伸展至下次收臂拽拉前是柔，为虚。又如出爪亮翅中，双掌立于胸前呈扩胸展肩时，肌肉收缩的张力增大为刚，是实；当松肩伸臂时，两臂肌肉等张收缩，上肢是放松的，为柔；两臂伸至顶端，外撑有重如排山之感时，肌肉张力再次增大为刚，是实。这些动作均要求习练者在用力之后适当放松，松柔之后尚需适当有刚。这样动作就不会出现机械、僵硬或疲软无力的松弛状况。因此，习练本功法时，应力求虚实适宜，刚柔相济。要有刚和柔、虚与实之分，但习练动作不能绝对的刚或柔，应做到刚与柔、虚与实的协调配合，即刚中含柔、柔中寓刚。否则，用力过"刚"，则会出现拙力、僵力，以致影响呼吸，破坏宁静的心境；动作过"柔"，则会出现疲软、松懈，起不到良好的健身作用。

4. 循序渐进

个别动作配合发音习练本功法时，不同年龄、不同体质、不同健康状况、不同身体条件的练习者，可以根据自己的实际情况，灵活地选择各动作的活动幅度或姿势，如三盘落地中屈膝下蹲的幅度、卧虎扑食中十指是否着地姿势的选择等等。习练时还应遵循由易到难、由浅到深、循序渐进的原则。另外，本功法在练习某些特定动作的过程中要求呼气时发音(但不需出声)。如三盘落地中的身体下蹲、两掌下按时，要求配合动作口吐"hi"音，目的是下蹲时气能下沉至丹田，而不会因下蹲造成下肢紧张，引起气上逆至头部；同时口吐"hi"音，气沉丹田，可以起到强肾、壮丹田的作用。因此，在该式动作中要求配合吐音、呼气，并注意口型，吐"hi"音口微张，音从喉发出，上唇着力压于龈交穴，下唇松，不着力于承浆穴。这是本法中"调息"的特别之处。

三、易筋经的基本动作

易筋经共计十二式，其预备式为：两腿开立，头端平，口微闭，调呼吸。含胸，直腰，蓄腹，松肩，全身自然放松。

1. 第一式：韦驮献杵

动作要领：两臂屈肘，徐徐平举至胸前成抱球势，屈腕立掌，指头向内，指尖相对(10 cm 左右距离)(如图 9-125 所示)。此动作要求肩、肘、腕在同一平面上，配合呼吸酌情做 8～20 次。

诀曰：立身期正直，环拱手当胸，气定神皆敛，心澄貌亦恭。

图 9-125 韦驮献杵

2. 第二式：横担降魔杵

动作要领：两足分开，与肩同宽，足掌踏实，两膝微松；两手自胸前徐徐外展，至两侧平举，掌心向上，缓慢提踵；吸气时胸部扩张，臂向后挺；呼气时，指尖外顶(如图 9-126 所示)。反复进行 8～20 次。

诀曰：足趾挂地，两手平开，心平气静。

3. 第三式：掌托天门

动作要领：两脚开立，与肩同宽；双手上举高过头顶，掌心向上，沉肩曲肘，仰头，目观掌背(如图 9-127 所示)。舌舐上腭，鼻息调匀。吸气时，两手用暗劲尽力上托，两腿同时用力下蹬；呼气时，全身放松，两掌向前下翻。反复 8～20 次。

诀曰：掌托天门目上观，足尖着地立身端。力周腿胁浑如植，咬紧牙关不放宽。舌可生津将腭舐，鼻能调息觉心安。两拳缓缓收回处，用力还将挟重看。

图 9-126 横担降魔杵

图 9-127 掌托天门

4. 第四式：摘星换斗

动作要领：右手高举伸直，掌心向下，头微右斜，双目仰视右手心；左臂屈肘，自然置于背后(如图 9-128 所示)。吸气时，头往上顶，双肩后挺；呼气时，全身放松，再左右两侧交换姿势锻炼。反复 5～10 次。

诀曰：只手擎天掌覆头，更从掌内注双眸。鼻端吸气频调息，用力回收左右侔。

5. 第五式：倒拽九牛尾

动作要领：右脚前跨一步，屈膝成右弓步。右手握拳，举至前上方，双目观拳；左手握拳；左臂屈肘，斜垂于背后。吸气时，两拳紧握内收，右拳收至右肩，左拳垂至背后；呼气时，两拳两臂放松还原为本式预备动作；再身体后转，成左弓步，左右手交替进行(如

图 9-129 所示)。随呼吸反复 5～10 次。

诀曰：两腿后伸前屈，小腹运气空松；用力在于两膀，观拳须注双瞳。

图 9-128　摘星换斗　　　　　　　　　　　图 9-129　倒拽九牛尾

6. 第六式：出爪亮翅

动作要领：两脚开立，两臂前平举，立掌，掌心向前，十指用力分开，虎口相对，两眼怒目平视前方，随势脚跟提起，以两脚尖支持体重(如图 9-130 所示)。吸气时，两掌用暗劲伸探，手指向后翘；呼气时，臂掌放松。反复 8～12 次。

诀曰：挺身兼怒目，推手向当前；用力收回处，功须七次全。

7. 第七式：九鬼拔马刀

动作要领：双脚分开，与肩同宽；两臂向前成叉掌立于胸前。左手屈肘经下往后，成勾手置于身后，指尖向上；右手由肩上屈肘后伸，放在后脑勺处，右手成抱头状；足趾抓地，身体前倾，如拔刀一样(如图 9-131 所示)。吸气时，双手用力拉紧，呼气时放松。左右交换，反复 5～10 次。

诀曰：侧首弯肱，抱顶及颈；自头收回，弗嫌力猛；左右相轮，身直气静。

图 9-130　出爪亮翅　　　　　　　　　　　图 9-131　九鬼拔马刀

8. 第八式：三盘落地

动作要领：左脚向左横跨一步，屈膝下蹲成马步。稍停片刻，屈肘翻掌向上，小臂平举如托重物状；稍停片刻，两手翻掌向下，小臂伸直放松，如放下重物状(如图 9-132 所示)。动作随呼吸进行，吸气时，如托物状；呼气时，如放物状。反复 5～10 次。

诀曰：上腭坚撑舌，张眸意注牙；足开蹲似踞，手按猛如拿；两掌翻齐起，千斤重有加；瞪目兼闭口，起立足无斜。

图 9-132　三盘落地

9. 第九式：青龙探爪

动作要领：两脚开立，两手成仰掌护腰。右手向左前方伸探，五指并拢，上体左转同时俯身。腰部自左至右转动，右手亦随之自左至右俯身划圈，手伸至前上方时，上体前倾，同时呼气；划至身体右侧时，上体伸直，同时吸气(如图 9-133 所示)。左右交换，动作相反。反复 5～10 次。

图 9-133　青龙探爪

诀曰：青龙探爪，左从右出；修士效之，掌气平实；力周肩背，围收过膝；两目平注，息调心谧。

10. 第十式：卧虎扑食

动作要领：左脚向左跨一大步，屈左膝下蹲成左弓右仆腿势；上体前倾，双手撑地，头微抬起，目注前下方(如图 9-134 所示)。吸气时，两臂伸直，上体抬高并尽量前探，重心前移；呼气时，同时屈肘，胸部下落，上体后收，重心后移，蓄势待发。如此反复，随呼吸而两臂屈伸，上体起伏，前探后收，如猛虎扑食。动作连续 5～10 次后，换右弓左仆腿势进行，动作如前。

图 9-134　卧虎扑食

诀曰：两足分蹲身似倾，屈伸左右腿相更；昂头胸作探前势，偃背腰还似砥平；鼻息调元均出入，指尖著地赖支撑；降龙伏虎神仙事，学得真形也卫生。

11. 第十一式：打躬

动作要领：两脚开立，脚尖内扣。双手仰掌缓缓由左向右而上，用力合抱头后部，手指弹敲小脑后片刻(如图9-135所示)。配合呼吸做屈体动作；吸气时，身体挺直，目向前视，头如顶物；呼气时，直膝俯身弯腰，两手用力使头探于膝间作打躬状，勿使脚跟离地。根据体力反复8~20次。

图9-135　打躬

诀曰：两手齐持脑，垂腰至膝间；头惟探胯下，口更齿牙关；掩耳聪教塞，调元气自闲；舌尖还抵腭，力在肘双弯。

12. 第十二式：掉尾

动作要领：两腿开立，上体前屈，双臂下垂，推掌至地，昂首瞪目(如图9-136所示)。呼气时，屈体下弯，脚跟稍微离地；吸气时，上身立起，脚跟着地；如此反复21次。收功：直立，两臂左右侧举，屈伸7次。

图9-136　掉尾

诀曰：膝直膀伸，推手自地；瞪目昂头，凝神一志；起而顿足，二十一次；左右伸肱，以七为志；更作坐功，盘膝垂眦；口注于心，息调于鼻；定静乃起，厥功维备。

第五节　课程与职业素养

一、民族传统体育运动特点

中华民族体育传统文化萌生于特殊的地理环境与民族文化氛围中，蕴含着纷繁复杂的民族文化哲理和伦理价值观。

1. 身心并重，内外兼修

体育文化是身体与精神的高度统一与和谐发展，中华民族的祖先世代生活在自给自足的以小农经济为基础的社会环境中，习惯于相对稳定、和平宁静的生活方式，因而中华民族的体育文化带着浓厚的修身养性的特征，这也是东方体育文化区别于西方体育文化的主要特征之一。

2. 突出伦理道德

在"中和""谦让""无为而治"等思想与伦理道德观念的影响下，民族传统体育具有鲜明的道德教化痕迹，"以武会友、点到为止"的思想和风格正是中华民族传统伦理的反映。与古罗马角斗士在格斗中追求的所谓勇敢残忍相比，中华武术在价值取向和文化坐标上的追求显得更为深远、宽厚。当然民族传统体育的内容和形式纷繁复杂，缺少西方体育的简洁明快特点。

3. 文化性

根植于民族文化的民族传统体育深涵丰富的民族文化内涵，集修身、养性于一体，是民族精神的重要外在表现形式，体现了民族文化的价值取向。开展民族传统体育活动弘扬民族传统文化，促进学生身心健康发展等有利于学生职业素养的养成。

二、民族传统体育运动常用体育游戏

1. 斗鸡

游戏目的：提高学生的腿部力量，提高单脚支撑的能力。培养学生积极参与竞争、遵守比赛规则的意识以及灵活应变的能力。

游戏方法：在场地上画两条相距 6 m 的平行线，两线中间画 4 个直径 2 m 的圆圈，将学生分成人数相等的两个队，分别站在两边线后。游戏开始，在每个圆圈内的每队各站出一人，相向单腿站立，另一腿屈膝抬起，两手放在背后互握。教师发令后，两人一边用单脚跳动，一边用肩去冲撞对方，以将对方撞得单脚站立不稳而双脚落地或将对方撞出圈外为胜。

游戏规则：

(1) 不许用手推或拉人，不许用头或膝顶人，但可以用假动作。

(2) 屈起的腿落地，被撞出圈外、踩线以及手撑地均算失败。

(3) "斗鸡"游戏流行的一种玩法是一腿在体前弯曲，用两手抱膝去顶对方。这种做法易将人顶伤，不宜采用。

2. 丢手绢

游戏目的：提高学生的反应能力和奔跑能力。

游戏方法：直径 10 m 的圆形场地一个，学生面向圆内坐在圆圈上，选出一人做"丢手绢人"。游戏开始后，"丢手绢人"在圈外沿逆时针方向行进，可将手绢丢在任意学生的背后，然后继续行进，当跑一圈到此人位置时轻拍其背部，被拍者代替丢手绢者，如果被拍者在"丢手绢人"跑一圈回来之前发现背后有手绢，应捡起手绢追赶"丢手绢人"，若中途追上，角色不变，"丢手绢人"继续寻找机会丢手绢，若跑一圈没能追上，两人互换角色，游戏继续进行。

游戏规则：

(1) 相邻同学不准暗示，否则暗示人做丢手绢人。

(2) 追赶者用手轻拍对方即可。

(3) 此游戏所用手绢也可用其他器材代替。

3. 丢沙包

游戏目的：发展投掷能力和灵敏素质。

游戏方法：在场地上画一个半径为 7 m 的圆圈，将游戏者分为人数相等的两组，一组站在圆外，另一组在圆内任意跑动。圆外为"猎人"，圆内为"野鸭"，"猎人"持两个沙包。听到开始信号后，"猎人"用沙包投击圆内"野鸭"，"野鸭"机智地躲闪，被沙包击中者退出场地。每局 5 分钟，听信号结束，老师清点剩余人数，然后两组交换进行，看哪组被击中的人数少，少者为胜。

游戏规则：

(1) 只许击腰部以下部位，击中腰部以上无效。

(2) 野鸭可接沙包，接住可救进一人，接时触手未接住退出场地。

(3) 进攻者不准进入圈内，防守者不准出圈，圆圈的大小或沙包的多少要根据情况而定。

4. 老鹰捉小鸡

游戏目的：发展学生灵敏素质、协调性和追拍躲闪的能力，培养团结互助的精神。

游戏方法：将学生分成人数相等的 2～4 队，每队在指定的地方排成一路纵队，每队选出一人做老鹰站在别队队外，一人做母鸡站在排头，其余为小鸡。小鸡在母鸡身后，双手搭在前一人的双肩上或双手抱住前一人的腰。游戏开始，老鹰捉小鸡，母鸡张开双臂阻拦老鹰，小鸡灵巧地躲闪，不让老鹰拍着，在规定的时间内，小鸡被捕捉最少的队为胜。

游戏规则：

(1) 老鹰不能和母鸡互相推，拉、扭、抱，不能拖住对方，不能从母鸡双臂下钻过，只可从两侧绕过。

(2) 小鸡被老鹰拍着或在躲闪时脱散，都算被捉，应及时退出游戏。

(3) 游戏时要启发学生团结一致，相互配合，机智灵活地进行躲闪，要适当掌握和调整运动量，适时换老鹰和母鸡。

三、民族传统体育运动与职业体能锻炼

1. 毛毛虫逛街

动作方法：两手撑地与肩、膝同宽，肩、髋、膝在一条直线上，身体挺直，髋、臀、腰收紧，身体保持斜面。两臂、两膝挺直，两手支撑固定，收腹、两脚踝发力小幅度前移，呈体前屈状，直至不能移动，然后两手前爬直至身体成开始状，依次进行(如图 9-137 所示)。

动作要领：髋、臀、腰收紧，移动时膝盖挺直，尽量前移。

锻炼部位：

(1) 全身性伸展拉伸，尤其是下肢拉伸，有利于缓解下肢疲劳。

(2) 发展骼腰肌力量，减少骨盆和腰椎松弛，若能同时锻炼腹肌与背肌，则可更加强化支撑腰部的肌肉及改善症状。

适合群体：静态坐姿类，变态坐姿、静态站姿类工作人群，如文员、IT 行业人员、财务会计、交通警察等。

图 9-137　毛毛虫逛街

2. 俯卧两头起

动作方法：身体直立平趴在瑜伽垫上，身体保持自然放松，并且双腿并拢。吸气收紧腹部，同时手臂和腿同时向上抬起离开地面，拉伸腹肌(如图 9-138 所示)。收缩竖直肌，稍微停顿一下再慢慢呼气放松，回到原始位置，反复做 15 次为一组，每次做 3～4 组。由于这个动作对练习者要求较高，所以可以先采用上体俯卧起动作：选取 20 cm 高的台面如床、条形板凳等，两腿固定，两手叠掌于后背，上体缓慢上抬。

动作要领：腰腹等核心部位发力，动作徐缓。

锻炼部位：竖脊肌(后腰或下背)、臀大肌。

适合群体：静态坐姿类，变态坐姿、静态站姿类工作人员，如文员、IT 行业人员、财务会计、交通警察等。

图 9-138　俯卧两头起

3. 平板支撑后举腿

动作方法：平板支撑，俯卧，双肘弯曲支撑在地面上，肩膀和肘关节垂直于地面，双脚踩地，身体离开地面，躯干伸直，头部、肩部、胯部和踝部保持在同一平面，腹肌、盆底肌收紧，脊椎延长，眼睛看向地面，保持均匀呼吸(如图 9-139 所示)。在此基础上单腿绷直缓慢后举，然后缓慢下放，在即将落地时再次上举，反复后举 15 次，上体保持平板支撑状；左右腿交换进行。

动作要领：核心部位保持稳定，大腿尽量后举。

锻炼部位：锻炼腹横肌、腹直肌、竖脊肌等核心部位力量。

适合群体：该动作以核心力量训练为主，适应群体广泛，是广大职场人士常用动作。

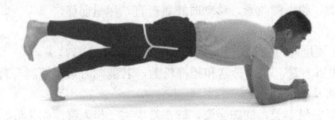

图 9-139　平板支撑后举腿

4. 壶铃摆荡

动作方法：双脚开立，腰背挺直，双手握住壶铃吸气，两臂、臀部发力顶起，平摆壶铃至胸前，随即呼气壶铃缓慢下落到两膝间(如图 9-140 所示)。反复进行 10～15 次。

动作要领：起身时呼气，下落时吸气，臀部有明显的发力感。

锻炼部位：加强体后侧肌肉群力量。

适合群体：搬运重物类职业人群。

图 9-140　壶铃摆荡

5. 俯卧撑

动作方法：面朝下俯撑在地板上，身体挺直，腹部收紧，脚尖着地。手臂伸直，支撑身体，双手间距与肩同宽，这是动作的起始状态。保持身体挺直，慢慢弯曲手臂使身体下降，同时吸气，直至胸部接近地面，然后快速伸直手臂，将身体撑回起始位置(如图 9-141 所示)。

动作要领：快速撑起、缓慢下落，整个过程身体保持稳定，成直线。

锻炼部位：胸部肌群、肩背肌群和核心肌群。

适合群体：IT 行业、文秘专业、会计专业等伏案型职业人群。

图 9-141　俯卧撑

6. 猫式伸展

动作方法：俯撑在瑜伽垫上，双手双膝着地，拱起上背部，低头胸部下沉到最低，仰头全身放松，拱起背部时呼气，塌腰时吸气(如图 9-142 所示)。

动作要领：拱起时整条脊柱向前弯曲并产生一定挤压感，同时背部有较强牵拉感，塌落时整条脊柱向后伸展到腹部有较强牵拉感。

锻炼部位：脊柱周边深层小肌肉群，提升脊柱灵活度。

适合群体：坐姿类职业人群。

图 9-142　猫式伸展

四、民族传统体育运动的课程价值与职业素养

1. 促进人的身心健康发展

中华民族传统体育注重追求人的内外兼修，培养从心灵到行为全面发展的人，侧重于提高人的内在价值，注重表达人的群体意义和社会人格，进一步体现民族传统体育文化内核和整体健康观。其健身取向一方面体现为精、气、神的和谐一致，另一方面体现为个人与外部社会环境和自然环境之间的和谐一致，表现出一种有机整体的特征。

民族传统体育可以促进人际交往，增进情感交流，使人产生积极向上、乐观开朗的心理状态，培养人们积极向上的精神。民族传统体育来自生活，反映或折射现实生活，经过长期的生活实践验证，它对人的身心健康具有积极促进作用。

2. 重礼守信，形成良好的道德规范

在传统体育中，修身养性和追求完美精神境界被放在首要地位，竞争与胜负居于次要地位。民族传统体育在儒家、道家的"道法自然""天人合一""仁义礼智信"等思想影响下，形成了具有独特的崇尚礼让、宽厚、平和价值取向的体育形态。儒家讲求格物、致知、正心、诚意、修身、齐家、治国、平天下，使人达到道德修养的至善境界，最终实现"修其身而天下平"的目的，体现其追求"天下为公"的理想社会的美好愿望。

如武术的发展追求技艺精湛、艺德高尚，注重以武会友，相互提高，展示技能，有"君子勤礼，小人尽力"的古训。同时，中国传统体育守信与宽容的思想，在当今社会提倡的"诚信"与练武之人所遵从的"以德服人"中得到体现。

民族传统体育活动所提倡的团结合作、遵守规则、公平竞争行为导向能潜移默化地影响学生的价值取向。民族传统体育文化实践活动教育学生在参加活动中要相互较量，切磋武艺、顽强拼搏、自强不息、共同进步，获得愉快的心理体验，使学生的道德素质和人文修养得到升华，起到磨炼意志的作用。

3. 增强民族文化自信心，提高民族文化认同感

改革开放以来，西方文化借着经济全球化的大潮不断涌进我国，给我国民族传统文化带来极大的影响，对其发展构成了严重威胁，文化的同质化现象越来越严重。人们开始意识到仅靠经济、制度的效仿不能实现中国的强大，文化的复兴和强大才是决定中国未来的根本所在。我们已经深知，没有先进文化的积极引领，没有人民精神世界的极大丰富，没有全民族精神力量的充分发挥，一个国家、一个民族不可能真正强盛起来。传统的中华文化开始重新回到文化场域中央，这是我们这个民族觉醒的表现，也是我们这个民族自信的回归。

附　　录

《国家学生体质健康标准》中的大学生评价指标与分值

一、大学生单项指标与权重

大学生单项指标与权重见附表1。

附表1　单项指标与权重表

测试对象	单项指标	权重/(%)
大学各年级	体重指数(BMI)	15
	肺活量	15
	50米跑	20
	坐位体前屈	10
	立定跳远	10
	引体向上(男)/1分钟仰卧起坐(女)	10
	1000米跑(男)/800米跑(女)	20

注：体重指数(BMI)=体重(千克)/身高^2(米^2)。

二、大学生单项指标评分

1．单项指标评分

大学生单项指标评分见附表2～附表15。

附表2　男生体重指数(BMI)单项评分表　（单位：千克/米^2)

等　级	单项得分	大　学
正常	100	17.9～23.9
低体重	80	≤17.8
超重		24.0～27.9
肥胖	60	≥28.0

附表3　女生体重指数(BMI)单项评分表　（单位：千克/米^2)

等　级	单项得分	大　学
正常	100	17.2～23.9
低体重	80	≤17.1
超重		24.0～27.9
肥胖	60	≥28.0

附表4 男生肺活量单项评分表 （单位：毫升）

等　　级	单项得分	大一、大二	大三、大四
优秀	100	5040	5140
	95	4920	5020
	90	4800	4900
良好	85	4550	4650
	80	4300	4400
及格	78	4180	4280
	76	4060	4160
	74	3940	4040
	72	3820	3920
	70	3700	3800
	68	3580	3680
	66	3460	3560
	64	3340	3440
	62	3220	3320
	60	3100	3200
不及格	50	2940	3030
	40	2780	2860
	30	2620	2690
	20	2460	2520
	10	2300	2350

附表5 女生肺活量单项评分表 （单位：毫升）

等　　级	单项得分	大一、大二	大三、大四
优秀	100	3400	3450
	95	3350	3400
	90	3300	3350
良好	85	3150	3200
	80	3000	3050
及格	78	2900	2950
	76	2800	2850
	74	2700	2750
	72	2600	2650
	70	2500	2550
	68	2400	2450
	66	2300	2350
	64	2200	2250
	62	2100	2150
	60	2000	2050
不及格	50	1960	2010
	40	1920	1970
	30	1880	1930
	20	1840	1890
	10	1800	1850

附表 6　男生 50 米跑单项评分表 　　　　　　　　　(单位：秒)

等　级	单项得分	大一、大二	大三、大四
优秀	100	6.7	6.6
	95	6.8	6.7
	90	6.9	6.8
良好	85	7.0	6.9
	80	7.1	7.0
及格	78	7.3	7.2
	76	7.5	7.4
	74	7.7	7.6
	72	7.9	7.8
	70	8.1	8.0
	68	8.3	8.2
	66	8.5	8.4
	64	8.7	8.6
	62	8.9	8.8
	60	9.1	9.0
不及格	50	9.3	9.2
	40	9.5	9.4
	30	9.7	9.6
	20	9.9	9.8
	10	10.1	10.0

附表 7　女生 50 米跑单项评分表 　　　　　　　　　(单位：秒)

等　级	单项得分	大一、大二	大三、大四
优秀	100	7.5	7.4
	95	7.6	7.5
	90	7.7	7.6
良好	85	8.0	7.9
	80	8.3	8.2
及格	78	8.5	8.4
	76	8.7	8.6
	74	8.9	8.8
	72	9.1	9.0
	70	9.3	9.2
	68	9.5	9.4
	66	9.7	9.6
	64	9.9	9.8
	62	10.1	10.0
	60	10.3	10.2
不及格	50	10.5	10.4
	40	10.7	10.6
	30	10.9	10.8
	20	11.1	11.0
	10	11.3	11.2

附表8　男生坐位体前屈单项评分表　　　　　　（单位：厘米）

等　　级	单项得分	大一、大二	大三、大四
优秀	100	24.9	25.1
	95	23.1	23.3
	90	21.3	21.5
良好	85	19.5	19.9
	80	17.7	18.2
及格	78	16.3	16.8
	76	14.9	15.4
	74	13.5	14.0
	72	12.1	12.6
	70	10.7	11.2
	68	9.3	9.8
	66	7.9	8.4
	64	6.5	7.0
	62	5.1	5.6
	60	3.7	4.2
不及格	50	2.7	3.2
	40	1.7	2.2
	30	0.7	1.2
	20	−0.3	0.2
	10	−1.3	−0.8

附表9　女生坐位体前屈单项评分表　　　　　　（单位：厘米）

等　　级	单项得分	大一、大二	大三、大四
优秀	100	25.8	26.3
	95	24.0	24.4
	90	22.2	22.4
良好	85	20.6	21.0
	80	19.0	19.5
及格	78	17.7	18.2
	76	16.4	16.9
	74	15.1	15.6
	72	13.8	14.3
	70	12.5	13.0
	68	11.2	11.7
	66	9.9	10.4
	64	8.6	9.1
	62	7.3	7.8
	60	6.0	6.5
不及格	50	5.2	5.7
	40	4.4	4.9
	30	3.6	4.1
	20	2.8	3.3
	10	2.0	2.5

附表 10　男生立定跳远单项评分表　　　　　(单位：厘米)

等　级	单项得分	大一、大二	大三、大四
优秀	100	273	275
	95	268	270
	90	263	265
良好	85	256	258
	80	248	250
及格	78	244	246
	76	240	242
	74	236	238
	72	232	234
	70	228	230
	68	224	226
	66	220	222
	64	216	218
	62	212	214
	60	208	210
不及格	50	203	205
	40	198	200
	30	193	195
	20	188	190
	10	183	185

附表 11　女生立定跳远单项评分表　　　　　(单位：厘米)

等　级	单项得分	大一、大二	大三、大四
优秀	100	207	208
	95	201	202
	90	195	196
良好	85	188	189
	80	181	182
及格	78	178	179
	76	175	176
	74	172	173
	72	169	170
	70	166	167
	68	163	164
	66	160	161
	64	157	158
	62	154	155
	60	151	152
不及格	50	146	147
	40	141	142
	30	136	137
	20	131	132
	10	126	127

附表 12　男生引体向上单项评分表　　　　　　　　　(单位：次)

等　级	单项得分	大一、大二	大三、大四
优秀	100	19	20
	95	18	19
	90	17	18
良好	85	16	17
	80	15	16
及格	78		
	76	14	15
	74		
	72	13	14
	70		
	68	12	13
	66		
	64	11	12
	62		
	60	10	11
不及格	50	9	10
	40	8	9
	30	7	8
	20	6	7
	10	5	6

附表 13　女生 1 分钟仰卧起坐单项评分表　　　　　(单位：次)

等　级	单项得分	大一、大二	大三、大四
优秀	100	56	57
	95	54	55
	90	52	53
良好	85	49	50
	80	46	47
及格	78	44	45
	76	42	43
	74	40	41
	72	38	39
	70	36	37
	68	34	35
	66	32	33
	64	30	31
	62	28	29
	60	26	27
不及格	50	24	25
	40	22	23
	30	20	21
	20	18	19
	10	16	17

附表 14　男生耐力跑单项评分表　　　　　　　(单位：分·秒)

等　级	单项得分	大一、大二	大三、大四
优秀	100	3'17"	3'15"
	95	3'22"	3'20"
	90	3'27"	3'25"
良好	85	3'34"	3'32"
	80	3'42"	3'40"
及格	78	3'47"	3'45"
	76	3'52"	3'50"
	74	3'57"	3'55"
	72	4'02"	4'00"
	70	4'07"	4'05"
	68	4'12"	4'10"
	66	4'17"	4'15"
	64	4'22"	4'20"
	62	4'27"	4'25"
	60	4'32"	4'30"
不及格	50	4'52"	4'50"
	40	5'12"	5'10"
	30	5'32"	5'30"
	20	5'52"	5'50"
	10	6'12"	6'10"

附表 15　女生耐力跑单项评分表　　　　　　　(单位：分·秒)

等　级	单项得分	大一、大二	大三、大四
优秀	100	3'18"	3'16"
	95	3'24"	3'22"
	90	3'30"	3'28"
良好	85	3'37"	3'35"
	80	3'44"	3'42"
及格	78	3'49"	3'47"
	76	3'54"	3'52"
	74	3'59"	3'57"
	72	4'04"	4'02"
	70	4'09"	4'07"
	68	4'14"	4'12"
	66	4'19"	4'17"
	64	4'24"	4'22"
	62	4'29"	4'27"
	60	4'34"	4'32"
不及格	50	4'44"	4'42"
	40	4'54"	4'52"
	30	5'04"	5'02"
	20	5'14"	5'12"
	10	5'24"	5'22"

2. 加分指标评分

大学生加分指标评分表见附表 16～附表 19。

附表 16　男生引体向上评分表　　　　　　　　（单位：次）

加　分	大一、大二	大三、大四
10	10	10
9	9	9
8	8	8
7	7	7
6	6	6
5	5	5
4	4	4
3	3	3
2	2	2
1	1	1

附表 17　女生 1 分钟仰卧起坐评分表　　　　　（单位：次）

加分	大一、大二	大三、大四
10	13	13
9	12	12
8	11	11
7	10	10
6	9	9
5	8	8
4	7	7
3	6	6
2	4	4
1	2	2

附表 18　男生 1000 米跑评分表　　　　　　(单位：分·秒)

加　分	大一、大二	大三、大四
10	−35″	−35″
9	−32″	−32″
8	−29″	−29″
7	−26″	−26″
6	−23″	−23″
5	−20″	−20″
4	−16″	−16″
3	−12″	−12″
2	−8″	−8″
1	−4″	−4″

附表 19　女生 800 米跑评分表　　　　　　(单位：分·秒)

加　分	大一、大二	大三、大四
10	−50″	−50″
9	−45″	−45″
8	−40″	−40″
7	−35″	−35″
6	−30″	−30″
5	−25″	−25″
4	−20″	−20″
3	−15″	−15″
2	−10″	−10″
1	−5″	−5″

附表 18 和附表 19 中，1000 米跑、800 米跑均为低优指标，学生成绩低于单项评分 100 分后，以减少的秒数所对应的分数进行加分。

3.《国家学生体质健康标准》登记卡(大学样表)

《国家学生体质健康标准》登记卡(大学样表)见附表20。

附表20　《国家学生体质健康标准》登记卡(大学样表)

学校＿＿＿＿＿＿＿＿

姓名			性别			学号		
院(系)			民族			出生日期		

单项指标	大一			大二			大三			大四			毕业成绩	
	成绩	得分	等级	成绩	得分	等级	成绩	得分	等级	成绩	得分	等级	得分	等级
体重指数(BMI)(千克/米^2)														
肺活量(毫升)														
50米跑(秒)														
坐位体前屈(厘米)														
立定跳远(厘米)														
引体向上(男)/1分钟仰卧起坐(女)(次)														
1000米跑(男)/800米跑(女)(分·秒)														
标准分														

加分指标	成绩	附加分	成绩	附加分	成绩	附加分	成绩	附加分		
引体向上(男)/1分钟仰卧起坐(女)(次)										
1000米跑(男)/800米跑(女)(分·秒)										
学年总分										
等级评定										
体育教师签字										
辅导员签字										

学校签章：　　　　　　年　月　日

4. 免予执行《国家学生体质健康标准》申请表

免予执行《国家学生体质健康标准》的申请表见附表21。

附表 21　免予执行《国家学生体质健康标准》申请表(样表)

姓名		性别		学号	
班级/院(系)		民族		出生日期	
原因					

申请人：

年　　月　　日

体育教师签字		家长签字	
学校体育部门意见			

学校签章：

年　　月　　日

注：中等职业学校及普通高等学校的学生，"家长签字"一栏由学生本人签字。

参 考 文 献

[1] 徐世政，张学生. 大学生体育与健康[M]. 北京：教育科学出版社，2014.

[2] 杨宏. 基于就业导向的高职学生职业素养培养研究[D]. 济南：山东师范大学，2014.

[3] 高亚伟. 当代大学生劳动教育研究[D]. 天津：天津师范大学，2015.

[4] 王玉富，高职院校职业实用性体育教程[M]. 北京：新华出版社，2015.

[5] 胡振浩，张溪，田翔. 职业体能训练[M]. 北京：高等教育出版社，2016.

[6] 史小磊. 兰州市普通高校开设自卫防身术选修课的可行性研究[D]. 兰州：西北民族大学，2012.

[7] 罗春霞. 女子防身术[M]. 北京：化学工业出版社，2015.

[8] 张根田. 女子防身术应用手册[M]. 北京：世界知识出版社，2014.

[9] 卢高峰，等. 民族传统体育的发展：现状 问题 机遇 对策[J]. 北京：北京体育大学学报，2015，4(38): 52-57.

[10] 冯发金. 困境与出路：新时代民族传统体育与学校教育的共生研究[J]. 北京体育大学学报，2018，12(41): 130-135.

[11] 国际足联. 国际足联执教手册[M]. 北京：人民体育出版社，2016.

[12] LOTTERMANN Stefan. 中国足协 D 级教练员培训班手册[M]. 北京：高等教育出版社，2017.

[13] WILSON Jonathan. Inverting the pyramid: The history of soccer tactics[M]. Thurrock: Clays，2014.

[14] 白鹤. 体育游戏与人、社会[D]. 北京：北京体育大学，2021.

[15] 曾福. 高校体育文化节的变迁与展望[D]. 长沙：湖南师范大学，2016.

[16] 吴丽云. 影响河南省普通高校田径课教学的因素分析[D]. 开封：河南大学，2015.

[17] 姜勇，王梓乔. 对体育与健康学科核心素养内涵特征与构成的研究[J]. 中国学校体育，2016，3(10): 39-43.

[18] 匡小红. 高等学校教材：健美操[M]. 北京：高等教育出版社，2011.

[19] 郭小燕，赵磊，王佳宁，刘书楷. "健康中国"背景下健身瑜伽发展现状及其策略分析[J]. 文化产业，2021(1):80-82.

[20] 范晓谚，刘荔，许琴. 论瑜伽八支对大学生身心发展的影响[J]. 产业与科技论坛，2020，19(11):104-105.

[21] 陈方红，谢钢. 对高职院校体育教学改革的探析[J]. 湖北科技学院学报，2011，31(5): 173-174.

[22] 祁微. 高职院校体育教学问题及改革对策探析[J]. 当代体育科技，2015，5(6): 111-112.

[23] 王俊丽. 近十年我国啦啦操研究状况综述[J]. 当代体育科技，2017，7(20): 193-194.

[24] 王慧莉. 大学啦啦操体育文化研究[J]. 武汉体育学院学报，2013，47(3): 96-100.

[25]　孙媛媛. 浅析啦啦操文化与高校校园体育文化的构建[J]. 考试周刊，2011(6):39-40.

[26]　余新丽. 论啦啦操运动对校园文化建设的促进作用[J]. 才智，2011(4):254.

[27]　张海英. 高校啦啦操运动发展现状与对策[J]. 中外企业家，2013(14):208-209.

[28]　刘琦，等. 易筋经的发展现状与展望[J]. 中华中医药杂志，2018，2(33)：430.

[29]　智文华. 人的全面发展中体育的功能定位与实践逻辑研究[D]. 临汾：山西师范大学，2017.